La agenda 2030 en las Universidades Andaluzas
Una mirada crítica post pandemia

Roser Manzanera Ruiz
María Pilar Tudela-Vázquez
(eds.)

La agenda 2030 en las Universidades Andaluzas
Una mirada crítica post pandemia

Granada, 2024

Colección Periferias
— Serie Experiencias —

DIRECTOR: Fernando López Castellanos.

CONSEJO ASESOR: Gunther Dietz, Universidad Veracruzana, México. Roser Manzanera Ruiz, Universidad de Granada. Ramon Grosfoguel, University of California, Berkeley. Koldo Unceta, Universidad del País Vasco. Juan Torres López, Universidad de Sevilla. Beatriz Pérez Galán, UNED Universidad Complutense de Madrid. José Antonio Alonso, Universidad Complutense de Madrid. Carmen Lizárraga, Universidad de Granada. Carmen Gregorio Gil, Universidad de Granada. Sandra Ezquerra Samper, Universidad de Vic-Universidad Central de Catalunya. Lina Gálvez Muñoz, Universidad Pablo de Olavide de Sevilla. Enrique Leff Zimmerman, Universidad Autónoma de México. José Luis Cardoso, Universidad de Lisboa. Erik Reinert, Universidad Tecnológica de Tallin.

© ROSER MANZANERA RUIZ, MARÍA PILAR TUDELA-VÁZQUEZ (eds.)
© LOS AUTORES, de sus textos
© UNIVERSIDAD DE GRANADA
ISBN: 978-84-338-7292-0.
Depósito legal: Gr. 162-2024
Edita: Editorial Universidad de Granada.
       Campus Universitario de Cartuja. Granada.

Maquetación: Raquel L. Serrano / Atticus Ediciones atticusediciones@gmail.com
Diseño de cubierta: Tarma, Estudio gráfico. Granada
Imprime: Printhaus. Bilbao.

Printed in Spain   *Impreso en España*

CONTENIDO

EJE 1:
UNIVERSIDAD Y EDUCACIÓN PARA
LA TRANSFORMACIÓN SOCIAL

EJE 2:
SISTEMA CAPITALISTA Y DERECHOS HUMANOS.
ALTERNATIVAS ANTICAPITALISTAS

EJE 3:
COMPROMISO Y JUSTICIA SOCIAL:
CONSTRUYENDO ALIANZAS DESDE
LA DIVERSIDAD

Introducción: La Agenda 2030 en las Universidades Andaluzas
Una mirada crítica y activa post pandemia

María Pilar Tudela-Vázquez
(Universidad de Granada)

Roser Manzanera Ruiz
(Universidad de Granada)

Esta monografía forma parte de una reflexión amplia que se inspira inicialmente en los resultados del proyecto «Los grandes retos globales para la consecución de la agenda 2030 y el impacto en ellos de la crisis provocada por el COVID19: Análisis, formación y propuestas desde la UGR para afrontar estos retos con una mirada crítica y activas», financiado por la Agencia Andaluza de Cooperación Internacional para el Desarrollo (AACID) y desarrollado por el Centro de Iniciativas para la Cooperación al Desarrollo (CICODE) de la Universidad de Granada (UGR), pero que va más allá del mismo. El objetivo del proyecto ha sido analizar, formar y sensibilizar a la comunidad universitaria sobre los retos globales para la consecución de la Agenda 2030, conocer el impacto de la crisis del COVID-19 en el contexto de la Universidad de Granada y realizar propuestas para afrontar estos retos desde una mirada crítica y activa por parte de la comunidad universitaria de la UGR. De esta manera, este libro parte de muchas de las conversaciones abiertas en los diferentes espacios de implementación del proyecto y propone abrir un debate más amplio sobre el papel de las Universidades en la promoción y desarrollo de los Objetivos de Desarrollo Sostenible (ODS) y de la Agenda 2030.

Son varios los foros institucionales que han analizado el papel que desde el ámbito de la educación superior y universitaria se puede y debe desarrollar para abordar los desafíos globales y avanzar hacia un desarrollo sostenible. El primer texto referente al papel de las Universidades en el ámbito de los objetivos de desarrollo sostenible aparece en el año 2017, publicado por la Red de Soluciones para el Desarrollo Sostenible (SDN, en inglés), y titulado «Cómo empezar con los ODS en las Universidades. Una guía para Universidades, instituciones de educación superior y el sector académico». Cuatro áreas de interés se encuentran como fundamentales en el texto, e incluyen:

1) Educación y Aprendizaje, para lo que hacen referencia al ODS 4 que exige proporcionar «educación inclusiva y equitativa de calidad y promover oportunidades de aprendizaje a lo largo de toda la vida para todos»[1]. Algunos de los objetivos específicos en este objetivo llaman explícitamente a la acción por parte de las universidades, y muchos otros tienen una relevancia directa con las actividades de aprendizaje y enseñanza dentro de las universidades.

2) La investigación interdisciplinar y transdisciplinar orientada a una mejor comprensión de las problemáticas descritas a través de los ODS para la identificación de posibles soluciones hacia el cambio social. La investigación también desempeña un papel clave a la hora de trasladar la agenda mundial de los ODS a los contextos nacionales y locales, lo que incluye ayudar a identificar los retos locales pertinentes, así como las y los indicadores adecuados para medir los procesos locales.

3) Gobernanza institucional, prácticas y cultura operativa dentro de las universidades. Las universidades suelen ser grandes instituciones con una gran influencia en el bienestar social, cultural y medioambiental de sus campus, comunidades y regiones. Cumplen un papel fundamental como empleadoras, consumidoras, inversoras y poseedoras de bienes inmuebles. Supervisan grandes comunidades de personal, estudiantes y proveedores y sus campus pueden tener el tamaño de pequeñas ciudades. En este sentido, es fundamental que actúen de manera alineada y responsable con respecto a los ODS revisando y adaptando sus políticas y formas de funcionamiento relacionadas con el empleo, servicios sociales, vivienda y salud, entre otras.

---

1. Consultar descripción de Objetivo de Desarrollo Sostenible aquí: https://www.iesalc.unesco.org/en/the-contribution-of-higher-education-to-the-sdgs/

4) Liderazgo social. Las universidades tienen una posición única para poder facilitar la participación y colaboración entre diferentes agentes sociales. Para poder alcanzar los ODS, es necesaria la implicación activa de una gran diversidad de sectores y actores sociales. Para lograr una movilización y colaboración de esta envergadura, se necesita un liderazgo sólido y un apoyo significativo para involucrar a todas las partes interesadas, fortalecer su capacidad de comprender e implementar los ODS, y promover el diálogo, el aprendizaje conjunto y las alianzas entre diversos sectores.

En 2018, la CRUE Universidades Españolas acordó el Plan de Acción 2018-2020 para contribuir a la Agenda 2030 de la ONU[2] posicionando a las universidades respecto a la Agenda 2030. Se destacó la necesidad de revisar y redefinir la universidad en su totalidad, incluyendo su misión, estructura institucional, políticas y acciones, para integrar el desarrollo sostenible, la inclusión, la justicia, la dignidad y la igualdad de las personas en el corazón de sus decisiones y actividades. En este mismo año, también se publicó la 1ª Encuesta sobre el Grado de Conocimiento e Implantación de la Agenda 2030 en las Universidades españolas[3]. Realizada entre diciembre de 2017 y febrero de 2018, destaca el alto grado de conocimiento de las universidades españolas sobre la misma y que 51 universidades habían, ya entonces, adoptado una estrategia concreta en relación con la Agenda 2030 o estaban trabajando en ella. Al mismo tiempo, reflejaba que más de la mitad de las universidades participantes no la estaban implantando de manera integral. Con el objetivo de continuar profundizando en fórmulas más inclusivas y transversales de los Objetivos de Desarrollo Sostenible en el ámbito universitario, encontramos que en el año 2020 la Red Española para el Desarrollo Sostenible publicaba el Dossier «Implementando la Agenda 2030 en la Universidad. Casos inspiradores de educación para los ODS en las Universidades españolas». En esta publicación se reincide en el potencial formativo que representa

---

2. Consultar Plan de Acción: https://www.crue.org/2018/05/las-universidades-acuerdan-su-contribucion-al-plan-de-accion-de-la-agenda-2030/
3. Consultar resultados en: https://www.crue.org/wp-content/uploads/2020/09/20180424-encuestaods-crue.pdf

el contexto universitario para capacitar a las personas, estudiantes y personal universitario, en abordar los desafíos del desarrollo sostenible planteados en la Agenda 2030. La integración de los principios y objetivos de la Agenda 2030 en la formación académica implica sensibilizar a los estudiantes sobre los ODS, fomentar la comprensión de los desafíos globales y promover habilidades para la resolución de problemas relacionados con la sostenibilidad. Así, recoge como herramienta educativa *la educación para los ODS* (EODS) y presenta «una relación de casos en universidades españolas, que explican de forma sintética iniciativas, experiencias y resultados orientados a la implementación de la EODS» (pág.7). Además, con el objetivo de movilizar iniciativas parecidas en otros contextos universitarios, esta guía establece ejes de desarrollo similares a los recogidos con anterioridad en la guía de 2017. Una primera aproximación relacionada con experiencias en el ámbito formal de la docencia recoge propuestas sobre la integración de los ODS en los currículos de las diferentes asignaturas, propuestas para la formación del profesorado en EODS, y ejemplos de aplicación de metodologías consideradas más apropiadas como el *aprendizaje servicios* o el *aprendizaje basado en problemas* (ABP). En el ámbito andaluz destacan los planes estratégicos alineados con los ODS de la Universidad de Sevilla (US), de la Universidad de Córdoba (UCO) y de la Universidad de Granada (UGR). Esta última surge con el objetivo de impulsar aún más la acción universitaria hacia la implementación de la Agenda 2030 en todos los ámbitos de la Universidad. Las «Estrategias de Desarrollo Humano Sostenible de la Universidad de Granada 2030» define 56 líneas de acción y 284 acciones concretas y medibles a medio y largo plazo enfocadas en los 17 Objetivos de Desarrollo Sostenible. Estos objetivos son interdependientes y, por tanto, muchas de las acciones definidas en estas Estrategias inciden en más de un ODS[4].

Tal y como presentamos al inicio de esta introducción, en el marco de dicho esfuerzo y compromiso institucional, el Centro de Iniciativas de Cooperación al Desarrollo (CICODE) de la Universidad

---

4. Consultar Estrategia de Desarrollo Sostenible de la UGR http://viis.ugr.es/areas/desarrollo-humano-sostenible/estrategias-de-desarrollo-humano-sostenible-ugr-2030

de Granada (UGR) ha implementado el proyecto «Los grandes retos globales para la consecución de la agenda 2030 y el impacto en ellos de la crisis provocada por el COVID19: Análisis, formación y propuestas desde la UGR para afrontar estos retos con una mirada crítica y activas».

Este proyecto surge como respuesta al diagnóstico de mejoras realizado a través de encuestas y evaluaciones internas y externas de programas anteriores de Educación para la transformación social (EpTS) del CICODE. Ha contemplado la participación de todos los sectores de la comunidad universitaria (estudiantado, PTGAS y PDI) y la elaboración participativa de propuestas para incluir la EpTS, de forma transversal, en todos los ámbitos universitarios (docencia formal y no formal, investigación y gestión interna, principalmente). Con estos objetivos, el proyecto ha formado al personal docente sobre EpTS y ha promovido la elaboración de propuestas para incorporar la EpD en la docencia de diferentes áreas de conocimiento. Así mismo, ha reflexionado con estudiantes de máster y doctorandos/as sobre su papel esencial en la consecución de los ODS y cómo implementarlos en su futuro profesional. Por otro lado, estudiantes de grado; personal técnico, de gestión y de administración y servicios; y la ciudadanía en general, han sido formados en temáticas vinculadas con los ODS y técnicas de movilización social, y ha abierto debates acerca de cómo incluir los ODS en el ámbito universitario a través del Seminario «Universidad, cooperación y justicia global». Finalmente, el proyecto ha incluido un resultado vinculado a la difusión de aprendizajes y propuestas surgidas del mismo, entre los que se encuentra la presente publicación, con intervenciones de ponentes de las formaciones y conferencias y del PDI participante, entre otras.

La presente monografía continúa el trabajo de recopilación de prácticas y experiencias concretas, a través de casos y buenas prácticas que permitan visibilizar experiencias y aprendizajes[5]. En ella, junto a otras experiencias, se recoge parte de los resultados del proyecto

---

5. Esta publicación será complementada con un informe de resultados en los que se recogerán las conclusiones de los Seminarios y propuestas de las personas participantes sobre cómo incluir los ODS en los diferentes ámbitos de la Universidad: https://cicode.ugr.es/

cómo experiencia piloto en la implementación de la Educación para la transformación social de forma transversal en diferentes colectivos universitarios.

Sin duda, se considera que la mejor forma de atender la complejidad y variedad de ámbitos que entretejen los retos identificados en la Agenda 2030 es a partir de ejemplos específicos que sirvan de inspiración. Al mismo tiempo, consideramos que desde nuestra capacidad académica e investigadora es relevante continuar las líneas de cuestionamiento y análisis crítico, iniciados por los movimientos sociales organizados en torno a las problemáticas identificadas en la Agenda 2030. Nuestra contribución ofrece además una mirada crítica y profunda a los ODS y al papel de las Universidades desde los estudios del desarrollo y propuestas del sur global, trascendiendo el usual listado de propuestas sobre los retos globales que tratan problemáticas como áreas estancas tales como el «género», el «medio ambiente», «antirracismo» y «economías transformadoras». Desde este enfoque crítico, se han desarrollado planteamientos innovadores y aplicados, para afrontar las desigualdades a las que nos enfrentamos en la actualidad, poniendo en primer plano a la Universidad como agente comprometido con la transformación social. Esta propuesta se estructura en 3 ejes centrales, desarrollados en 10 artículos, organizados de la siguiente forma: el primer eje aborda la universidad y la educación para la transformación social; el segundo eje vincula y analiza de forma crítica el sistema capitalista y los derechos humanos y propone alternativas anticapitalistas; y el último eje plantea propuestas de compromiso y justicia social a través de la construcción de alianzas desde la diversidad.

UNIVERSIDAD Y EDUCACIÓN PARA LA TRANSFORMACIÓN SOCIAL

Los textos agrupados en este eje no sólo inciden en el papel educativo de las universidades, sino que también plantean importantes interrogantes acerca de qué tipo de educación es necesario promover. Se propone una orientación hacia el desarrollo de capacidades y habilidades para la concienciación y responsabilidad social permitiendo identificar aquellas estructuras y sistemas basados en la exclusión y subordinación que promueven procesos de injusticia social.

El primer capítulo, escrito por Gemma Celorio, explora el papel de la Educación para la Transformación Social (EpTS) en la Universidad como estrategia para hacer de esta institución un referente en el compromiso con la justicia social y ambiental. Una lectura crítica del contexto actual señala la simbiosis de tres grandes estructuras de dominación -capitalismo, patriarcado y colonialidad- como responsable de la actual crisis civilizatoria. Desde ahí, se denuncian las políticas neoliberales que impactan en el espacio universitario, sesgan la producción de conocimiento y lo supedita a los intereses y demandas del mercado. En una universidad que se mueve en la tensión dialéctica entre hegemonía y emancipación, la EpTS posiciona la docencia, investigación y extensión universitaria en torno a la producción de un conocimiento liberador, al servicio de las comunidades, relevante para el cambio social y, tal como demanda la Agenda 2030, imprescindible para combatir la crisis social y ecológica propia de estos tiempos.

Continuando con este eje, presentamos la contribución de Monserrat Vargas, quien plantea atender a los Objetivos de Desarrollo Sostenible como una oportunidad para parar, pensar y repensar la educación. Parte del impacto de la pandemia del COVID-19 en la consecución de los ODS en general y presenta una experiencia pedagógica, fruto de un proyecto de investigación e innovación docente titulado «Diseño de metodología para incluir los ODS en la docencia universitaria» del Plan propio de la Universidad de Cádiz y Acción, y avalada también dentro del Plan Propio « Identificación de fortalezas y debilidades de las asignaturas de los grados implicados para agenda 2030 (curso 2021- 2022), como propuesta para trabajar desde el desarrollo de las competencias y orientar la educación hacia la sostenibilidad.

Javier Castellano-Pulido recoge en el tercer capítulo experiencias elaboradas desde la responsabilidad social y ambiental desarrolladas en el ámbito de docencia de la arquitectura en la Universidad de Málaga. Los ejemplos presentados comprenden una serie de estrategias educativas llevadas a cabo en el periodo 2010-2022 en las que ha participado el autor, que ayudan a superar ciertas limitaciones que encuentran los estudiantes de arquitectura en el aprendizaje del hábitat desde la responsabilidad social y ambiental. Los prejuicios detectados conducen al desconocimiento de las dinámicas sociales de orden local y global que ponen en crisis los modelos heredados. Por eso, es preciso desarrollar una mirada holística y consciente del impacto de las obras humanas a largo plazo. Entre otras cuestiones, se presta atención a la desigualdad en la ciudad, «haciendo visible lo invisible»—, se aborda la comprensión del ciclo de la vida —implicando al alumnado en experiencias de construcción y deconstrucción—, se promueve la anticipación y resiliencia frente a crisis climáticas y se fomenta la empatía en un contexto de grandes migraciones, aportando miradas constructivas que implican la cooperación.

SISTEMA CAPITALISTA Y DERECHOS HUMANOS. ALTERNATIVAS ANTICAPITALISTAS

El siguiente eje, en base al que hemos incluido importantes contribuciones a este libro, hace referencia a la necesidad de profundizar en la relación entre el sistema capitalista en sus diferentes formas y la vulneración sistemática de los derechos humanos. Concretamente recogemos tres reflexiones acerca de cómo construir alternativas basadas en la justicia económica y una cultura no violenta que ponga la vida en el centro y revierta las relaciones transnacionales que promueven formas de esclavitud moderna.

La autora Silvina Ribotta expone y analiza, en el cuarto capítulo, las injusticias contemporáneas vinculadas a la pobreza y las desigualdades desde el enfoque de la (in)justicia económica. Propone revisar cómo a partir de la pandemia se han visto agravadas las vulnerabilidades, vinculadas a los objetivos de la Agenda 2030, atravesadas por las diversas y complejas crisis que atravesamos como humanidad y que afectan la vida y la calidad de vida de las personas. Ribotta analiza la desigual oportunidad de dañar, lesionar y matar que tienen las pestes, enfermedades y crisis, desde la crítica a la segregación en la estructura social y la derivada segregación residencial en los lugares físicos que habitan las personas y que impiden o dificultan el acceso a las ventajas sociales. Así, desde los marcos de injusticias alimentados desde el capitalismo, el heteropatriarcado, los racismos, colonialismos, capacitismos y otras violencias, reflexionará sobre la pobreza y la desigualdad en el mundo y las consecuencias en el desarrollo de las libertades, derechos y calidad de vida de las personas situadas en escenarios diversos; haciendo especial referencia a la vida de las mujeres.

El capítulo cinco es un texto de Jorge Guardiola Wanden-Berghe, Nazaret Ibáñez y Chloe Meulewaeter, en el que desarrollan, en primer lugar, una crítica al sistema económico capitalista al definirlo como una fuente de violencia cultural, en el sentido de que se compone de ideas y valores que causan violencias y conflictos. En segundo lugar, proponen un enfoque de satisfacción de necesidades de todas las personas, inspirados en el trabajo de Mahatma Gandhi y su concepto de *sarvodaya* (bienestar para todos), alternativa a la perspectiva utilitarista más eurocéntrica, y presente en la cultura económica, heredera de Jeremy Bentham (bienestar para la mayoría). Desde esta violencia que el sistema capitalista impone se analizan los escenarios de desigualdades económicas y vulnerabilidades como efectos de la pandemia y de las crisis en la calidad de vida de las personas, particularmente aquellas vinculadas a los objetivos de la Agenda 2030 de garantizar calidad de vida y ejercicio de derechos humanos a todos los seres humanos.

Xènia Domínguez reflexiona sobre la compra pública socialmente responsable como una herramienta estratégica y valiosa para la mitigación de riesgos sobre las vulneraciones de derechos humanos en las cadenas de suministro globales y en la promoción de las empresas con valores de economía social y solidaria a nivel local, pudiendo convertir a la universidad en ejemplo y motor de transformación del mercado actual. Las administraciones públicas, en este caso, la Universidad, adquieren anualmente muchos bienes que se producen fuera del Estado español, como ordenadores, móviles, textil, alimentos, material técnico y sanitario, plásticos; que tradicionalmente se han comprado a las empresas que ofrecían el precio más bajo, aunque a menudo eso pudiera significar que se premiaban con contratos públicos a empresas que vulneran los derechos humanos y de la naturaleza o vinculadas con casos de esclavitud moderna. Una práctica totalmente contradictoria con la coherencia de políticas, la Agenda 2030 y las diferentes convenciones, declaraciones y protocolos ratificados casi universalmente. La esclavitud moderna es un fenómeno endémico al sistema socioeconómico actual y hace años que la sociedad civil, organizaciones para la justicia global y varias administraciones públicas cuestionan las prácticas de las empresas transnacionales y exigen mecanismos de regulación dirigidos a la redistribución y control de éstas.

COMPROMISO Y JUSTICIA SOCIAL: CONSTRUYENDO ALIANZAS DESDE LA DIVERSIDAD

El tercer y último eje que estructura esta monografía recoge propuestas concretas que reflexionan sobre la construcción de alianzas desde el reconocimiento de la diversidad y hacia el compromiso y la justicia social. Así mismo se presentan algunas experiencias que desde el contexto de la Universidad han señalado la importancia de que dicha institución se articule como agente clave en la consolidación y alcance de una sociedad más justa y solidaria.

El capítulo siete, escrito por la autora Josefa Sánchez Contreras inicia este eje con la denuncia sobre la violencia directa que las mujeres indígenas del Istmo de Tehuantepec y feministas universitarias están viviendo en México y las importantes movilizaciones que se están desarrollando en ámbitos rurales y urbano-universitarios. La autora expone cómo tanto las mujeres de los pueblos como las feministas de las ciudades están disputando la territorialidad de sus cuerpos y están impugnando onerosas relaciones de dominación patriarcal. De tal suerte, que en el presente manuscrito hace un paralelismo entre: las defensas de los territorios que ejercen diversas mujeres indígenas del sur de México y el caso del paro de mujeres más largo de la historia de la Universidad Nacional Autónoma de México. Ambos casos ponen a debate la cuestión de género, el derecho a la vida de lo humano y no humano frente al extractivismo y el feminicidio. Se trata de debates que pueden sumar para lograr los Objetivos de Desarrollo Sostenible (ODS).

La Universidad como contexto en el que abordar formas en las que se despliegan relaciones basadas en el sexismo racista y el racismo sexista es uno de los objetivos de la investigación presentada por Gemma M. González García, en el capítulo ocho. Así la autora plantea en primer lugar, en el contexto de Andalucía, España, que el racismo es un problema social manifiesto no solo en el espacio público habitado por población migrante y racializada, sino también en los espacios institucionales y en la propia Universidad. En el nuevo escenario post-pandemia, se evidencia el impacto socioeconómico que ha tenido la recesión mundial de forma específica para estas personas. Sus experiencias y testimonios así lo revelan. El cruce entre las discriminaciones cotidianas, basadas en una serie de estereotipos y prejuicios sobre las personas migrantes y racializadas, con las disparidades estructurales, ponen en cuestión la consecución de varios Objetivos de Desarrollo Sostenible que tienen que ver con el bienestar, la igualdad, y el empoderamiento frente a la vulnerabilidad y exclusión social.

En el capítulo nueve se recoge la contribución de Mª Pilar Tudela Vázquez, Nacho Álvarez Lucena e Isabel Miranda Fernández quienes reflexionan sobre el racismo en España y la UE, y la necesidad de luchar contra este desde un espacio como la Universidad, a partir de la experiencia del proyecto europeo FORUM: Diálogo intercultural y participación ciudadana contra la estigmatización de personas migrantes y refugiadas. Desde dicho proyecto, coordinado por la Universidad de Granada en consorcio con diferentes organizaciones de mujeres migrantes y aliadas de distintos países de la Unión Europea se propusieron generar espacios de reflexión y acción para construir sociedades realmente inclusivas donde se asegure la justicia social, la equidad y los derechos para todas y todos; crear alianzas con colectivos sociales tanto a nivel europeo como local; y visibilizar propuestas y alternativas realmente transformadoras que partan de las propias personas migrantes y refugiadas.

Cierra esta obra el texto de María Virtudes Martín Fernández y Nacho Álvarez Lucena que analiza cómo la universidad puede ser una aliada de las personas refugiadas y en tránsito. La movilidad humana y el desarrollo sostenible están estrechamente vinculados, reconociendo la Agenda 2030 el aporte positivo a las sociedades de tránsito y acogida de las personas en situación de movilidad, independientemente de su situación administrativa o estatus migratorio. En este texto se señala aumento exponencial a nivel global del número de personas desplazadas y refugiadas, y examina cómo la Agenda 2030 contempla objetivos y metas relacionados con las personas migrantes y refugiadas. Además, incluyen una reflexión sobre la importancia de salvaguardar el derecho de asilo como garante de los derechos de estas personas, pero también como garante de la universalidad de los derechos humanos. Se describen las actuaciones y buenas prácticas puestas en marcha por las instituciones de educación superior en la Unión Europea y España para la inclusión de personas refugiadas y solicitantes de asilo. Esperamos que este libro contribuya a los estudios del desarrollo y de educación superior, a través de una aproximación crítica sobre el papel de las Instituciones de Enseñanza de Educación Superior para la consecución de los ODS. En un mundo hiperglobalizado con una intensificación de las interconexiones aspiramos a que la universidad se convierta en un agente clave en la defensa de los derechos humanos, y como motor central en la transformación social, que aborde cuestiones estructurales para lograr la igualdad de género y el respeto por el medio ambiente a través de modelos económicos y sociales no depredadores, que sitúan su centro en el mantenimiento de las vidas diversas. En este libro se encuentran propuestas para conseguirlo.

BIBLIOGRAFÍA

Chankseliani, M., McCowan, T. (2021). Higher education and the Sustainable Development Goals. *High Educ* 81, 1-8 https://doi.org/10.1007/s10734-020-00652-w

Findler, F., Schönherr, N., Lozano, R., Reider, D., & Martinuzzi, A. (2019). The impacts of higher education institutions on sustainable development: A review and conceptualization. *International Journal of Sustainability in Higher Education*. Doi 10.1108/IJSHE-07-2017-0114.

Kestin, Tahl, et al (2017), *Getting Started with the SDGs in Universities: A Guide for Universities, Higher Education Institutions, and the Academic Sector*, SDSN Australia/Pacific, Melbourne. https://ap-unsdsn.org/wp-content/uploads/University-SDG-Guide_web.pdf

Miñano, R y García Haro, M (coords.) *Dosier REDS. Implementando la Agenda 2030 en la Universidad. Casos Inspiradores de educación para los ODS en las universidades españolas*. Red Española para el Desarrollo Sostenible (REDS / SDSN-Spain). https://reds-sdsn.es/wp-content/uploads/2020/05/Dosier-REDS_Casos-ODS-Univ-2020_web.pdf

Ramos Torres, D. I. (2020). Contribución de la educación superior a los Objetivos de Desarrollo Sostenible desde la docencia. *Revista Española De Educación Comparada*, (37), 89-110. https://doi.org/10.5944/reec.37.2021.27763

EJE 1

Universidad y Educación para la transformación social

CAPÍTULO 1
ANTE EL CONTEXTO DE CRISIS CIVILIZATORIA ¿HAY ESPACIO PARA UNA UNIVERSIDAD PÚBLICA, CRÍTICA Y COMPROMETIDA?

GEMA CELORIO DÍAZ
(Instituto de Estudios sobre Desarrollo y Cooperación Internacional –
HEGOA - Universidad del País Vasco)

INTRODUCCIÓN

Pensar la Universidad en estos momentos requiere valorar el grado de adecuación de su razón de ser a la producción del conocimiento crítico que necesitamos para hacer frente a la actual crisis civilizatoria. Este ejercicio de análisis nos lleva a cuestionar el proyecto modernizador que ha modelado esta institución para adecuar sus funciones a las demandas del mercado, en un contexto gravemente afectado por una profunda crisis de reproducción social y crisis ecológica hoy incuestionables.

Utilizamos la expresión 'crisis civilizatoria' para poner de relieve el agotamiento de un modelo de desarrollo —capitalista, extractivista, patriarcal, racista y colonial— que ha antepuesto las exigencias de los mercados a las necesidades e intereses de personas, comunidades y territorios. Un proyecto civilizatorio que, con las referencias centrales de la ciencia moderna —razón, progreso, tecnología— ha presentado la utopía del desarrollo y del crecimiento económico como la panacea universal para la consolidación de las sociedades del bienestar.

Sin embargo, ese desarrollo se ancla en un sistema productivo que, en el plano medioambiental, sobreexplota los recursos de nuestro planeta, sus ecosistemas y la biodiversidad que lo caracteriza; y, en el plano humano, conlleva la profundización de la pobreza, la injusticia y la desigualdad hasta límites insoportables.

En efecto, la grave crisis ecológica que estamos viviendo, cuyos efectos son hoy una evidencia insoslayable, también apunta al corazón del proyecto moderno del desarrollo como el causante último del cambio climático y de la pérdida de biodiversidad que afecta a la propia sostenibilidad de la vida en el planeta.

Este modelo civilizatorio ha hecho evidente —como si no lo fuera ya antes— su incapacidad para hacer frente a los riesgos globales, y el enorme coste en vidas humanas que estamos soportando como consecuencia de pasar por alto que habitamos cuerpos vulnerables y que vivimos en un planeta finito.

Es desde esta lectura de carácter más político, desde la que propondremos pensar en otros modelos civilizatorios que, ante el conflicto capital-vida, se sitúen del lado de la reproducción social de vidas dignas y vivibles. En ese marco vamos a compartir una mirada sobre la institución universitaria, sobre el conocimiento académico y sobre las posibilidades de tejer otras relaciones que permitan transitar del capitalismo académico a la Universidad del bien común. Para ello vamos a apoyarnos en la Educación para la Transformación Social como enfoque y propuesta para impulsar los procesos necesarios que permitan dotar de un carácter más crítico interconectado a lo que son las funciones básicas de la Universidad, docencia, investigación y extensión universitaria.

ENTENDER LAS RAÍCES DE LA DESIGUALDAD

El mundo está atravesando una época sin precedentes marcada por la acumulación de múltiples crisis. Decenas de millones de personas más pasan hambre. Cientos de millones más se enfrentan a subidas imposibles en el coste de los productos básicos o de la energía para calentar sus hogares. La pobreza se ha incrementado por primera vez en 25 años. Sin embargo, unos pocos han logrado sacar un inmenso provecho de estas crisis. Los ultra ricos han visto crecer drásticamente su riqueza, y los beneficios empresariales han alcanzado niveles récord, haciendo que la desigualdad se dispare (Oxfam, 2023:7).

La conciencia de que nuestro actual modelo de desarrollo es insostenible nos lleva a impugnar el proyecto en su totalidad y, a indagar en las estructuras de dominación que lo sostienen: capitalismo, patriarcado y colonialidad.

Sin entrar al análisis pormenorizado de las lógicas que constituyen cada una de tales estructuras, ni a la observación de las múltiples mutaciones y adaptaciones que se han venido incorporando en cada momento para adecuarse y sobrevivir en entornos permanentemente cambiantes, incluso más allá de la constatación de que capitalismo, patriarcado y colonialidad llevan en su esencia la reproducción de la desigualdad, lo que sí nos interesa es apuntar algunas ideas acerca de cuáles han sido las estrategias que se han desplegado para lograr la «adhesión voluntaria» de la ciudadanía al sostén de las condiciones que garantizan y materializan su propia reproducción. Esto es, cómo se dan estos procesos de normalización/ naturalización del sistema.

La deriva neoliberal que ha acompañado la expansión capitalista, en disputa con el modelo socialista durante buena parte del siglo XX y de forma casi hegemónica en las décadas que siguieron a la caída del Muro de Berlín, ha afianzado un modelo que trasciende lo económico para impregnar también los códigos culturales con los que las sociedades configuran sus modos de vida. Es entonces un proyecto político a la par que educativo.

Como expresa Edgardo Lander, el neoliberalismo que defiende la primacía del mercado en todos los órdenes sociales, económicos, políticos y culturales «es debatido y confrontado como una teoría económica, cuando en realidad debe ser comprendido como el discurso hegemónico de un modelo civilizatorio, esto es, como una extraordinaria síntesis de los supuestos y valores básicos de la sociedad liberal moderna en torno al ser humano, la riqueza, la naturaleza, la historia, el progreso, el conocimiento y la *buena vida*». (2000:11).

Por eso tiene sentido preguntarnos cómo nos 'educa'. Y lo hace, no tanto mediante el recurso a medidas coercitivas o de carácter impositivo, sino a través del despliegue de un formidable conjunto de estrategias de deseo, seducción y persuasión que funcionan como estrategias de libre consentimiento, como delegación voluntaria de la producción de subjetividad, alejada de nuestros cuerpos y experiencias para dejarla en manos del control social que ejerce el poder hegemónico.

Se puede afirmar que el gran éxito del neoliberalismo cultural y educativo ha sido impregnar en nuestras mentes, en nuestros cuerpos y en nuestros corazones el deseo del modelo vital que nos propone, y que tiene en el individualismo y en el hiperconsumo el sostén nuclear que necesita para alejar cualquier conato de cuestionamiento y rebeldía.

Hemos hecho nuestros los dogmas del progreso, del éxito social, hemos confiado nuestro presente y nuestro futuro a una ciencia y un conocimiento que —en su vertiente hegemónica— están igualmente al servicio de la reproducción. El neoliberalismo gana así la batalla de las ideas y del imaginario colectivo (Marina Garcés, 2019) y lo hace a pesar de la terrible constatación de que se trata de un modelo agotado, de un modelo que destruye vida mediante el ejercicio sistemático de la violencia directa y estructural.

A esto es a los que Ulrich Brand y Markus Wissen[1] denominan modo de vida imperial. Según su lectura:

> (…) para la vida en los centros capitalistas es decisiva la manera en que están organizadas las sociedades en otras partes, especialmente en el Sur global, y cómo configuran su relación con la naturaleza. Esto, a su vez, es la base para garantizar el traspaso de trabajo y naturaleza del Sur global necesario para las economías del Norte global. Y a su vez, el modo de vida imperial del Norte global contribuye de manera decisiva a estructurar en modo jerárquico las sociedades en otras partes. Hemos elegido conscientemente la expresión 'en otras partes'[2] por su indeterminación» (2019:28).

Para dar cuenta de la peligrosa deriva en la que nos embarca la globalización neoliberal, hace ya más de dos décadas que se acuñó

---

1. Citado en Santiago Álvarez (2023).
2. Según Santiago Álvarez (op.cit.) «Otras partes que no son únicamente zonas geográficas, sino también realidades biopolíticas, de manera que la vida cotidiana queda sometida a esta situación de dependencia por razones estructurales impuestas por el capitalismo global». (p.9).

el concepto de Antropoceno (Paul J. Crutzen y Eugene F. Stoermer, 2000). Con este término se quiere designar una nueva época geológica en la que se señala al ser humano como el factor con mayor capacidad de impacto sobre los ecosistemas terrestres. Según esta propuesta se da a entender que han sido las propias actividades humanas —especialmente las de la historia más reciente— las causantes, en última instancia, de las graves crisis que estamos enfrentando. Y esta cuestión abre un interesante debate cuando tratamos de comprender los mecanismos, las lógicas y las estructuras profundas causantes de la injusticia y la desigualdad, pues, si bien el concepto de Antropoceno apunta con certeza a la actividad humana, también lo es que elude señalar responsables, lo que nos convierte al conjunto de la humanidad en causantes anónimos de todos los desastres actuales. Ante esta «neutralidad» otras autoras y autores (Haraway, 2016; Moore, 2019) prefieren hablar de Capitaloceno, para delimitar con mucha más precisión la responsabilidad de un modo de producción económico, político, social y cultural intrínsecamente violento que desde el poder que confiere la acumulación de capital (plusvalía resultante de siglos de colonialismo, esclavitud y extractivismo) desprecia y utiliza para sus fines a otros seres humanos y al conjunto de la naturaleza y sus recursos. Es el capitalismo, pues, en perfecta alianza con otras estructuras de dominación como el patriarcado y la colonialidad, el sistema con mayor capacidad destructiva que ha conocido nuestro mundo.

De ahí surge la necesidad imperiosa de deconstruir el carácter «natural» de la sociedad capitalista liberal. Tarea para la que se requiere poner en cuestión la pretensión de objetividad, naturalidad y universalidad de todas las estrategias de legitimación del orden social y, en particular, de la reconstrucción con la que la ciencia y el conocimiento occidental hegemónico nos representan la realidad.

LAS POLÍTICAS NEOLIBERALES IMPACTAN EN LAS UNIVERSIDADES

Las tendencias mercantilizadoras que impactan en todos los ámbitos de nuestras vidas irrumpen con fuerza en todos los espacios educativos. También en el universitario. Y lo hacen con un objetivo

muy claro, promover personas individualizadas, aisladas, altamente
cualificadas y especializadas para responder a las exigencias del modo
de producción capitalista, pero incapaces de rebelarse ante la servidumbre que ese modelo impone porque han sido incapacitadas para
reflexionarlo y aún menos para cuestionarlo.

Las políticas neoliberales que se filtran a través de reformas y de
otros procesos que impactan sobre la docencia, la investigación y la
extensión se han extendido hasta un punto que —salvo para los sectores críticos que reclaman una Universidad *otra*— hace que las nuevas
condiciones se observen bajo una mirada buenista que:

· Interpreta la adopción de modelos de gestión empresariales en
  clave de eficiencia.
· Celebra la inyección de capital privado como estrategia de seguridad económica.
· Defiende la organización curricular por competencias como
  garantía de perfiles más aptos y flexibles para su inserción en
  el mercado laboral.
· Adopta la digitalización de todos los procesos, incluso los que
  favorecen la sustitución de determinadas relaciones pedagógicas que sólo se dan en la presencialidad, como signo de innovación.
· Asume la precarización de las condiciones laborales del profesorado como el precio a pagar para ascender en los escalones
  de la carrera académica.
· Selecciona líneas de investigación por motivaciones económicas, en función de su rentabilidad.
· Acepta la elitización de la Universidad mediante la expulsión
  de cada vez más estudiantes que no pueden asumir unos costes
  universitarios en alza permanente. Especialmente en los estudios de postgrado (de carácter aparentemente voluntario, pero
  obligatorios de facto) hoy considerados como complemento
  imprescindible de formación.

La lista podría alargarse hasta el infinito, incluso sin entrar en
las dinámicas que desvalorizan cada vez más la labor docente o que
condicionan la acreditación docente a exigencias que no valoran el

compromiso social ni de las universidades ni de sus profesionales. De ahí que hayan surgido términos como capitalismo académico (Sheila Slaughter y Larry Leslie, 1997; Enrique Javier Díaz, 2009) o Ubersidad (Jordi Adell et al., 2018) para caracterizar este panorama. Este conjunto de cambios está suponiendo una reestructuración de los espacios de educación superior al tiempo que un giro en la producción de conocimiento. Cabe preguntarse entonces al servicio de quién está el conocimiento resultante. El conocimiento moderno que crea la Universidad marcada por el capitalismo académico recoge sólo aquellos saberes elaborados desde los parámetros de lo que la propia Modernidad definió como ciencia y desde las elaboraciones producidas en los núcleos centrales del Norte global. De esta forma, quedan fuera todos los conocimientos, saberes, epistemes y experiencias elaborados desde las periferias de los Sures globales.

La Modernidad ofreció las bases filosóficas esenciales para la configuración de la ciencia moderna. Una ciencia que opera bajo la concepción cartesiana que separa sujeto y objeto, humanidad y naturaleza, hombre y mujer, razón y emoción, mente y cuerpo… pero que, además, establece una relación de superioridad y dominación entre tales categorías. De ahí que el conocimiento resultante, a través del cual vamos a interpretar y transformar el mundo, haya sido visto como la raíz que está detrás de las actuales crisis que vivimos y que son resultado de construcciones basadas en esa concepción de dominación:

- Conocimiento antropocéntrico, basado en la dominación de la naturaleza,
- Conocimiento androcéntrico, basado en la dominación y subordinación de las mujeres y de todas las personas no representadas en el arquetipo viril,
- Conocimiento eurocéntrico, colonial, racista, basado en la imposición sistemática de la mirada occidental sobre el mundo.

¿Es ese el conocimiento que necesitamos? Parece que no. Vamos, entonces, a intentar centrarnos en los saberes que debiera promover la institución universitaria para constituir un conocimiento relevante para un currículum crítico y una praxis emancipadora.

Tomamos como referente las pedagogías críticas porque son las que sitúan en el centro de sus preocupaciones la transformación de la realidad. Pero no cualquier transformación, sino aquella orientada a la construcción de un mundo mejor para todas las personas y pueblos de este planeta. Tal y como corresponde a la tradición crítica entendemos que el conocimiento es una construcción social. Históricamente ha sido utilizado como herramienta al servicio de los intereses de las élites que han intentado imponer su dominio para configurar, en su propio beneficio, determinados sistemas de articulación social. Pero esta tendencia no ha estado exenta de conflicto. La elaboración del saber es resultado en cada contexto y momento histórico de las tensiones entre poderes y contrapoderes, entre reproducción y resistencia. En suma, entre hegemonía y emancipación.

Esta cuestión es relevante para nuestro enfoque porque si partimos de la constatación de que son los grupos sociales con más poder quienes tienen mayor capacidad para producir y difundir un determinado conocimiento. Nuestra apuesta es recuperar otros saberes marginados del currículum (de las mujeres, del mundo rural y campesino, de otros pueblos, etnias y culturas…), un conocimiento producido desde otras racionalidades sociales y culturales y comprometido, en consecuencia, con los sectores excluidos.

Y es este conocimiento generado por colectivos y organizaciones sociales el que apenas tiene cabida en la vida universitaria. El diálogo con esos sujetos es escaso, puntual y periférico. En algunos casos la Universidad acude a estos agentes para poner en marcha iniciativas vinculadas con su responsabilidad social, pero pocas veces son considerados aliados para sus estrategias docentes, investigadoras y de extensión. Catherine Walsh define a la Universidad como una institución caracterizada por «su aislamiento de las nuevas prácticas de los actores emergentes» (2007:108).

Desde esta posición se impugna no sólo la asignación de la academia como el único espacio en el que se produce conocimiento, sino también los supuestos de neutralidad, objetividad, universalidad y no lugar con los que se pretenden caracterizar los saberes resultantes y desde los que se legitima su imposición al mundo como único conocimiento válido.

EDUCACIÓN PARA LA TRANSFORMACIÓN SOCIAL, RELACIÓN ENTRE CONOCIMIENTO CRÍTICO Y CAMBIO SOCIAL

El debate se centra en la identificación de los parámetros que pueden consolidar una Universidad *otra*. Una Universidad más compleja, diversa, intercultural, abierta a otros saberes y deseosa de entrar en diálogo horizontal con ellos para producir el conocimiento relevante e imprescindible para recrear otros modelos de entender, ser y estar en el mundo.

En este contexto, pensar la Educación es hoy una tarea urgente porque —como hemos argumentado más arriba— el modelo dominante nos educa permanente y sistemáticamente para su propio mantenimiento y reproducción. Razones por las cuales le interesa entrar a disputar el espacio cultural y educativo como estrategia para ganar terreno en la construcción del imaginario colectivo.Sin embargo, lo que necesitamos son saberes que nos permitan comprender el contexto local e internacional en toda su complejidad; que generen conocimiento crítico y que respondan a los intereses de emancipación de la gran mayoría social que se encuentra atrapada por las lógicas y dinámicas del capitalismo, patriarcado y colonialidad que venimos denunciando.

Pero el conocimiento crítico necesita agentes que lo pongan al servicio de la transformación social. La Universidad tiene que orientarse a la construcción de sujetos políticos. Especialmente en un momento como este, donde la sucesión de crisis que se despliegan antes nuestros ojos (económica, ecológica, alimentaria, energética, de cuidados…) generan un presente y horizonte dominado por la incertidumbre, por la sensación de impotencia ante un futuro cuyas derivas se nos representan borrosas. Este panorama distópico, poco halagüeño, tiene un impacto psicosocial que hace que aumente la sensación de desánimo y malestar. Y ahí, la cuestión es, como bien plantea Santiago Álvarez, cómo canalizarlo:

> En tiempos de crisis de representación y legitimidad política los límites de lo posible se ensanchan en todas direcciones, tanto reaccionarias como emancipadoras. Lograr que el descontento no discurra hacia el resentimiento y el odio y que, en su lugar, se canalice hacia

una «digna rabia» con potencial emancipador es el dilema ante el que se encuentran hoy las sociedades en estos tiempos de malestar (2022:12).

Frente a las subjetividades atravesadas por el miedo que nos provoca la mirada al abismo ante el que esa incertidumbre nos sitúa, la Educación para la Transformación Social nos urge a promover subjetividades rebeldes, con capacidad para pensar y construir alternativas desde la transgresión y la esperanza. Recogemos con estos principios el rico legado que nos deja la tradición de la pedagogía crítica, especialmente de la mano de Paulo Freire (1970, 1994) que nos permitió reafirmar la condición esencialmente política del acto educativo al plantearlo como el proceso imprescindible para identificar la opresión y para abrir procesos emancipadores desde esa comprensión. Pero también para reivindicar la pedagogía de la esperanza frente a la imposición del miedo y la paralización. Se trata de recuperar las experiencias de lucha y resistencia, las prácticas emancipadoras que los movimientos sociales y populares han protagonizado a lo largo de la historia. Y transformarlas en herramientas pedagógicas, para entretejerlas en el diálogo y en el debate que genera aprendizaje esperanzado, que nos convence de que el cambio es posible y que fortalece la idea de que la Educación debe ser el camino por el que las personas —individual y colectivamente— aprendamos a transformar.

Bell hooks entronca con esta filosofía y práctica de la educación popular cuando propone que: «Si de verdad queremos crear una atmósfera cultural en la que se puedan desafiar y modificar los sesgos, todo cruce de fronteras debe considerarse válido y legítimo» (2021:153). En coherencia, propone una educación que enseñe a transgredir, a desafiar los poderes hegemónicos y los mecanismos de domesticación y despolitización y a hacerlo mediante una praxis liberadora desde la que disputar nuestro papel como sujetos políticos.

Con estas ideas, vamos configurando una Educación entendida como aprendizaje, como práctica social, socializadora y reconstructora de un currículum emancipador. Educación como proceso pedagógico que parte de la vida cotidiana de sujetos y colectivos sociales, que nos ayuda a nombrar las opresiones que nos atraviesan y que atraviesan a otras, que nos ayuda a escuchar sus voces, sus intereses y a entrelazarlos con los nuestros para, juntas, ensayar formas de vida en común alternativas a las dominantes[3].

Educación en colaboración y acción con los movimientos sociales para conectar con los procesos de luchas y resistencias que confrontan las prácticas hegemónicas biocidas y ecocidas de violencia y despojo. En este proceso pedagogías críticas, pedagogías feministas, pedagogías comunitarias, pedagogías populares, pedagogías de la resistencia van de la mano. Son otra expresión de un activismo político contrahegemónico que pone el énfasis en la voz propia, en el conocimiento situado, en la construcción del sujeto crítico, político, con agencia, en la acción transformadora.

Hablamos de pedagogizar la Universidad, de revelar y reconocer su papel educador, de replantear el significado de la formación y la docencia, de la investigación y de las prácticas de extensión de conocimiento. En suma, poner en primer plano, su responsabilidad como institución generadora de pensamiento crítico e impulsora de cambio social.

Llevar adelante esta tarea, que las comunidades críticas ya están materializando en el espacio de la Educación Superior, implica tomar en consideración algunos principios sobre los que apoyar la relación pedagógica, el currículum social y académico, la acción investigadora y la interacción con los actores sociales y con el territorio. Nos referimos a:

- Desafiar los presupuestos epistémicos que justifican el conocimiento hegemónico. Salir del cerco de la epistemología

---

3. Nos referimos a todas aquellas experiencias que se desarrollan desde la perspectiva del bien común, que toman en consideración las necesidades de las personas y de los colectivos vulnerabilizados, que crean comunidad y que construyen justicia social y ambiental. Entre otras muchas, podríamos señalar: experiencias de soberanía alimentaria y agroecología —frente al modelo agroindustrial—; mercado social y economía social y solidaria —frente a las grandes empresas multinacionales—; sostenibilidad en entornos rurales, ecoaldeas —frente al abandono y despoblamiento rural—; finanzas y banca ética —frente a las grandes corporaciones financieras—; comunidades de software libre y ciencia abierta —frente al conocimiento privativo—; experiencias de autogestión, en vivienda, en comunidades energética, entre otras.

occidental (Rauber, 2020) para dialogar con las epistemologías del sur, decoloniales y de los feminismos críticos.

- Desnaturalizar el capitalismo como paradigma dominante. Entender la lógica del capital, desvelar los mitos y los mecanismos ocultos de nuestra cultura capitalista. Necesitamos desaprender el capitalismo interiorizado en nuestras mentes, cuerpos, emociones, deseos, proyectos de vida, de comunidad, para ser capaces de imaginar cómo organizar nuestra vida en común, en las comunidades y en los territorios.

- Descolonizar el imaginario colectivo. Promover un proceso consciente encaminado a reconocer la impronta que dejan en nuestras vidas los múltiples sistemas de dominación, a desvelar y desmontar el aprendizaje de significados, símbolos y representaciones que acompañan la imposición colonial, capitalista, androcéntrica, racista y antropocéntrica. Incorporar los conocimientos subalternizados y ponerlos en diálogo como estrategia para impugnar ese imaginario colectivo en que lo diferente (que siempre es «lo otro») se interpreta como amenaza y no como enriquecimiento de la mirada sobre el mundo.

- Incorporar el proyecto feminista como parte de la dimensión política de la educación. Un feminismo que es plural, y que se construye con los aportes provenientes de las tradiciones más críticas y diversas: feminismos postcoloniales, de frontera, ecofeministas… Los feminismos permiten desvelar los mecanismos políticos, económicos, sociales y simbólicos que sostienen la cultura patriarcal y reconocer las posibilidades tanto individuales como colectivas de las mujeres y los hombres para transformar la realidad y hacerla más justa y equitativa. Los discursos feministas constituyen proyectos de cambio radical. Representan una apuesta a favor de la libertad y dignidad de mujeres y hombres para compartir poder, para poder vivir vidas libres y dignas de ser vividas.

- Construir sujeto político. La Educación para la Transformación Social busca fortalecer sujetos con poder y agencia para promover procesos reales de cambio social. El sujeto político se fortalece a medida que desarrolla capacidades para analizar, cuestionar la realidad desde lo vivido y desde lo sentido, desde lo cognitivo y desde lo emocional. Es un proceso en cambio permanente, que avanza a medida que lo hace la experiencia, y donde se consolidan la voluntad de transformar y la rebeldía.

- Crear comunidad, desde los sujetos y territorios, desde la memoria, desde las experiencias históricas, culturales y los procesos sociales que generan. Entender la Universidad en su contexto y configurarla como espacio educativo de resistencia, lucha, reivindicación y creación.
- Promover la articulación, el trabajo en red y las alianzas. Estrategias necesarias para romper el aislamiento, para aumentar el impacto de nuestras acciones, para incorporar enfoques interseccionales y para garantizar la conexión local-global. Pero también para promover el intercambio de experiencias y la comunicación entre comunidades educadoras. Las alianzas y el fortalecimiento de vínculos y redes entre instituciones educativas, organizaciones y movimientos sociales transformadores son herramientas imprescindibles para el cambio social porque generan conocimiento y aprendizaje en base a su experiencia y praxis política. Acción educativa con impacto social y acción social con impacto educativo.
- Impulsar alternativas de carácter emancipador como ejercicio de praxis liberadora. Como nos recuerda J. Fabián Cabaluz, la praxis «no puede restringirse a procesos de interpretación o comprensión de la realidad histórica, sino que requiere necesariamente de procesos de transformación concreta y material de la historia y del mundo, es decir, la praxis implica una estrecha e inseparable relación entre interpretación transformación de la realidad, lo que interpela directamente a las concepciones educativas que se reducen a desarrollar la dimensión intelectual, cognitiva y racional de los sujetos, sin potenciar procesos organizativos, movilizadores, de acción colectiva»(2020:14).

En esta perspectiva de cambio y transformación es obligado también hacernos conscientes de algunos riesgos que conviene considerar para evitar las trampas que el sistema dominante tiende regularmente a estos procesos:

- Inclusión simbólica instrumental. Es lo que hace el capitalismo académico cuando, por ejemplo, habla de sostenibilidad, pero se limita a difundir la Agenda 2030, sin entrar a discutir el modelo de desarrollo que ha desencadenado la profunda crisis ecológica y de reproducción social en la que nos encontramos. Alude también a la práctica sistemática de despolitización de los conceptos y prácticas rebeldes que se generan en los procesos de lucha y resistencia. Es preciso resignificar y repolitizar permanentemente las lecturas de la realidad de las que nos valemos para orientar nuestra acción educativa y social.

- El discurso liberador no basta. Necesitamos practicar una pedagogía disidente que confronte los discursos y prácticas que hacen un uso instrumental de «la diferencia», del «otro», de la «otra», del trabajo con colectivos vulnerabilizados, marginados o excluidos del curriculum y que lo haga desde el reconocimiento de la agencia que tienen los sujetos para conformar su presente y su futuro.

- El intelectualismo como refugio. Desarrollar la mirada, la comprensión y la interpretación del mundo desde el mero ejercicio cognitivo, desde la falacia de suponer que es esta la única fuente de generación de conocimiento y desde el desprecio por reconocer el conocimiento y la experiencia de los cuerpos, las emociones, los afectos desde los que vivimos, nos relacionamos y actuamos.

- Evitar el conflicto, eludir el dolor. Hay que transitar los procesos liberadores desde la conciencia de sabernos parte de un camino no exento de dificultades, abierto al conflicto, en tensión dialéctica entre lo conocido y lo inédito, y hacerlo con la fortaleza que nos da asumir el «dolor de la lucidez»[4], el dolor de las experiencias que nos confrontan con la opresión, pero

---

4. En referencia, a la alusión que hace el personaje de Federico Luppi en su disertación ante estudiantes de Magisterio, en la película de Adolfo Aristarain (1992) *Un lugar en el mundo*.

desde la que se nos amplía nuestra capacidad de comprensión y de acción. Ese momento histórico en el que la persona empieza a pensar críticamente sobre sí misma, sobre su identidad, su subjetividad en relación con sus circunstancias políticas, como paso previo para reconocerse en otras con la que compartir la experiencia emancipadora.

· Empatía débil, la mirada desde arriba. Reconocer la complejidad inherente a los intentos de acercamiento a las experiencias de opresión, al conocimiento específico que emana del sufrimiento y que se expresa a menudo a través del cuerpo, de lo que el cuerpo sabe, de lo que ha quedado inscrito en él a través de la experiencia. Escuchar, conectar experiencias diversas con las propias nos puede ayudar a politizar esos espacios de encuentro y compartizaje.

UNA UNIVERSIDAD OTRA

Condensamos finalmente algunas sugerencias que consideramos interesantes para seguir consolidando las prácticas críticas que demuestran que es posible dar un vuelco a las instituciones universitarias que hemos conocido y que queremos reconstruir sobre otras bases.

· Reforzar el vínculo Universidad-Sociedad haciendo del mismo el eje articulador de la vida universitaria para superar la división histórica que ha mantenido aisladas las funciones de docencia, investigación y extensión, de forma que se conecten entre sí y representen modos diferentes pero comunicados de articular los proyectos de transformación social.
· Contribuir al saber crítico construido desde los intereses de emancipación en el que la problematización de la relación saber-poder que sugieren esas «epistemologías *otras*» permitirá una revisión crítica que amplíe y resitúe la formas de conocer para un currículo socialmente relevante de orientación transformadora.
· Impulsar metodologías participativas, colaborativas, creativas que sitúen al alumnado como protagonista en su proceso de

enseñanza-aprendizaje y que se orienten al fortalecimiento de sus capacidades como sujeto crítico transformador.

- Promover políticas institucionales encaminadas al fortalecimiento de las capacidades necesarias para que profesorado y estudiantes establezcan una relación pedagógica horizontal, de reconocimiento mutuo, empoderadora y conectada por intereses emancipadores.
- Universidad abierta a la comunidad, atenta a las problemáticas que se enfrentan en los territorios y dispuesta a poner su capacidad investigadora al servicio de y en colaboración con los actores sociales que orientan sus luchas a la construcción de lo común. Voces, saberes y experiencias diversas se recuperan como conocimientos valiosos para poner en marcha dinámicas y proyectos sociales, políticos, educativos, económicos y culturales de carácter emancipador.
- Docentes y estudiantes que colaboran para dotar al curriculum de un sentido emancipador y para articularse con los agentes sociales críticos. Ambos elementos permitirían aprovechar al máximo las posibilidades que ofrece el espacio universitario para la creación, la rebeldía y la acción transformadora.

El enfoque de Educación para la Transformación Social que proponemos para la Universidad pone así en el centro el papel protagonista de los sujetos críticos en el impulso de procesos que nos permitan construir, como dirían las zapatistas, *un mundo donde quepan muchos mundos*. Nuevos modelos civilizatorios donde se hagan efectivos los deseos de las comunidades que —en defensa de sus territorios— enfrentan las lógicas del capital, del patriarcado, del racismo y de la colonialidad.

BIBLIOGRAFÍA

Adell, Jordi; Castañeda, Linda y Esteve, Francesc (2018). ¿Hacia la Ubersidad? Conflictos y contradicciones de la universidad digital, *Revista Iberoamericana de Educación a Distancia (Ried)*, Vol. 21 Núm. 2. https://revistas.uned.es/index.php/ried/article/view/20669/18104

Álvarez, Santiago (2022). *El malestar de nuestro modo de vida, PAPELES de relaciones ecosociales y cambio global*, Nº 158, 5-12. Madrid, FUHEM. https://www.fuhem.es/papeles_articulo/el-malestar-de-nuestro-modo-de-vida/

Álvarez, Santiago (2023). Un modo de vida que imposibilita la vida buena, *PAPELES de relaciones ecosociales y cambio global*, Nº 161, 5-10. Madrid, FUHEM. https://www.fuhem.es/2023/05/08/un-modo-de-vida-que-imposibilita-la-vida-buena/

Brand, Ulrich y Wissen, Markus (2019). Nuestro bonito modo de vida imperial. Cómo el modelo de consumo occidental arruina el planeta, *Nueva Sociedad*, Nº 279, 25-32. https://biblat.unam.mx/hevila/Nuevasociedad/2019/no279/3.pdf

Cabaluz, Jorge Fabián (2020). Prólogo. Educar para la emancipación, en Martínez, María Cristina y Guachetá, Emilio: *Hacia una praxis crítica desde el sur*. Bogotá, CLACSO, Universidad Pedagógica Nacional. http://biblioteca.clacso.edu.ar/clacso/se/20201006122520/educar-emancipacion.pdf

Crutzen, Paul J. and Stoermer, Eugene F. (2000) The «Anthropocene». *Global Change Newsletter*, 41, 17. http://www.igbp.net/download/18.31 6f1832132347017758000140l/1376383088452/NL41.pdf

Díez Gutiérrez, Enrique Javier (Enrique Javier). El capitalismo académico. La reforma universitaria europea en el contexto de la globalización, *Revista Iberoamericana de Educación*, Vol. 50, Nº. Extra 1. https://dialnet.unirioja.es/servlet/articulo?codigo=3019067&orden=218482&info=link

Freire, Paulo (1970). *Pedagogía del oprimido*. Madrid, Siglo XXI.

Freire, Paulo (1994). *Pedagogía de la esperanza. un reencuentro con la Pedagogía del oprimido*. Madrid, Siglo XXI.

Garcés, Marina (2019, 6ª ed.). *Nueva ilustración radical*. Barcelona, Anagrama.

Haraway, Donna J. (2016). Staying with the Trouble. Making Kin in the Chthulucene. *Duke University Press Durham and London*. https://www.themodel.ie/wp-content/uploads/2020/04/Donna-J-Harraway-Staying-with-the-Trouble-Chapter-2-inc-Introduction.pdf

Hooks, Bell (2021). *Enseñar a transgredir. La educación como práctica de la libertad*. Madrid, Capitán Swing.

Ibarra Colado, Eduardo (2003). Capitalismo académico y globalización: la universidad reinventada. *Educação & Sociedades* 24 (84). https://www.scielo.br/j/es/a/MkfmzwghgFdD7dFRwJFgssh/?lang=es#

IPCC (2023). *Sexto Informe de Evaluación sobre Cambio Climático.* https://www.ipcc.ch/report/ar6/syr/downloads/report/IPCC_AR6_SYR_LongerReport.pdf

Lander, Edgardo (2000). Ciencias sociales, saberes coloniales y eurocéntricos, en Lander, E. *La colonialidad del saber: eurocentrismo y ciencias sociales. Perspectivas latinoamericanas,* Caracas, Facultad de Ciencias Económicas y Sociales (FACES-UCV), Instituto Internacional de la UNESCO para la Educación Superior en América Latina y el Caribe (IESALC). http://biblioteca.clacso.edu.ar/clacso/sur-sur/20100708034410/lander.pdf

Moore, Jason (2019). The Capitalocene and Planetary Justice. *Maize* 6, 49-54. https://jasonwmoore.com/wp-content/uploads/2019/07/Moore-The-Capitalocene-and-Planetary-Justice-2019-Maize.pdf

Oxfam (2023). *La ley del más rico. Gravar la riqueza extrema para acabar con la desigualdad.* https://oxfamilibrary.openrepository.com/bitstream/handle/10546/621477/bp-survival-of-the-richest-160123-es.pdf

Rauber, Isabel (2020). Epistemologías desde abajo. *Rebelión.* https://rebelion.org/epistemologias-desde-abajo/

Rivas Flores, José Ignacio et al. (2020). Narrativa y educación con perspectiva decolonial, *Márgenes, Revista de Educación de la Universidad de Málaga,* 1 (3), 46-62. https://dialnet.unirioja.es/descarga/articulo/7631541.pdf

Slaughter, Sheila y Leslie, Larry L. (1997). Academic capitalism: politics, policies, and the entrepreneurial university. Baltimore, Johns Hopkins University Press. https://www.researchgate.net/publication/44824369_Academic_Capitalism_Politics_Policies_and_the_Entrepreneurial_University

Walsh, Catherine (2007). ¿Son posibles unas ciencias sociales/culturales otras? Reflexiones en torno a las epistemologías decoloniales, *Nómadas* (Col), núm. 26. Universidad Central, Bogotá, Colombia. pp. 102-113. https://www.redalyc.org/pdf/1051/105115241011.pdf

CAPÍTULO 2
INCLUSIÓN DE LAS COMPETENCIAS CLAVE PARA LA SOSTENIBILIDAD EN LA EDUCACIÓN: PROPUESTAS PEDAGÓGICAS

MONTSERRAT VARGAS VERGARA
(Universidad de Cádiz)

INTRODUCCIÓN

La temática que nos ocupa se puede abordar desde muy distintas perspectivas o posicionamientos. Partimos del convencimiento de que la crisis económica, social y ambiental actual, agravada por las consecuencias del Covid-19 y la invasión de Ucrania, en la que estamos inmersos, no solo afecta directamente a la educación, sino que podría decirse que la educación debería asumir su responsabilidad en lo que actualmente nos acontece. Al hablar de competencias y sostenibilidad, es necesario conocer cómo hemos llegado a esta situación y por qué desde la Unión Europea (UE) se incluyen las competencias en los distintos encuentros y documentos de los que más tarde haremos mención. Interesa ahora detenernos en justificar por qué a la hora de hablar de competencias para la sostenibilidad tenemos necesariamente que hacer alusión a la historia. Es sencillo: porque nos vemos inmersos en un gran cambio social, económico y medioambiental, donde no solo hablamos de cambio climático o guerras producidas por la explotación de los recursos naturales, sino que la propia estructura social ha cambiado. La inclusión de las tecnologías, por ejemplo, o las nuevas formas de desarrollo profesional y económico, incluso se han adoptado nuevos modelos en las relaciones sociales. La educación, en todos sus ámbitos, tiene que asumir estos cambios e implicarse. Estamos ante la necesidad de una nueva Teoría de la Educación que oriente hacia cómo afrontar los nuevos acontecimientos o retomar lo que ya está escrito en la Historia de la Educación en relación al sentido de esta, que no es otro que ayudar a que el sujeto se conozca así mismo, dotándolo de la capacidad para intervenir en el mundo.

Se hace difícil detenernos a pensar de dónde venimos, para entender lo que somos y adónde hemos llegado. Desde esta visión recordamos la propuesta de Ordine (2017), quien hace un interesante manifiesto sobre la utilidad de lo inútil, refiriéndose sobre todo al trato que las humanidades, el arte y la literatura sufren en la sociedad actual. La tendencia al logro, a lo palpable, y lo inmediato, hacen de la educación un acto y no un proceso: el proceso educativo. Esto nos lleva a reflexionar sobre el concepto de «utilidad» frente a lo que podría interpretar como «pérdida de tiempo». Se percibe una tendencia a evitar espacios para el diálogo, la reflexión, el pensar, divagar y, sobre todo, discutir sobre educación. La excesiva burocracia, los plazos establecidos y los programas cerrados de obligado cumplimiento son los que hacen que todo lo anteriormente identificado como necesario en el proceso educativo se haya convertido en «pérdida de tiempo» o «inútil». Ciertamente, si lo que se requiere son datos, resultados y expedientes, se hace difícil encontrar tiempo para velar por el proceso educativo. La tendencia al «hacer» o al «cumplimiento» nos aleja del «reflexionar». Quizás sería interesante detenernos a pensar cómo estamos los y las docentes. Si bien, para algunos, el discurso que estamos manteniendo pudiera ser «irse por las ramas» o no apropiado, considero que desde la pedagogía es necesario tomar conciencia del posicionamiento desde el que afrontamos el reto, el cambio; sobre todo cuando lo que nos ocupa es formar en competencias, ya sean claves o de sostenibilidad. Por ello, el primer paso sería pensar y establecer un discurso en torno a la cuestión de orientar el curriculum hacia el desarrollo de las competencias. Los cambios en educación no pueden ser una imposición sin reflexión.

Bellamy (2018) expone cómo nuestro actual sistema educativo y cultural tiene una tendencia al olvido de la cultura. El autor explica cómo los programas cerrados y los contenidos previamente seleccionados apartan al sujeto, a los sujetos, de la adquisición de un aprendizaje personal, en el que interesarse y que le interese. Coincidimos en lo que expone: «Todo está dicho: en el mismo momento en que la escuela me enseña verdades demostradas y establecidas con certeza, está

cometiendo una falta al impedirme encontrarlas por mí mismo».
(2018:39). Es por ello que se insta a detenerse en el conocimiento
del origen de las cosas, afrontar el presente como fruto del pasado y
desarrollando la capacidad de la interpretación personal para generar
conocimiento. En un trabajo más recientes, Bellamy (2021) considera
que «No hay destino para nosotros, no hay novedad, no hay innovación, no hay verdadero cambio, no hay libertad, sin recibir primero
de la historia, a veces de la historia más antigua, aquello que puede
alimentar nuestra capacidad de inventar y de crear»(2021: 171).Con-
tinúa con lo que considera que es realmente interesante en la educación, hacia dónde se debe tender, en cuanto a dar sentido «Lo que da
sentido al trabajo educativo es la experiencia maravillosa de suscitar en
nuestros estudiantes una libertad nueva de la que no podemos prede-
cir los frutos, y que no podremos medir, permitiendo que sus espíritus
se vean aumentados por el encuentro con aquello que hemos heredado» (2021: 172)

Es precisamente esto lo que hace atractivo el proceso educativo: el devenir de un contenido a otro, de una pregunta a otra, o el
descubrimiento de la propia ignorancia que nos lleva directamente
a la búsqueda y el encuentro de lo que realmente interesa conocer
para crecer, para ser y para saber. Es, por tanto, a la hora de hablar de
competencias, ya sean para la sostenibilidad o se trate de competencias
clave, detenerse para encuadrar y justificar a fin de no solo entender
definiciones y objetivos, sino de entender que son una propuesta necesaria para abordar los retos de la sociedad actual. Perder el tiempo
en conocer, reconocer, para hacer algo distinto a lo que otros hicieron,
desde otra perspectiva, otra orientación, relacionando temas y creando
nuevas líneas de pensamiento y enfoque. Pero quizás el primer aspecto
a tratar sería el revisar qué se hace desde la educación y nos aleja de su
objeto, ayudar a que el sujeto se conozca a sí mismo.

La estructura de este trabajo pretende llevar por senderos que
confluyen en una justificación, o al menos argumentación, sobre la
necesidad de un giro de paradigma en la educación y que los ODS son
una excelente hoja de ruta para asumir la responsabilidad del pasado,
fomentar la inclusión de la cultura y orientar la educación, tanto a
nivel de contenido, como de capacidades y actitudes. Se trata de conseguir una ciudadanía competente y responsable con capacidad para

generar cambio y diseñar un futuro sostenible. Por ello es importante presentar los ODS desde una perspectiva histórica, entendiéndose como el resultado de las acciones de la humanidad.

LOS OBJETIVOS DE DESARROLLO SOSTENIBLE

Actualmente los ODS ocupan un espacio reconocido en la educación a todos los niveles y los documentos normativos incluyen esta temática como parte de los contenidos en los diversos programas educativos. Antes de abordar el tema de las competencias, se considera necesario recordar algunas cuestiones que determinan el enfoque respecto a los ODS que justifica su inclusión en la formación de la ciudadanía. Obsérvese que al hablar de educación hablamos de ciudadanía, lo que supone una proyección más amplia que engloba a todos y todas, partiendo de la idea de que debemos aprender de todo, de todos y todas, y en todo momento. Adoptando una predisposición hacia el descubrimiento y constante construcción del conocimiento, dentro y fuera de las aulas.

Esta idea nos sitúa, como veremos a lo largo de este trabajo, en un posicionamiento de aprendices, manteniendo no solo la curiosidad por saber, sino la responsabilidad de estar debidamente informados e informadas. Para ello, es importante partir de la idea de que la sostenibilidad no es un tema de reciente surgimiento y que va más allá de cuestiones de medio ambiente o cambio climático.

Por ejemplo, ya en Código Hammurabi (1750 A.C.), regulaba la protección a los esclavos e intentaba la sostenibilidad ecológica al mantener un equilibrio agro-silvo-pecuario (Fernández 2007:17). Otros autores, como Ortega (2021), lo citan cuando circunscribe la responsabilidad profesional a la bioética en el sentido de la responsabilidad de las acciones del hombre y su repercusión en el medio ambiente. Comparte este autor la definición sobre bioética que se aceptaba en 1978: «estudio sistemático de la conducta humana en el campo de las ciencias de la vida y del cuidado de la salud, examinada a la luz de los valores y principios morales». Posteriormente, en 2021 se amplía «incluyendo sus implicaciones antropológicas y éticas, con la finalidad de ver racionalmente aquello que es bueno para el hombre, las futuras generaciones y el ecosistema» González Palomares (2021: 17). En esta misma línea de responsabilidad, en referencia al documento milenario, Reyes Sánchez et al., (2016: 225) lo relaciona con los ODS, concretamente con el ODS 4 Calidad de la Educación y la función de la universidad, considerando que:

- En las universidades se «construyen» profesionales para la sociedad.
- Que deben tener bases firmes.
- Que en el ejercicio de su profesión pueden causar bien o daño a muchas personas.
- Que en cada proyecto curricular se afirma que tienen un perfil y unas competencias requeridas por la sociedad.

Estos ejemplos son importantes para contextualizar el posicionamiento hacia los ODS y reforzar la idea de que la sostenibilidad no es un tema nuevo, sino más bien una preocupación en el desarrollo de la humanidad.

De igual forma, recordamos la promulgación de los Derechos Humanos por la Asamblea General de las Naciones Unidas en su resolución 217 de 10 de diciembre de 1948, en cuyo preámbulo parte de: «Considerando que la libertad, la justicia y la paz en el mundo tienen por base el reconocimiento de la dignidad intrínseca y de los derechos iguales e inalienables de todos los miembros de la familia humana». Las premisas en aquel momento eran claras y quedaron escritas en dicho documento, reconociendo el papel de las instituciones y la educación como base para garantizar los derechos que en ella se establecían.

> Proclama la presente Declaración Universal de Derechos del Hombre como ideal común por el que todos los pueblos y naciones deben esforzarse, a fin de que tanto los individuos como las instituciones, inspirándose constantemente en ella, promuevan, mediante la enseñanza y la educación, el respeto a estos derechos y libertades, y aseguren, por medidas progresivas de carácter nacional e internacional, su reconocimiento y aplicación universales y efectivos, tanto entre los pueblos de los Estados Miembros como entre los de los territorios colocados bajo su jurisdicción (1948: 35).

Se establecen como Derechos Humanos, por tanto, aquellos que se refieren a nacer en libertad, la seguridad de las personas y la prohibición de la esclavitud o la trata de personas. El artículo 5 se refiere a las torturas o trato inhumano o degradante. El derecho al matrimonio se establece en el artículo 16, y en el apartado 2 se señala «Sólo mediante libre y pleno consentimiento de los futuros esposos podrá contraerse el matrimonio». El artículo 23 regula los derechos al trabajo y protección frente al desempleo, salarios justos y representación sindical. Los derechos a la alimentación, el vestido, la vivienda, la asistencia médica y los servicios sociales necesarios también se contemplan, prestando especial mención a los más vulnerables y el derecho a los cuidados durante la maternidad. La educación como derecho se aborda en el artículo 26 y se refiere tanto a la instrucción elemental, que será obligatoria, como a la instrucción técnica y profesional. El documento no solo establece derechos, sino que recuerda las obligaciones de la comunidad, puesto que sólo en ella puede desarrollarse libre y plenamente la personalidad del sujeto.

A pesar de que este ha sido el documento más traducido y referenciado, lo que en él se recoge ha sido vulnerado, lamentablemente, de forma sistemática. La situación social y política actual aleja a gran parte de la humanidad del disfrute de estos derechos. Pero la realidad es otra y los datos mostrados en la siguiente figura son algunas de las evidencias.

Figura 1. Ejemplos sobre la problemática a nivel social

En 2020, por primera vez en lo que va de este informe, la trata de personas con fines de trabajo forzoso (38.8%) casi equipara a la explotación sexual con un 38.7%. En los últimos 5 años, la detección de víctimas de trata con fines de explotación mixta (10.3%) y con fines delictivos (10.2%). UNODC (2022)

244 millones de niñas y niños siguen sin escolarizar. UNESCO (2022)

Casi 2000 millones de personas afrontan un gasto en atención de salud catastrófico o empobrecedor (indicador 3.8.2 de los ODS). OMS (2022)

El número de personas que sufren hambre en el mundo aumentó hasta alcanzar los 828 millones en 2021, lo que supone un aumento de unos 46 millones desde 2020 y de 150 millones desde el brote de la pandemia de COVID-19. UNICEF (2022)

Como se desprende de los informes emitidos por las distintas instituciones y organizaciones, la situación social, es preocupante. Por ello la inclusión de las competencias para la sostenibilidad, son una excelente propuesta para un nuevo paradigma de la educación.¿hacia dónde orientar el aprendizaje si no es hacia los problemas actuales? Para actuar hay que conocer, querer y saber cómo, al menos, pensar y diseñar opciones.

La gran cantidad de conflictos bélicos que están activos en la actualidad, el más reciente el provocado por la invasión de Ucrania o la guerra de Siria, entre otros, han supuesto un aumento de personas refugiadas, que en ocasiones consiguen llegar a nuestras aulas o puestos de trabajo. Por ello, no es una situación o problema lejano o ajeno, es una cuestión que hay que conocer e incluir en la formación de la ciudadanía, en aras a la construcción de sociedades con valores relacionados con la equidad, inclusión y justicia social.

Figura 2. Informe sobre situación de los refugiados

Fuente: UNHCR ACNUR (2022)

Al recordar los Derechos Humanos y analizar la situación actual, se proponen los ODS como una buena estrategia para parar, conocer, pensar y reorientar las acciones humanas y las políticas públicas hacia una sociedad más digna y sostenible.

Los 17 ODS y sus 169 metas se interpretan como una cuestión de competencias, responsabilidad, ética y desarrollo, en la que todos y todas somos el problema, pero afortunadamente también somos la solución. La educación es el medio, el camino para orientar las acciones de todas las instituciones políticas y educativas hacia los retos de la sociedad post pandemia, a pocos años de 2030, para alcanzar los objetivos propuestos.

DÉCADA DE LA ACCIÓN

Si alcanzar los objetivos era un proyecto ambicioso, la situación de la pandemia de Covid-19 ha sido un golpe importante que hace aún más difícil su consecución. Actualmente estamos en el programa denominado «Década en Acción» propuesto por la ONU, donde se insta a trabajar en tres niveles: global, local y la acción de las personas. Si en 2020, ante la proximidad de la fecha para alcanzar los ODS, se necesitaban soluciones con urgencia, ahora, en 2023, inmersos en una crisis planetaria, es una misión de ejecución inmediata.

El Informe de los Objetivos de Desarrollo Sostenible 2022 (Naciones Unidas, 2022) señala:

> Mientras el mundo se enfrenta a crisis y conflictos mundiales progresivos e interconectados, las expectativas establecidas en la Agenda 2030 para el Desarrollo Sostenible están en peligro. Con la pandemia de COVID-19 en su tercer año, la guerra en Ucrania exacerba las crisis alimentaria, energética, humanitaria y de refugiados, todo esto en el marco de una emergencia climática en pleno desarrollo (2022: 2).

Sobre las consecuencias de la pandemia de COVID-19, el informe sobre los Progresos realizados para lograr los Objetivos de Desarrollo Sostenible (Consejo Económico y Social de Naciones Unidas, 2022) dice:

> Hasta finales de 2021, más de 5,4 millones de personas en todo el mundo habían muerto como consecuencia directa de la pandemia de COVID-19 y las estimaciones sugieren que el exceso de muertes fue de casi 15 millones. Los sistemas sanitarios mundiales se vieron desbordados y se interrumpió la prestación de muchos servicios de salud esenciales, lo que supuso importantes amenazas para la salud y socavó años de progreso en la lucha contra otras enfermedades mortales. Además, en 2022, entre 75 y 95 millones de personas más vivirán en la pobreza extrema, en comparación con los niveles anteriores a la pandemia. Miles de millones de niños perdieron un tiempo significativo de escolaridad y por encima de 100 millones de niños más quedaron por debajo del nivel mínimo de competencia en lectura y otras esferas del aprendizaje académico (2022: 2).

De igual forma, se debe considerar la vulnerabilidad a la que la ciudadanía mundial se ha visto sometida. Esto nos ha permitido evidenciar las carencias a todos los niveles, pero sobre todo se ha demostrado el poder y la necesidad de la resiliencia que refuerza la propuesta de una educación orientada al desarrollo de competencias. La situación sanitaria vivida ha puesto de manifiesto la importancia y repercusión de ser competente.

EL PAPEL DE LA EDUCACIÓN EN LA SOSTENIBILIDAD

El papel protagonista de la educación como eje clave para alcanzar los ODS dio lugar al Decenio de las Naciones Unidas de la Educación para el Desarrollo Sostenible para el periodo 2005-2014 (UNESCO, 2002). El objetivo principal era integrar los principios, valores y prácticas del desarrollo sostenible en todos los aspectos de la educación y el aprendizaje. Más tarde, en la 37ª conferencia de la ONU celebrada en París en 2013, se aprobó el programa de acción mundial para la Educación para el Desarrollo Sostenible (EDS) como seguimiento del EDS a partir de 2014. Posteriormente se creó el grupo de trabajo de la Misión 4.7 y del Pacto Mundial sobre la Educación, organizado por la Academia Pontificia de Ciencias Sociales y por la ONU. Se pretende poner todos los esfuerzos en la meta 4.7:

De aquí a 2030, asegurar que todos los alumnos adquieran los conocimientos teóricos y prácticos necesarios para promover el desarrollo sostenible, entre otras cosas mediante la educación para el desarrollo sostenible y los estilos de vida sostenibles, los derechos humanos, la igualdad de género, la promoción de una cultura de paz y no violencia, la ciudadanía mundial y la valoración de la diversidad cultural y la contribución de la cultura al desarrollo sostenible (ODS 4 ONU).

A nivel de legislación española, en un breve análisis podemos ver como las últimas leyes educativas en todos los niveles recogen la sostenibilidad dentro de la formación reglada. La LOMLOE (2020) hace alusión a la sostenibilidad a nivel de formación transversal:

Por otra parte, dado que el sistema educativo no puede ser ajeno a los desafíos que plantea el cambio climático del planeta, los centros docentes han de convertirse en un lugar de custodia y cuidado de nuestro medio ambiente. Por ello han de promover una cultura de la sostenibilidad ambiental, de la cooperación social, desarrollando programas de estilos de vida sostenible y fomentando el reciclaje y el contacto con los espacios verdes (2020: 11).

También se refiere a la sostenibilidad ambiental, social y económica (2020: 14). Es de destacar el artículo 110 Accesibilidad, sostenibilidad y relaciones con el entorno, del que se desprende una idea de la sostenibilidad exclusiva con el medio ambiente y cambio climático. Continúa en el artículo 127 relacionando el concepto con la conservación y renovación de las instalaciones.

Respecto a lo que se regula en la Educación Superior en temas de sostenibilidad, la LOSU (2022) hace especial mención a los ODS y a la sostenibilidad, como veremos en el apartado de propuestas. Por su parte la Conferencia de Rectores de la Universidad Española (CRUE), entiende que:

> Sostenibilidad es hablar de un imperativo ético que tiene que ver con cuestiones de protección del medio natural, reducción de la pobreza, igualdad de sexos, promoción de la salud, derechos humanos, comprensión cultural y paz, producción y consumo responsables, acceso igualitario a las TIC, etc., tal como recoge la Declaración de la Década de la Educación para el Desarrollo Sostenible (2005-2014)1, cuya finalidad es la construcción de un mundo en el que todos tengan acceso a la satisfacción de las necesidades básicas y a una educación a través de la cual aprender los valores, comportamientos y estilos de vida coherentes con un futuro sostenible. (2012: 5).

Este concepto de sostenibilidad surge de unos principios que se muestran a continuación y que se materializan en las competencias que se deben incluir en los programas docentes de todas las asignaturas. A estos documentos le han seguido otros en los que la Universidad hace una propuesta de intenciones con la sostenibilidad. El más reciente es el Manifiesto de las XXXII Jornadas Crue-Sostenibilidad «Biodiversidad y Clima: un desafío para la Universidad» en 2023.

En la siguiente figura se muestran los principios que sustentan las competencias que se intentan desarrollar, incluyéndose en las guías docentes.

Figura 3. Principios y competencias para la sostenibilidad CRUE

Elaboración propia. Datos de la fuente: CRUE

A modo de cierre de este apartado se resalta la importancia de conocer el objetivo último de la acción educativa, recordando que los contenidos establecidos a priori deben ser el medio y no el fin. Lo expuesto en páginas anteriores ha demostrado que la situación es complicada y que se requiere de la participación ciudadana, ahora y en el futuro. No se trata solo de preocuparse por el planeta que le estamos dejando a los hijos, sino también pensar en qué hijos le estamos dejando al planeta.

COMPETENCIAS CLAVE

En este momento se asume que la educación se ve como un medio para alcanzar los ODS, resolver y dar respuesta a unas necesidades sociales de la ciudadanía que van más allá de cuestiones ambientales o económicas. En 2006 se estableció el marco de referencia europeo sobre las competencias clave para el aprendizaje permanente, recogido en un documento publicado en 2007. Quedan definidas como: «una combinación de conocimientos, capacidades y actitudes adecuadas al contexto. Las competencias clave son aquéllas que todas las personas precisan para su realización y desarrollo personal, así como para la ciudadanía activa, la inclusión social y el empleo» (2007: 5). Se insta a que los sistemas de educación y formación inicial de los Estados miembros promuevan el desarrollo de dichas competencias entre la juventud; orientaciones que se extienden a la educación permanente, ofreciendo a todos los adultos verdaderas posibilidades de aprender y mantener esas aptitudes y competencias (2007).

Se trata de competencias clave para el desarrollo personal, la salud, la empleabilidad y la inclusión social, cuya definición se ha adaptado no solo debido a la evolución económica y social, sino también a las diversas iniciativas implantadas en Europa durante la última década. Se presta especial atención a mejorar las capacidades básicas, invertir en el aprendizaje de idiomas, perfeccionar las competencias digitales y emprendedoras. Se establece así la pertinencia de los valores comunes en el funcionamiento de nuestras sociedades y la motivación a un mayor número de jóvenes para que inicien carreras profesionales relacionadas con las ciencias (Diario Oficial de la Unión Europea, 2018).

Así mismo, el Gobierno de España en su Portal del Sistema Educativo Español, ofrece la siguiente definición: «Competencias clave: Desempeños que se consideran imprescindibles para que el alumnado pueda progresar con garantías de éxito en su itinerario formativo, y afrontar los principales retos y desafíos globales y locales. (s.f.)». En este caso se hace alusión al documento de Recomendación del Consejo de 22 de mayo de 2018 relativa a las competencias clave para el aprendizaje permanente, que refuerza lo ya recomendado al respecto en 2006.

El marco de referencia europeo publicado en 2007 «Competencias Clave Para El Aprendizaje Permanente Un Marco De Referencia Europeo» establece ocho competencias clave, en las que se trabajan conocimiento, capacidad y actitud, y que se muestran de forma resumida:

1. **Comunicación en la lengua materna.** La importancia de esta competencia se refiere a conocimientos sobre vocabulario, la gramática funcional y las funciones del lenguaje en la lengua materna. Estos aprendizajes permitirán desarrollar y poseer capacidades de expresión escrita y oral que permitan comunicarse en función a los requisitos de las situaciones. Se entiende que la competencia comunicativa favorece la actitud positiva con respecto a la comunicación en la lengua materna e implica la disposición al diálogo crítico, constructivo y socialmente responsable.

2. **Comunicación en lenguas extranjeras.** Incluye contenidos y capacidades similares a la anterior y se extiende a la educación permanente. Más allá del conocimiento de la lengua, se incluye el fomento de actitudes positivas hacia la diversidad cultural, el interés y curiosidad por las lenguas y la comunicación intercultural.

3. **Competencia matemática y competencias básicas en ciencia y tecnología.** Respecto a las matemáticas se pretende desarrollar capacidades necesarias para aplicar los principios y los procesos matemáticos básicos en situaciones cotidianas de la vida privada y profesional. En relación a las ciencias y la tecnología alude a la capacidad y la voluntad de utilizar el conjunto de los conocimientos y la metodología empleados para explicar la naturaleza, con el fin de plantear preguntas y extraer conclusiones basadas en pruebas. Resulta realmente interesante la utilización que se le presupone a los contenidos sobre la ciencia: «estas competencias deberán permitir a cada

persona comprender mejor los avances, las limitaciones y los riesgos de las teorías científicas, las aplicaciones y la tecnología en las sociedades en general (en cuanto a la toma de decisiones, los valores, las cuestiones morales, la cultura, etc.)» (2007: 6). Actitud de juicio y curiosidad críticos, un interés por las cuestiones éticas y el respeto por la seguridad y la sostenibilidad, en particular por lo que se refiere al progreso científico y tecnológico en relación con uno mismo, con la familia, con la comunidad y con los problemas globales.

4. **Competencia digital.** Se define como «La competencia digital entraña el uso seguro y crítico de las tecnologías de la sociedad de la información (TSI) para el trabajo, el ocio y la comunicación». También hace referencia a presentar e intercambiar información, y comunicarse y participar en redes de colaboración a través de Internet. Se orienta la utilización de la tecnología para estar al corriente de las cuestiones relacionadas con la validez y la fiabilidad de la información disponible y de los principios legales y éticos por los que debe regirse el uso interactivo de las TSI. Actitud crítica y reflexiva con respecto a la información disponible y un uso responsable de los medios interactivos; esta competencia se sustenta también en el interés por participar en comunidades y redes con fines culturales, sociales o profesionales.

5. **Aprender a aprender.** Quizás sea esta la competencia que invita o impulsa hacia la necesidad de un cambio en el paradigma educativo:

Aprender a aprender» es la habilidad para iniciar el aprendizaje y persistir en él, para organizar su propio aprendizaje y gestionar el tiempo y la información eficazmente, ya sea individualmente o en grupos. Esta competencia conlleva ser consciente del propio proceso de aprendizaje y de las necesidades de aprendizaje de cada uno, determinar las oportunidades disponibles y ser capaz de superar los obstáculos para culminar el aprendizaje con éxito. Dicha competencia significa adquirir, procesar y asimilar nuevos conocimientos y capacidades, así como buscar orientaciones y hacer uso de ellas. El hecho de «aprender a aprender» hace que los alumnos se apoyen en experiencias vitales y de aprendizaje anteriores con el fin de utilizar y aplicar los nuevos conocimientos y capacidades en muy diversos contextos, como los de la vida privada y profesional y la educación y formación. La motivación y la confianza son cruciales para la adquisición de esta competencia (2007: 8). Esto supone el descubrimiento de estrategias de aprendizaje personales, conocer los puntos fuertes y débiles de sus capacidades y cualificaciones, y que sea capaz de buscar las oportunidades de educación y formación y los servicios de apoyo y orientación a los que puede acceder.

6. **Competencias sociales y cívicas.** Se refieren a:
Estas competencias incluyen las personales, interpersonales e interculturales y recogen todas las formas de comportamiento que preparan a las personas para participar de una manera eficaz y constructiva en la vida social y profesional, especialmente en sociedades cada vez más diversificadas, y, en su caso, para resolver conflictos. La competencia cívica prepara a las personas para participar plenamente en la vida cívica gracias al conocimiento de conceptos y estructuras sociales y políticas, y al compromiso de participación activa y democrática (2007: 10).

Destaca en esta competencia el carácter humanista, incluso a nivel de conocimientos, ya que propone orientarlos en torno a los conceptos de democracia, justicia, igualdad, ciudadanía y derechos civiles. También hace referencia a trabajar contenidos sobre el conocimiento de la historia que se está escribiendo, en la que todos y todas somos protagonistas, sentir curiosidad y tener una visión nacional, europea y mundial de lo que sucede en todos los ámbitos. Estos conocimientos pretenden desarrollar capacidades y actitudes positivas orientadas a la actuación y participación en el entorno más inmediato, tomando conciencia de ciudadanía europea desde la responsabilidad y convivencia con otras culturas.

7. **Sentido de la iniciativa y espíritu de empresa.** Se relaciona con la habilidad de la persona para transformar las ideas en actos. Se trabaja desde la creatividad, la innovación, el diseño y ejecución de proyectos, sabiendo detectar riesgos. Se desarrolla por tanto una actitud proactiva, de independencia y responsabilidad. Se extiende más allá de la vida personal o académica, siendo considerada como el pilar para el desarrollo de otras competencias que se pondrán en juego no solo en la

vida laboral, sino que se debe guiar por los valores éticos a fin de orientar la gobernanza. Entendemos que se asume que, en algún momento de la vida de las personas, la toma de decisiones y el liderazgo son necesarios e inevitables, inherentes al ser humano.

8. **Conciencia y expresión culturales.** Este marco de referencia contempla: «la expresión creativa de ideas, experiencias y emociones a través de distintos medios, incluida la música, las artes escénicas, la literatura y las artes plásticas». (2007: 12). Para su desarrollo se requiere de conciencia de la herencia cultural, de ahí que en la introducción se dedicará un espacio a la importancia de la cultura y el conocimiento de la historia. En esta competencia se trabaja la actitud abierta hacia el arte, la expresión artística y la participación en la vida cultural.

Este marco de referencia de ocho competencias es clave y permite aunar formación a nivel europeo, al tiempo que determina y define hacia dónde deben orientarse las políticas educativas y los contenidos curriculares. Es obvio que estamos ante un importante cambio en los conceptos de educación e instrucción.

Se concluye, por tanto, este apartado en el que se ha mostrado la propuesta de una formación permanente basada en las competencias clave. Cabe ahora conocer la propuesta de la UNESCO (2016) sobre cómo desarrollarlas y orientadas hacia la sostenibilidad.

COMPETENCIAS PARA LA SOSTENIBILIDAD

Cuando hablamos de sostenibilidad debemos abandonar la idea de que el término hace exclusiva referencia a la cuestión medio ambiental o a la explotación de recursos naturales. Recordemos que la definición de sostenibilidad más aceptada por todos los países es la que se elaboró en el encuentro en París en 1987. La Comisión Brundtland de las Naciones Unidas definió la sostenibilidad como lo que «permite satisfacer las necesidades del presente sin comprometer la habilidad de las futuras generaciones de satisfacer sus necesidades propias» (ONU, 1987). Por su parte, el documento de GreenComp, en el marco europeo de competencias sobre sostenibilidad (Guia Bianchi et al., 2022) considera que: «por sostenibilidad se entiende la priorización de las necesidades de todas las formas de vida y del planeta, procurando que la actividad humana no supere los límites planetarios» (2022: 12). En consonancia con lo manifestado, se entiende que las personas y la relación entre ellas son parte de esas necesidades que se detectan ahora y que coinciden con las que tendrán generaciones venideras. Incluir el discurso de sostenibilidad en las instituciones educativas y en la formación de los educadores y educadoras es una cuestión urgente. Así lo manifiesta la directora general de la UNESCO,

> Se necesita un cambio fundamental en la forma en que pensamos sobre el rol de la educación en el desarrollo mundial, porque tiene un efecto catalizador en el bienestar de los individuos y el futuro de nuestro planeta. ...Ahora más que nunca, la educación tiene la responsabilidad de estar a la par de los desafíos y las aspiraciones del siglo XXI, y de promover los tipos correctos de valores y habilidades que llevarán al crecimiento sostenible e inclusivo y a una vida pacífica juntos (Irina Bokova, Directora General de UNESCO).

Destacamos la importancia que se otorga a los valores y la necesidad de un crecimiento inclusivo orientado a la vida pacífica y en convivencia democrática. Por tanto, esta idea de sostenibilidad, así como los ODS, deberían ser incluidos en una hoja de ruta de la educación. ¿Qué sentido tiene la educación si no es para alcanzar el desarrollo de los sujetos a fin de que configuren sociedades democráticas y convivan en paz? De lo contrario, estaríamos instando a asumir que la función de las instituciones educativas se limite a la instrucción y no a la educación en colaboración con la familia y la sociedad en general.

Dos son los documentos de referencia fundamentales que se han analizado y en los que nos basamos para la abordar el tema de las competencias para la sostenibilidad: Educación para los Objetivos de Desarrollo Sostenible: Objetivos de aprendizaje (UNESCO, 2017) y el documento GreenComp (2022) mencionado anteriormente, elaborado con la intención de ser una referencia para el diseño de planes de aprendizaje a fin de fomentar la sostenibilidad como competencia.

Si en las competencias clave se establecían tres dimensiones de trabajo: conocimientos, competencia y actitud, en las competencias de sostenibilidad se abordan tres objetos de aprendizaje, descritos en los siguientes dominios en el informe de la UNESCO (2017: 11)

- El dominio cognitivo comprende el conocimiento y las herramientas de pensamiento necesarias para comprender mejor los ODS y los desafíos implicados en su consecución.
- El dominio socioemocional incluye las habilidades sociales que facultan a los alumnos para colaborar, negociar y comunicarse con el objeto de promover los ODS, así como las habilidades, valores, actitudes e incentivos de autorreflexión que les permiten desarrollarse.
- El dominio conductual describe las competencias de acción.

La propuesta de la UNESCO (2017: 10) para la sostenibilidad se refiere a ocho competencias, mostradas en la Tabla 1.

Tabla 1. Competencias clave para la sostenibilidad

Competencia de pensamiento sistémico: las habilidades para reconocer y comprender las relaciones; para analizar los sistemas complejos; para pensar cómo están integrados los sistemas dentro de los distintos dominios y escalas; y para lidiar con la incertidumbre	**Competencia de anticipación:** las habilidades para comprender y evaluar múltiples escenarios futuros - el posible, el probable y el deseable; para crear visiones propias de futuro; para aplicar el principio de precaución; para evaluar las consecuencias de las acciones; y para lidiar con los riesgos y los cambios
Competencia normativa: las habilidades para comprender y reflexionar sobre las normas y valores que subyacen en nuestras acciones; y para negociar los valores, principios, objetivos y metas de sostenibilidad en un contexto de conflictos de intereses y concesiones mutuas, conocimiento incierto y contradicciones	**Competencia estratégica:** las habilidades para desarrollar e implementar de forma colectiva acciones innovadoras que fomenten la sostenibilidad a nivel local y más allá
Competencia de colaboración: las habilidades para aprender de otros; para comprender y respetar las necesidades, perspectivas y acciones de otros (empatía); para comprender, identificarse y ser sensibles con otros (liderazgo empático); para abordar conflictos en grupo; y para facilitar la resolución de problemas colaborativa y participativa	**Competencia de autoconciencia:** la habilidad para reflexionar sobre el rol que cada uno tiene en la comunidad local y en la sociedad (mundial); de evaluar de forma constante e impulsar las acciones que uno mismo realiza; y de lidiar con los sentimientos y deseos personales

(Cont.)

Competencia de pensamiento crítico: la habilidad para cuestionar normas, prácticas y opiniones; para reflexionar sobre los valores, percepciones y acciones propias; y para adoptar una postura en el discurso de la sostenibilidad	Competencia integrada de resolución de problemas: la habilidad general para aplicar distintos marcos de resolución de problemas a problemas de sostenibilidad complejos e idear opciones de solución equitativa que fomenten el desarrollo sostenible, integrando las competencias antes mencionadas

Elaboración propia. Fuente de los datos: Educación para los ODS. UNESCO 2017

Como segunda propuesta, el documento GreenComp (2022) establece que:

> Una competencia de sostenibilidad capacita a los alumnos para que representen valores de sostenibilidad y adopten sistemas complejos, con el fin de adoptar o solicitar medidas que restablezcan y mantengan la salud de los ecosistemas y mejoren la justicia, y así generar visiones para futuros sostenibles (2022: 11).

En este caso, se proponen 12 competencias organizadas en tres bloques que se centran en objetivos a conseguir, como muestra la Tabla 2.

Tabla 2. Competencias para la sostenibilidad

Objetivo	Competencia
Incorporar valores de sostenibilidad	· Apreciación de la sostenibilidad · Respaldo a la ecuanimidad · Promoción de la naturaleza
Asumir la complejidad de la sostenibilidad	· Pensamiento sistémico · Pensamiento crítico · Contextualización de problemas
Prever futuros sostenibles	· Capacidad de proyecciones de futuro · Adaptabilidad · Pensamiento exploratorio
Actuar para la sostenibilidad	· Actuación política · Acción colectiva · Iniciativa individual

Elaboración propia. Fuente de los datos: GreenComp: El marco europeo de competencias sobre sostenibilidad (2022)

Tras la exposición de las distintas competencias, y antes de ofrecer una tabla resumen para su mejor visualización y comprensión, compartimos la interesante visión de Valle y Manso (2013) al respecto:

La competencia no es un 'poder hacer', ni siquiera es exclusivamente un 'saber hacer' (aunque ser competente lo implique), sino que es 'hacerlo'. Así, estos desempeños deben entenderse como resultados finales que se definen en términos claros y observables (de conducta) y que implican la resolución de 'problemas' en situaciones (familiares o novedosas) de la 'vida real'. En este sentido —y esta es una última característica que se debe destacar al respecto—, la competencia incluye una manera creativa y única de resolver la situación, pues la aplicación de los aprendizajes se debe ver adaptada (ubicada) a los contextos en los que se requiere el despliegue de la competencia. (2013: 23).

Coincidiendo con los autores, queda evidenciado que la educación actual debe orientarse hacia el trabajo por competencias de sostenibilidad. Necesitamos actuaciones, más que buenas intenciones, y se requiere de una ciudadanía activa y proactiva, formada y valiente para implicarse y responsabilizarse de sus acciones.

Tabla 3. Resumen de competencias

Documento de referencia	Principios/Dimensiones y Objetivos	Competencias
Competencias clave para el aprendizaje permanente. Un Marco de Referencia Europeo (Unión Europea, 2007)	· Conocimiento · Capacidad · Actitud	Comunicación en la lengua materna Comunicación en lenguas extranjeras Competencia matemática y competencias básicas en ciencia y tecnología Competencia digital Aprender a aprender Competencias sociales y cívicas Sentido de la iniciativa y espíritu de empresa Conciencia y expresión culturales
Competencias clave para la sostenibilidad. Objetos de aprendizaje (UNESCO, 2017)	· Dominio cognitivo · Dominio socioemocional · Dominio conductual	Competencia de pensamiento sistémico Competencia de anticipación Competencia normativa Competencia estratégica Competencia de colaboración Competencia de autoconciencia Competencia de pensamiento crítico Competencia integrada de resolución de problemas:

(Cont.)

Documento de referencia	Principios/Dimensiones y Objetivos	Competencias
GreenComp, El marco europeo de competencias sobre sostenibilidad. (Bianchi et al. 2022)	Incorporar valores de sostenibilidad	Apreciación de la sostenibilidad Respaldo a la ecuanimidad Promoción de la naturaleza
	Asumir la complejidad de la sostenibilidad	Pensamiento sistémico Pensamiento crítico Contextualización de problemas
	Prever futuros sostenibles	Capacidad de proyecciones de futuro Adaptabilidad Pensamiento exploratorio
	Actuar para la sostenibilidad	Actuación política Acción colectiva Iniciativa individual
Directrices para la introducción de la Sostenibilidad en el Curriculum (CRUE, 2012)	Complejidad Glocalización Transversalidad Responsabilidad social universitaria	SOS1. Competencia en la contextualización crítica SOS2. Competencia en la utilización sostenible SOS3. Competencia en la participación SOS4. Competencia en la aplicación de principios éticos.

Elaboración propia. Vargas Vergara, M. (2023)

Esta tabla resumen puede ser una herramienta para el diseño de actividades orientadas al desarrollo de competencias, ya sean clave o de sostenibilidad.

Continuamos el proceso de elaboración, que comenzó con la presentación del panorama social actual a través de los ODS y su relación con los Derechos Humanos. En un segundo apartado hemos visto las competencias, que son las propuestas para trabajar los retos de la sociedad actual orientadas a la consecución de los ODS y la sostenibilidad en general. Llegamos finalmente a la fase de actuación, con la propuesta que a continuación se presenta.

PROPUESTAS DE ACTUACIÓN

La visión de la educación desde un punto de vista de desarrollo de competencias clave y sostenibles ayudaría a diseñar políticas educativas que respondan a las necesidades reales, tanto a nivel de organización como de contenidos. ¿Cómo hacerlo?: parando y tomando conciencia de dónde estamos, qué hacemos y hacia dónde vamos. Pero esto no se puede hacer a base de decretos que obliguen o desde la voluntariedad de algunos. ¿Por dónde empezar? Está claro que por la formación de los docentes, los que se forman y los que están en ejercicio. La Universidad, en su tercera misión de contribuir al desarrollo del contexto social en el que se ubica, debe establecer vías para un trabajo útil en función a las necesidades reales y en colaboración con otros ciclos educativos. En este caso hablamos claramente del ODS 17 *Crear sinergias y alianzas.*

En trabajos anteriores (Vargas Vergara 2022) ya se proponía que os centros educativos pueden contribuir incluyendo los ODS en su plan de centro de forma global. Revisar la estructura organizativa diseñando, por ejemplo, horarios y calendarios sostenibles, actividades que permitan una permeabilidad entre sociedad e instituciones educativas, haciendo y participando como ciudadanos en el desarrollo local. Algunos ejemplos pueden ser la participación de los jóvenes en los ayuntamientos, conocer y disfrutar la ciudad, el patrimonio, los personajes que dan nombre a sus calles, rescatar a las mujeres que ayudaron a escribir la historia y fueron omitidas por ser mujer. Se considera que las propuestas deben responder los siguientes principios de: (2022:117)

- **Pertinencia**: utilidad de lo que se enseña, se aprende y se investiga. Si bien se considera que los principios pedagógicos deben tender a ser universales, los discursos pedagógicos han de ser locales necesariamente. Pensar en global y actuar en local.
- **Eficacia**: agilidad en la elaboración de las actividades propuestas, en función a las horas de dedicación y los resultados. No se trata tanto de los actos en sí, sino del impacto de las acciones. Así mismo no se trata de evaluar actividades, sino de diseñar actividades que permitan tomar conciencia de los aprendizajes.
- **Coherencia**: se basa en la permeabilidad entre la sociedad y las instituciones educativas. Se refiere también al uso de metodologías que permitan desarrollar el pensamiento crítico y sistemas de evaluación justos y coherentes con la acción docente, las circunstancias y las necesidades educativas.

- **Sostenibilidad**: apostar por el diseño de proyectos educativos, actividades que respeten los ritmos y los tiempos y que fomenten cambios significativos en las estructuras y la gobernanza.

Podrían ser muchas las propuestas para trabajar las competencias mencionadas, pero apostamos a que el primer paso necesario es formar las habilidades de pensamiento y fomentar el pensamiento crítico y la comunicación no violenta. Proyectos como el que se presenta brevemente pretenden trabajar desde el sujeto, para el sujeto y para la comunidad, a través del encuentro.

PROYECTO SPILIA COMO PROPUESTA PARA EL DESARROLLO DE COMPETENCIAS SOCIALES Y CÍVICAS

Spilia[1]: Práctica de la filosofía sobre los valores europeos con alumnos de 10 a 12 años, es un proyecto cofinanciado por la Unión Europa en convocatoria Erasmus. Parte de una propuesta de 2016, en que la UNESCO aprobó la creación de la primera Cátedra Mundial de Filosofía con Niños. A través del desarrollo de talleres de filosofía se pretende promover el diálogo entre los ciudadanos del mundo y el entendimiento mutuo de cada cultura, con el objetivo de la paz.

Las competencias sociales y cívicas a menudo no se desarrollan en la escuela y, sin embargo, son esenciales para el aprendizaje. El objetivo de los talleres de «discusión filosófica» es desarrollar estas competencias en los niños mediante el ejercicio de su ojo crítico y promoviendo el diálogo y la libertad de expresión sobre temas vinculados a la ciudadanía y los valores humanistas, cuidando y fomentando un ambiente de confianza y respeto. Los talleres son idóneos para el aprendizaje porque crean vínculos entre los niños, se tratan temas actuales en los que pueden analizar su propio pensamiento y generar conocimiento, lo que genera en ellos una motivación real. Siguiendo la propuesta Socrática de la mayéutica, como señala Picardo (2002: 67)

---

1. El proyecto Spilia (Erasmus) se ha desarrollado en escuelas de Bruselas, Málaga y Portugal. Disponible en https://spilia.online/

«básicamente se trata de un método interrogativo que se preocupa menos por transmitir que por hacer descubrir, ya que las preguntas actúan como indicadores de enunciados que construirá el alumnado utilizando sus propios recursos.»

Se trata de aprender a filosofar, a dominar un proceso de pensamiento, a adquirir la capacidad de argumentación, la presentación de un punto de vista, a analizar y conceptualizar. Los talleres de Filosofía para Niños, movilizarán estas competencias para sacar a la luz otras nuevas, esenciales en un contexto escolar y en la vida cotidiana, a cualquier edad:

- **Problematización**: consiste principalmente en plantear un problema de manera metódica y estructurada, cuestionando las opiniones y certezas propias y resaltando la complejidad de un concepto y sus nociones
- **Conceptualización**: permite elevar las prácticas empíricas al nivel de concepto y construir una definición mediante un proceso de reflexión estructurada.
- **Argumentación**: es el arte de justificar racionalmente una afirmación, pero también de proponer objeciones eligiendo las palabras adecuadas para traducir su pensamiento.

Los talles de filosofía para niños, inspirados en la propuesta realizada por Lipman en 1969, pretenden crear una comunidad de investigación en cada sesión, no solo entre los alumnos, sino también entre los profesores (Lipman et al., 2002). Los autores justifican la propuesta con estas palabras:

> Eso que estamos echando todos de menos es la presencia de niños y jóvenes capaces de pensar por sí mismos de forma crítica y creativa, en diálogo consigo mismos, con sus compañeros y con los adultos. Y no los tendremos nunca si no les animamos a hacerlo, sino introducimos en los programas y en la vida entera de la escuela los instrumentos que les permitan desarrollar las habilidades requeridas para ello (2002: 15.)

Se promueve la formación en el pensamiento crítico, constructivo, razonado a la vez que espontáneo, permitiendo así que el propio sujeto descubra su propio sentir, pensar y buscar la forma de verbalizar aquello que generó por sí mismo, en colaboración con los otros.

En este caso, los temas han sido preestablecidos para que todas las escuelas participantes siguieran una misma línea, trabajando valores relacionados con el hecho de poseer la ciudadanía europea (ver Figura 4)[2]. Hay que tener en cuenta que la Filosofía para Niños no es aprender filosofía, sino aprender a filosofar, a preguntar, argumentar y generar conocimiento. Ya Dewey (1955), (en Lipman, 2002), consideraba que la educación tendría que ser redefinida como el fomento de la capacidad de pensar, en vez de ser una transmisión de contenidos» (2002: 25).

Figura 4. Temática trabajada en los Talleres de Filosofía para Niños.
Proyecto Spilia

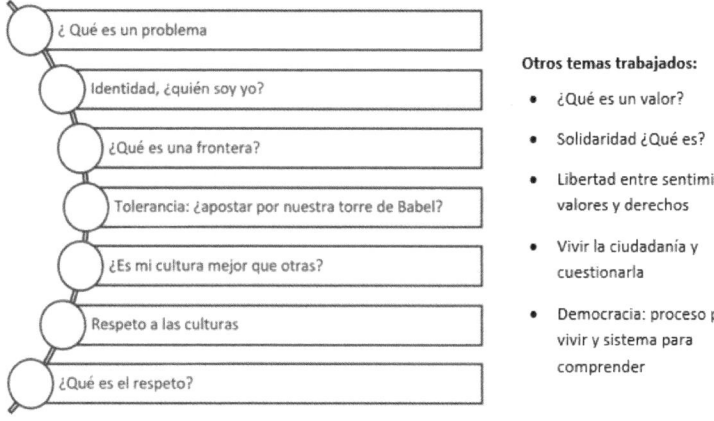

Elaboración propia. Fuente. Proyecto Splia

El desarrollo de los talleres evidenció la necesidad de formación de los docentes para la realización de estos. Por ello, se ha diseñado un producto que se presenta como un Mooc[3] donde se dan contenidos sobre los objetivos de los talleres y, sobre todo, metodología específica.

---

2. Se han generado postcasts de todos los talleres de Filosofía para niños realizados dentro del Proyecto Spilia. Disponibles en https://spilia.online/episodes/
3. El Mooc se encuentra disponible en https://spilia.online/show-hosts/

Desde la pedagogía se apuesta por metodologías que permitan conocer las opiniones y fomentar el pensamiento crítico y la argumentación. Pero no hay que confundir el debate como estrategia, con el coloquio, o las tertulias dialógicas como una clase de «charla». Estas herramientas requieren de una preparación previa y un diseño específico. En ellas se pueden trabajar contenidos múltiples y una gran cantidad de competencias.

CONCLUSIONES

La finalidad de la educación, como motor de cambio social, queda mostrada de forma explícita. Ahora, una vez que se ha identificado el qué, cabría averiguar el cómo, y sobre hacia dónde debe orientarse y extenderse la educación a fin de cumplir el lema de la ONU de llegar a todos y no dejar a nadie atrás.

El cambio en educación es algo urgente y necesario, aunque quizás no estemos en el camino correcto al seguir centrando los esfuerzos en el hacer, en los resultados y en lo visible. La educación es una cuestión de sutilezas, emociones y sensaciones, sentimientos y acciones. Hoy, más que nunca, la salud mental y el valor del criterio son cuestiones que deben ocupar un espacio preferente dentro y fuera de las instituciones educativas. Hoy los contenidos están en la red. A ello hay que añadir la velocidad con la que se genera el contenido y la velocidad de su caducidad. Estamos ante un mundo cambiante, que cambia y nos debe cambiar. La educación no puede seguir con la inercia del pasado. Ya no se requiere tanto que el sujeto sepa, sino que sepa generar pensamiento propio y conocimiento útil, para sí, para la vida y los demás.

No se trata tanto de saber, sino de desarrollar competencias que permitan al sujeto identificar cuestiones de forma autónoma y diseñar actuaciones. No es cuestión de hacer actividades y aumentar la carga de trabajo, sino de tomar los ODS como una referencia, un espejo en el que mirarse y preguntar: ¿En qué contribuye nuestra acción diaria a mejorar la sociedad? ¿Cómo desde la ciudadanía se puede intervenir en la sociedad? Ante todo es una cuestión de asumir la responsabilidad que ser ciudadano y ciudadana supone. El cambio debe ser en todos los sentidos y direcciones, implicando a todos y todas, en todos los sectores y ámbitos de la sociedad. Se pudiera empezar por el análisis institucional y el sentido, utilidad e impacto de lo que se enseña, se aprende y se investiga. Hoy hay que hablar de la ciudadanía en su versión más social. En esta línea, la Sociedad Iberoamericana de Pedagogía Social (SIPS) ha adquirido un compromiso con la investigación social, promoviendo el uso de metodologías que permitan dar voz y encauzar la preocupación de la comunidad científica.

A nivel de formación, debemos apostar por metodologías que permitan que el sujeto entre en conflicto consigo mismo y le ayuden a crear sus propias herramientas para gestión de emociones, adquisición de conocimiento y proyección hacia la convivencia, los valores y los derechos que nos igualan a todos y todas.

BIBLIOGRAFÍA

Agencia de la ONU para los refugiados UNHCR/ACNUR (2022). *Informe Semestral de Tendencias 2022*. https://www.acnur.org/informe-semestral-de-tendencias-2022

Bellamy, François-Xavier (2018). *Los Desheredados. Por qué es urgente transmitir la cultura*. Ediciones Encuentro.

Bellamy, François-Xavier (2021) Crisis de la transmisión y fiebre de la innovación. *Teoría de la Educación: Revista Interuniversitaria 33*(2), 169-178. http://digital.casalini.it/10.14201/teri.25407

Bianchi, G., Pisiotis, U., Cabrera Giráldez, M. (2022). *GreenComp, El marco europeo de competencias sobre sostenibilidad*. Oficina de Publicaciones de la Unión Europea.

Bacigalupo, M., Punie, Y. (eds.). EUR 30955 EN, Oficina de Publicaciones de la Unión Europea, Luxemburgo, 2022; ISBN 978-92-76-46485-3, doi:10.2760/13286, JRC128040. https://data.europa.eu/doi/10.2760/094757

Conferencia de Rectores de las Universidades Españolas. CRUE (2012) *Directrices para la introducción de la Sostenibilidad en el Curriculum*. https://www.crue.org/wp-content/uploads/2020/02/Directrices_Sosteniblidad_Crue2012.pdf

Consejo Económico y Social de Naciones Unidas (2022). *Progresos realizados para lograr los Objetivos de Desarrollo Sostenible*. https://docplayer.es/228203743-Consejo-economico-y-social.html

Dewey, John (1955). *The Child and the Curriculum*. Macmillan. Citado en: Lipman, M., Sharp, A. M., y Oscanyan, F. S. (2002). *La filosofía en el aula*. Ediciones de la Torre.

Rodríguez Fernández, José Miguel (2007). Responsabilidad social corporativa y análisis económico: práctica frente a teoría. *Ekonomiaz: Revista vasca de economía*, (65), 12-49.

González Palomares, S. (2022). *Línea del tiempo sobre la evolución histórica de la bioética en México*. https://www.masscience.com/linea-del-tiempo-sobre-la-evolucion-historica-de-la-bioetica-en-mexico/

Ley Orgánica 3/2020, de 29 de diciembre, por la que se modifica la Ley Orgánica 2/2006, de 3 de mayo, de Educación. BOE No. 340. https://www.boe.es/eli/es/lo/2020/12/29/3

Ley Orgánica 2/2023, de 22 de marzo, del Sistema Universitario. BOE No. 70. https://www.boe.es/eli/es/lo/2023/03/22/2/con

Lipman, Matthew., Sharp, A. M., y Oscanyan, F. S. (2002). *La filosofía en el aula*. Ediciones de la Torre.

Ministerio de Educación y Formación Profesional (s.f.) *Educagob. Portal del Sistema Educativo Español*. https://educagob.educacionyfp.gob.es/en/inicio.html

Naciones Unidas (1987). *Informe Brundtland*. https://es.wikipedia.org/wiki/Informe_Brundtland

Naciones Unidas (2022). *Informe de los Objetivos de Desarrollo Sostenible 2022*. https://unstats.un.org/sdgs/report/2022/The-Sustainable-Development-Goals-Report-2022_Spanish.pdf

Naciones Unidas (s.f.). *Objetivos de Desarrollo Sostenible: 4 Educación de calidad* https://www.un.org/sustainabledevelopment/es/education/

Oficina de Naciones Unidas Contra la Droga y el Delito UNODC. *Informe Mundial sobre Trata de Personas 2022: los principales hallazgos y las perspectivas del delito en Ecuador*. https://www.unodc.org/peruandecuador/es/noticias/2021/2023-presentacin-del-informe-mundial-de-trata-de-personas-2022_-los-principales-hallazgos-y-las-perspectivas-del-delito-en-ecuador.html

Ordine, Nuccio, y Flexner, Abraham (2017). *La utilidad de lo inútil: Manifiesto*. Acantilado (Vol. 36).

Organización Mundial de la Salud OMS (2022). *Cobertura sanitaria universal*. https://www.who.int/es/news-room/fact-sheets/detail/universal-health-coverage-(uhc)

Ortega Marín, B.A. (2021). Bioética en América Latina: garantizar la vida humana reconociendo su origen primigenio e inaplazable sostenibilidad. *Revista de Ciencias Forenses de Honduras, 7*(2), 53-63. https://www.camjol.info/index.php/RCFH/article/view/13195/15485

Picardo, Oscar. y Escobar, Jose Carlos (2002). *Historia de las ideas pedagógicas.* Documento en red.

Reyes Sánchez Gina Marcela, Díaz Flórez,Guillermo Andrés, Dueñas Suaterna, Jorge Alberto. y Bernal Acosta, Antonio (2016). ¿Educación de calidad o calidad de la educación? Uno de los Objetivos de Desarrollo Sostenible y el camino para el desarrollo humano. *Revista de la Universidad de La Salle, 71,* 251-272.

Saiz Miguel, Alvaro (2022). *La educación para el desarrollo sostenible en los currículos LOMLOE.* Subdirección General de Cooperación Territorial e Innovación Educativa. https://www.miteco.gob.es/ca/ceneam/grupos-de-trabajo-y-seminarios/reeducamar/lomloe_alvaromefp_tcm34-549147.pdf

SIPS (s.f.) *Sociedad Iberoamericana de Pedagogía Social SIPS.* Presidida por Victoria Pérez de Guzmán Puya https://sips-es.blogspot.com/p/quienes-somos.html

Spilia (2023). Pratique de la philosophie sur les valeurs européennes avec des élèves de 10 -12 ans. https://spilia.online/

UNESCO (2002). *Decenio de las Naciones Unidas de la Educación para el Desarrollo Sostenible (2005-2014).* https://www.educacionyfp.gob.es/revista-de-educacion/dam/jcr:85a7c380-d96b-4a9e-9908-951d826ecb8b/re200913-pdf.pdf

UNESCO (2017). *Educación para los Objetivos de Desarrollo Sostenible: objetivos de aprendizaje.* https://unesdoc.unesco.org/ark:/48223/pf0000252423

UNESCO (2022). *244 millones de niños y niñas no empezarán el nuevo año escolar.* https://www.unesco.org/es/articles/244-millones-de-ninos-y-ninas-no-empezaran-el-nuevo-ano-escolar-unesco

UNICEF (2022). *Las cifras del hambre: 828 millones de personas en todo el mundo.* https://www.unicef.es/noticia/las-cifras-del-hambre-en-el-mundo

Unión Europea (2006). *Recomendación del Parlamento Europeo y del Consejo de 18 de diciembre de 2006 sobre las competencias clave para el aprendizaje permanente.* Diario Oficial de la Unión Europea L 394/10.

https://eur-lex.europa.eu/LexUriServ/LexUriServ.do?uri=OJ:L:2006:394:0010:0018:es:PDF

Unión Europea (2007) *Competencias clave para el aprendizaje permanente. Un marco de referencia Europeo*. Comunidades Europeashttps://www.educacionyfp.gob.es/dctm/ministerio/educacion/mecu/movilidad-europa/competenciasclave.pdf?documentId=0901e72b80685fb1

Unión Europea (2018). *Recomendación del Consejo de 22 de mayo de 2018 relativa a las competencias clave para el aprendizaje permanente*. Diario Oficial de la Unión Europea C 189/1. https://eur-lex.europa.eu/legal-content/ES/TXT/PDF/?uri=CELEX:32018H0604%2801%29

Valle, Javier, y Manso, Jesús (2013). Competencias clave como tendencia de la política educativa supranacional de la Unión Europea. *Revista de Educación, Extraordinario 2013*, 12-33 https://www.educacionyfp.gob.es/dam/jcr:2ed39394-a542-4af1-af2a-2b1d30350f7e/re201301-pdf.pdf

Vargas Vergara, Montserrat , y Casanova Correa, Juan (2021). La celebración de los días internacionales. Propuesta metodológica para incluir los ODS y la competencia global en la docencia universitaria. En *Los Objetivos de Desarrollo Sostenible: hoja de ruta en la educación del siglo XXI. Innovación docente en la formación de profesionales* (pp. 15-29). Octaedro.

Vargas Vergara, Montserrat (2022). Hacia una formación de los docentes políticamente correcta y pedagógicamente inadecuada. *Cadernos de Pesquisa, São Luís, v. 29, n. 3, jul./set., 2022.*Disponível em: http://www.periodicoseletronicos.ufma.br/index.php/cadernosdepesquisa

CAPÍTULO 3
ESTRATEGIAS PARA LA DOCENCIA DE LA ARQUITECTURA DESDE LA RESPONSABILIDAD SOCIAL Y AMBIENTAL

FCO. JAVIER CASTELLANO PULIDO
(Universidad de Málaga)

INTRODUCCIÓN

En la sección Principios fundamentales de la Carta Magna de las Universidades Europeas, firmada en Bolonia el 18 de septiembre de 1988 por los cuatro ministros representantes de Francia, Alemania, Italia y el Reino Unido, se solicita, entre otras cuestiones, una universidad independiente de todo poder político y económico, libre para enseñar e investigar desde el rechazo a la intolerancia, capaz de ignorar toda frontera geográfica o política y afirmar «la imperiosa necesidad del conocimiento recíproco y de la interacción de las culturas» (Universidades Europeas, 2008: 471). Tras la lectura de este documento, redactado a finales del milenio pasado, resulta pertinente recordar la función social que desempeñan las universidades, incidiendo en su condición de motor de las transformaciones necesarias para responder a los cambios que puedan producirse en el futuro. Entre algunos de estos retos, no podemos ignorar las consecuencias derivadas de la xenofobia, —algo implícito en la defensa que realizan los cuatro ministros europeos del intercambio del conocimiento desde la multiculturalidad—, sino también de otro tipo de consecuencias de los desequilibrios del mundo actual como el desplazamiento masivo de personas debido a la desigualdad o las crisis políticas —paradójicamente soslayadas a menudo por las propias instituciones europeas—, o de las crisis medioambientales, como puede leerse en el preámbulo de dicha carta, asegurando a las generaciones futuras una educación y una formación «que les permitan contribuir al respeto de los grandes equilibrios del entorno natural y de la vida»(Universidades Europeas, 2008: 1). La alusión a este tipo de valores, que van más allá de la mera producción y transmisión de conocimiento, ha adquirido más importancia en las últimas décadas, condensándose en el concepto de «formación integral», al que hace referencia el Estatuto del Estudiante Universitario —aprobado el 30 de diciembre de 2010— (Real Decreto 1791, 2010). Además de señalar la necesidad de asegurar unas condiciones adecuadas para la práctica docente e investigadora por parte de las universidades, se pone de manifiesto que esta actividad debe promover valores entre los estudiantes como: la libertad, la equidad y la solidaridad, reconociendo el valor de la diversidad desde la asimilación crítica de su historia. Inmediatamente después, el Real Decreto hace referencia también a la promoción de los valores medioambientales y de sostenibilidad en sus diferentes dimensiones, resumiendo todo lo expuesto en la transmisión de patrones éticos como: honradez, veracidad, rigor, justicia, eficiencia, respeto y responsabilidad. Se persigue, de este modo, que el alumnado universitario sea autónomo en la toma de decisiones, responsable para asumir sus consecuencias, razonable en la búsqueda del bien propio en armonía con la búsqueda del bien común y poseedor de «sentido de justicia», desde el conocimiento de la legalidad y actuando con imparcialidad. Resulta interesante la alusión que se realiza en este texto a la especial atención que debe prestarse a «aquellos que tienen menos capacidad para hacer valer sus intereses o mostrar su valor» (Real Decreto 1791, 2010, Artículo 63).

En el preámbulo de la Ley Orgánica del Sistema Universitario Español (LOSU, 2023), también se realiza una síntesis de funciones de la Universidad, ligando aspectos académicos y valores éticos. Así, la responsabilidad de la comunidad universitaria en la educación avanzada de las personas para el desarrollo económico, científico y tecnológico queda unida a la defensa de un conjunto de valores «éticos y humanistas» como la igualdad de oportunidades, la libertad intelectual, el espíritu crítico, la tolerancia, el diálogo y debate, así como el respeto al medioambiente, la preservación y creación cultural, siempre desde la apertura a «la diversidad de expresiones del espíritu humano» (LOSU,

2023: 2). Como novedad, e influida claramente por las crisis políticas y bélicas de comienzos del siglo XXI, las consecuencias derivadas del cambio climático o del progresivo envejecimiento de la población, así como las crisis sanitarias como la derivada del COVID-19, se expone en la denominada LOSU la necesidad de que la Universidad evolucione, adaptándose a los cambios sociales, culturales, tecnológicos institucionales que caracterizan nuestra época. Entre estos cambios, se alude a la digitalización creciente, a la globalización —que ha aumentado la interdependencia de todos los países y regiones— y a la equidad de género. Por primera vez se menciona el surgimiento de modelos pedagógicos que articulan la formación digital a distancia y la presencialidad.

En las experiencias docentes que aquí se presentan, se trata de aportar —en la medida de lo posible y de los medios limitados que ofrece la universidad española para alcanzar dichos objetivos desde la excelencia—, una serie de pautas y métodos formativos que pueden ayudar en la promoción de los valores académicos y éticos descritos en las distintas normas y cartas universitarias en su aplicación a la docencia de la arquitectura. Esto implica, a menudo, una constante búsqueda de posiciones fuera de la zona de confort y un descenso hacia lo cotidiano. Es decir, la docencia universitaria puede ser capaz de aspirar a lograr una cierta excelencia en la adquisición de competencias profesionales al tiempo que induce al alumnado a afrontar su formación desde la responsabilidad social y ambiental, situándose en contacto directo con los problemas del presente mientras trata de anticiparse al futuro en favor de la denominada resiliencia. Esta actitud responsable, abierta y nunca acomodada, implica a los docentes, pero también a los gestores universitarios y al propio alumnado. Como expresa claramente la Ley Orgánica del Sistema Universitario en su preámbulo, «La Universidad del siglo XXI no puede replegarse en una torre de marfil, sino que tiene que profundizar su inserción en el tejido productivo y social» (LOSU, 2023: 2).

ARQUITECTURA Y DOCENCIA DESDE UN NUEVO PARA-DIGMA SOCIOPOLÍTICO Y BIO-TECNOLÓGICO

La creación arquitectónica, tal y como se contempla en la Directiva 2005/36/CE del Parlamento Europeo en su disposición 27 —relativa al reconocimiento de cualificaciones profesionales—, reviste un interés público, junto a «la calidad de las construcciones, su inserción armoniosa en el entorno, el respeto de los paisajes naturales y urbanos, así como el patrimonio colectivo y privado» (Parlamento Europeo, 2005:25). Varias decisiones del Consejo de Ministros de la Unión Europea han reiterado a partir del año 2007, que la Arquitectura —como una manifestación más de la cultura—, cumple fines esenciales en la cohesión social, en la lucha contra el cambio climático y en la sostenibilidad medioambiental, contribuyendo a la calidad arquitectónica. En la declaración de Davos, firmada en 2018 por los ministros de Cultura europeos y a la que se ha adherido España, se alude al concepto de Baukultur, que incluye valores como el diseño arquitectónico, la construcción, el paisajismo y la protección del patrimonio cultural. En la exposición de motivos de la propia ley se mencionan estas actividades como núcleo esencial de un desarrollo sostenible. Así, la valoración cualitativa de las profesiones a partir de conceptos mencionados en este texto como calidad, inserción armoniosa, respeto por el paisaje y el patrimonio como vía para la cohesión social y el desarrollo sostenible supone un argumento consistente para la defensa de la creación arquitectónica —en todas sus dimensiones— como una actividad que debe ser protegida y apoyada por parte de la Universidad y la sociedad en su conjunto. La Ley 9/2022, de 14 de junio, de Calidad de la Arquitectura , de reciente aprobación, avanza también en este aspecto, al entender la arquitectura como «el arte y la técnica de idear, diseñar, proyectar, construir, rehabilitar, transformar y conservar edificios y espacios públicos para el desenvolvimiento de las actividades humanas, junto con la dirección y ejecución de las obras correspondientes. Todo ello en equilibrio armónico con su funcionalidad y utilidad, de acuerdo con valores culturales, sociales y medioambientales y con la participación y la colaboración de las disciplinas profesionales necesarias para alcanzar toda su complejidad y a lo largo de todo su ciclo de vida» (Ley 9/22 de 14 de junio).

La evolución de la legislación nacional e internacional permite ver cómo en los últimos años, el mundo ha cambiado significativamente. Las transformaciones sociales, políticas, económicas y culturales presentan nuevas posibilidades en todos los aspectos de la vida, y la educación arquitectónica no puede separarse de este cambio de paradigma. La cuestión medioambiental y energética, la necesidad de utilizar la menor cantidad de energía posible, la reutilización y el reciclaje, así como la adquisición de un cierto grado de resiliencia en las obras humanas no son problemas temporales. De hecho, ni siquiera es un problema reciente, se trata de un proceso histórico de largo recorrido que emerge en ciertos momentos de crisis económica o energética, a veces con motivo de determinados conflictos armados o dinámicas de especulación financiera, pero que parece olvidarse en momentos de expansión económica (Mulder et al., 2007).

Aunque esta perspectiva de la planificación urbana como entorno de trabajo a nivel regional perdería fuerza durante el período de entreguerras, textos como Cities in Evolution (Geddes, 1915) han sido revisados de forma recurrente. Como han explicado algunos autores, esto ha sucedido especialmente en momentos históricos de organización del conocimiento y permanecen presentes en los discursos de minorías transdisciplinarias, como los planificadores regionales en la década de 1940, los ambientalistas de la década de 1970 y los ecologistas urbanos de la década de 1970 (Chabard, 2010: 162). De hecho, los intentos de Geddes de conciliar las artes y las diferentes ciencias en una visión sintética y generalista del mundo (auspiciada por aproximaciones a la filosofía del hinduismo) y su interés por promover la conciencia pública y la participación en la planificación urbana, conforman la misma visión holística del territorio y la lógica de integración que exigen los discursos arquitectónicos y urbanos actuales (Chabard, 2010: 149-162). Esta visión ampliada del territorio demanda un cambio sustancial en afrontar la docencia, a menudo atenazada por la separación de disciplinas y una orientación productivista del mundo.

En el siglo XXI, la creciente preocupación por la crisis climática y energética parece conducir a la adopción de ideas que tratan de frenar dinámicas pasadas de crecimiento sin límites ni compromiso, ya que lo que está en juego es la supervivencia de la especie humana. La transformación de la enseñanza de la arquitectura y la ingeniería civil en un

modelo sostenible o, probablemente, regenerativo —es decir, capaz de
aportar más de lo que se consume—, constituye una respuesta necesaria a la gran tarea pendiente que tenemos como sociedad, tratando de
cambiar el rumbo de las ciudades vistas como máquinas que devoran
los recursos naturales. Iniciativas de este tipo son importantes porque
ponen en primer plano algo que, hasta hace poco, se consideraba marginal y que hoy en día parece impregnar toda ética, estética, política,
influyendo también en el modo de orientar el desarrollo tecnológico.
Parece necesaria la adquisición de una nueva conciencia de los lugares que requiere conectar cada nueva obra con su contexto específico,
teniendo en cuenta las variables ambientales que no pueden separarse
del discurso arquitectónico. Para lograr esto, es importante hacer coincidir los avances recientes en tecnología sin olvidar el conocimiento de
la historia y el pensamiento humanista. Según afirma Martin Brown,
«el lenguaje de la sostenibilidad está evolucionando, de uno que ha
sido demasiado combativo, técnico y de confrontación a uno que es
consciente, abrazando un lenguaje de colaboración y compartiendo
con enfoques más diversos, abiertos y uniformes» (Brown et al, 2017:
8). Esta idea implica todos los campos del conocimiento y la docencia
e influye especialmente en el intercambio y colaboración entre arquitectos, ingenieros y paisajistas.

ESTRATEGIAS PARA LA DOCENCIA DE UNA ARQUITECTU-
RA RESPONSABLE

Aunque el trabajo sobre el proyecto arquitectónico siempre ha
sido el núcleo de la educación arquitectónica, los avances tecnológicos
y los cambios socioeconómicos plantean dudas sobre la eficacia de los
métodos de enseñanza tradicionales para la sociedad global en desarrollo (Salama, 1995; Nicol & Pilling, 2000). Las tendencias recientes en
la profesión de la arquitectura muestran que el paradigma educativo
actual debe cambiar, de un enfoque individual a uno más colaborativo
(Furlan, 2015) y debería estar dirigido a desarrollar las habilidades
cooperativas y blandas necesarias, así como involucrar a estudiantes,
profesores y profesionales en la creatividad conjunta (West, 2015). Las
estrategias introducidas a través de proyectos de innovación educativa

en el proyecto arquitectónico pueden aportar una serie de técnicas que ayudan a superar algunas de las limitaciones que encuentran los estudiantes para el aprendizaje de la arquitectura desde la responsabilidad social y ambiental. Estos problemas proceden a menudo de prejuicios que desligan el problema del hábitat de los aspectos fundamentales a los que debe responder, como el conocimiento de la historia y las dinámicas sociales de orden local y global del presente o el estudio de hábitos cambiantes que constantemente ponen en crisis la arquitectura convencional. Es necesario desarrollar una mirada holística que tenga en cuenta el impacto de las obras humanas sobre los sistemas bioculturales a medio y largo plazo. Pero, para lograr esto, es preciso en primer lugar, la adquisición, por parte del estudiante, de herramientas y habilidades que le motiven a trascender lo tangible e inmediato para, en segundo lugar, incorporar las múltiples capas de información que pueden extraerse del estudio de los lugares y las sociedades que lo habitan.

A continuación, se describen algunas de las experiencias llevadas a cabo en el periodo 2010-2022 en las que el autor ha participado, actuando en la mayor parte de ellas como profesor de la Escuela Técnica Superior de Arquitectura de la Universidad de Málaga. Se han ordenado por niveles de formación y temáticas o escalas de trabajo. En Taller I-B y Proyectos Arquitectónicos 1, en primer curso, se aborda la introducción al Proyecto Arquitectónico desde la representación gráfica de la ciudades invisibles e ignoradas, pasando por la cuestión del chabolismo, a la vivienda de escala familiar y los fenómenos de hibridación funcional por necesidad de subsistencia. En Proyectos Arquitectónicos 3, de segundo curso, se introduce el seguimiento de la ruta del refugiado sirio como medio para abordar el conocimiento de la vivienda colectiva. En Proyectos Arquitectónicos 6, de cuarto curso, se explora la necesidad de anticiparse a la subida del nivel del mar y el aumento de la temperatura en el litoral andaluz para comprender la escala urbana, el paisaje y los equipamientos. Complementando esta labor realizada en estudios de grado, se describe una experiencia de taller vertical que integra también estudiantes de máster, que fue llevada a cabo en 2022 a través de una escuela de verano internacional e interdisciplinar bajo el amparo del proyecto Erasmus + TACEESM (Transforming Architecture and Civil Engineering Education towards a Sustainable Model). Posteriormente, se exponen dos ejemplos de docencia fuera del aula que conllevan la construcción de instalaciones efímeras con la participación de profesores y estudiantes como una forma de aprender estrategias de reutilización y reciclaje al tiempo que se desarrolla una labor expositiva, comunicativa y de adquisición de una mayor conciencia medioambiental.

Aprender a ver lo intangible: mostrando las «ciudades invisibles»

En las asignaturas de primeros cursos, como es el caso del Taller IB de la E.T.S. de Arquitectura de Málaga, donde se combina el aprendizaje de la expresión gráfica y el proyecto, la incorporación de la lectura e interpretación de lo intangible ha ayudado a superar algunos de los principales prejuicios sobre la construcción del hábitat urbano y sus formas de cualificación espacial. Entre otras cuestiones, se puede estimular al estudiante a conocer los procesos de desigualdad en territorio cotidiano, tratando de hacer visible lo invisible, implicándose en el conocimiento de la gente, sus costumbres y anhelos, al tiempo que se explora la historia de los lugares. Esta estrategia no solo permite superar los prejuicios y limitaciones de los estudiantes, sino que aporta también herramientas para la elaboración de proyectos arquitectónicos atentos a los desequilibrios y desigualdades, así como sensibles al medio y sus moradores (Figura 1).

Los intercambios que pueden producirse entre los relatos literarios y la arquitectura resultan de especial utilidad en esta tarea (Castellano et al, 2018). Es decir, la inclusión del espacio simbólico de la lectura en el programa arquitectónico facilita la superación de los prejuicios de los alumnos de Proyectos Arquitectónicos de primer curso al tiempo que permite explorar formas de expresión diversas, gráficas, manuales y virtuales necesarias para desarrollar la capacidad comunicativa y creativa del alumnado. De este modo, es posible complementar las condiciones básicas de habitabilidad a las que suele responder el trabajo del arquitecto con otro tipo de «necesidades y deseos» de orden sociocultural más complejo. Uno de los objetivos de este trabajo es la mejora de la capacidad de los alumnos para abordar cuestiones de índole antropológica que son fundamentales en la comprensión de la arquitectura y, sobre todo, en la construcción de la ciudad.

Figura 1. Exposición: Ciudades invisibles. Día Internacional de la Lectura en las Universidades. Una muestra de la experiencia desarrollada por profesores y alumnos de proyectos arquitectónicos y taller del primer curso de arquitectura 2012-2014. Fotografías del autor.

La arquitectura, por otra parte, puede ser abordada desde los contornos y dualidades de la realidad que estudia. Es posible verla como una ciudad, que a menudo trata de mostrar solo su cara amable, ocultando o «barriendo debajo de la alfombra» lo que no quiere mostrar. El centro de la urbe a menudo constituye el lugar de escenificación de la identidad, la plaza pública donde los ciudadanos se representan a sí mismos y se relacionan con sus símbolos, tan importantes para permanecer unidos (Rykwert, 2002). Pero suele olvidarse, como cuenta Ítalo Calvino en sus sabios relatos, que la urbe visible —el centro— no puede existir sin su reverso invisible (Calvino, 2012 : 49; 66). La realidad que se percibe como protagonista, realizada con grandes inversiones y materiales perdurables, se muestra muchas veces insostenible en el tiempo y aquella ciudad que parecía efímera, construida sobre la provisionalidad continua —pero repleta de relaciones y patrimonios intangibles nunca reconocidos— permanece durante mucho más tiempo. Desde esta perspectiva, resulta especialmente útil la búsqueda de fenómenos de chabolismo en la ciudad, fenómenos de ruina provocada por desastres naturales o situaciones de decadencia económica que obligan a plantearse el establecimiento de estrategias de realojo o desplazamiento de población.

La permanencia de comunidades realojadas de Málaga, que tras más de dos décadas siguen viviendo en una provisionalidad permanente o de chabolismo invisibilizado, durante tanto tiempo, son un repositorio inabarcable de las relaciones y hábitos humanos cuyo aprendizaje da sentido al proyecto de vivienda. Su conocimiento en profundidad permite también traspasar los límites impuestos por mecanismos de segregación social y xenofobia que suelen imperar en este tipo de situaciones a las que debe enfrentarse cada estudiante. Entre otras cuestiones, se debe indagar sobre la complejidad de actividades, significados, climas, agrupaciones familiares y hábitos cambiantes que constantemente ponen en crisis la arquitectura convencional, que suele estar muy ligada a parámetros comerciales de fácil parametrización.

Figura 2. Análisis de una estudiante de Proyectos Arquitectónicos 1 de la E.T.S.A. de Málaga sobre la forma de vida y las cualidades espaciales ligadas a las actividades en un asentamiento informal. María Pérez. Prof. Javier Castellano-Pulido.

La rigidez de los prejuicios sobre los aspectos programáticos de la vivienda colectiva también puede encontrarse en el modo de concebir la ciudad y su temporalidad. Para abordar este aspecto, resulta muy útil el trabajo, presentado a continuación, sobre la ciudad preexistente y sus huellas, ampliando la noción de patrimonio a fenómenos de escala territorial recientes en el tiempo o bien observando las dinámicas de ocupación espontánea, a menudo productoras de asentamientos informales o fuera de ordenación. La experiencia llevada a cabo en la asignatura de Proyectos Arquitectónicos 1 en el curso 2011-2012 expresa muy bien el ejercicio conceptual de mostrar la ciudad invisible, pero incorporando también la noción de desplazamiento o transferencia.

Ambas técnicas docentes, el trabajo de campo sobre lugares marginales y el estudio de posibles transferencias sobre contextos consolidados, son utilizadas aquí para indagar en el conocimiento de los hábitos de grupos familiares y la necesidad de estudiarlos en detalle para superponer formas de vida en lugares no preparados para ello. Se afina también la mirada hacia espacios abandonados en la ciudad o infrautilizados derivados de periodos de crisis.

Partiendo de las necesidades de realojo de población, en dicha asignatura, se realiza una ficción con un alto contenido experimental, planteando la posibilidad del desplazamiento de población hacia ciertas «ruinas prematuras», una serie de estructuras abandonadas y en creciente degradación provocadas por la crisis financiera de 2008. El centro del proyecto era la idea de lo doméstico o del hogar, diferenciándolo de la idea de la vivienda como objeto. De igual forma, se exploraron las diferencias entre «uso» y «actividad». Todo ello para situarnos en una suerte de observatorio que nos permite distinguir entre la forma de la arquitectura y la realidad humana que le da sentido.

En estos espacios elegidos las diferencias se hacen muy patentes. Es decir, la consideración de viviendas en asentamientos de origen (chabolas, arquitecturas efímeras, viviendas arruinadas…), ofrecen la oportunidad de conocer el hecho arquitectónico desde la actividad humana, desde los hábitos y costumbres, desde la «memoria de habitar», y disminuye la importancia el componente formal. Esta idea puede entenderse claramente cuando se aborda el estudio de las viviendas de origen —algunas construidas por parámetros de necesidad, rapidez, utilizando materiales reciclados y uso de mínima energía— y otras edificaciones producto de la ruina por inundación, sismos, deslizamiento del suelo…, cuya reparación no es económica o técnicamente viable. Todas estas construcciones albergan historias, es decir, constituyen el repositorio de «memorias del habitar».

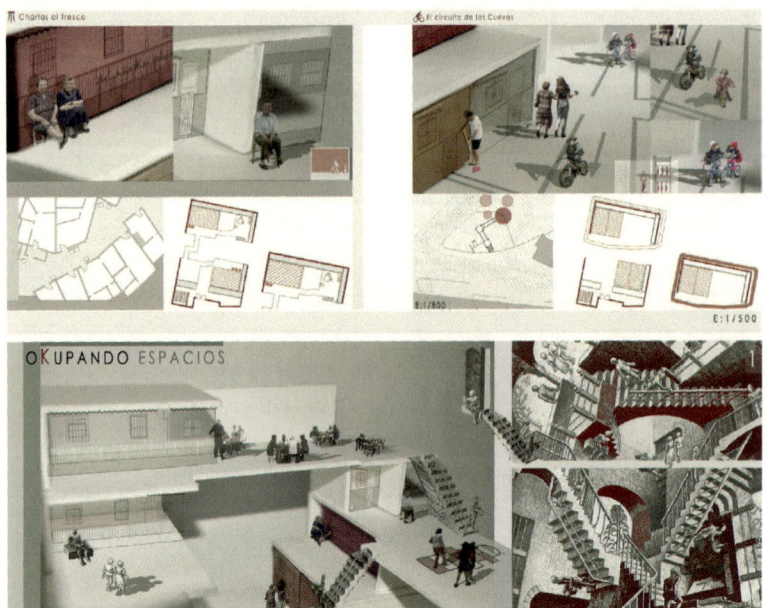

Figura 3. Montaje con el dibujo de Escher como referencia del proyecto de una estudiante sobre el realojo de habitantes de un asentamiento informal a la estructura abandonada y sus transformaciones necesarias. Escenografía de una vida cotidiana. Estudiante: María Pérez. Prof. Javier Castellano-Pulido.

El realojo que ha de realizarse en las mencionadas estructuras de destino, por otra parte, obliga a la consideración de elementos normalmente estables, estandarizados y normalizados que carecen de cualquier memoria espacial; se trata de formas sin contenido, contenedores de posibilidades, una suerte de fósiles con una historia imprecisa que debe ser estudiada. Las construcciones que han quedado obsoletas antes de haber sido utilizadas ofrecen así la oportunidad para constituir un ámbito de reflexión sobre la materialidad de la arquitectura, sobre su estructura e incluso sobre su infraestructura, y sus cualidades operativas. Abstrayendo el proceso, podremos descubrir en estos lugares una fuente inagotable de proyectos donde el concepto de «realojo» pueda ser entendido como «traslado de hogar» o incluso como «recuperación patrimonial». En este ejercicio se pretende crear un ámbito de reflexión, debate y crítica constructiva sobre el hábitat colectivo en las sociedades denominadas desarrolladas utilizando fenómenos de emergencia e inequidad a nivel global, tratando de hacer visible la realidad del chabolismo al tiempo que se muestra la paradoja del desuso de grandes estructuras y edificaciones, algunas de propiedad pública y otras adquiridas por el denominado «banco malo»[1].

 Aprender a enlazar realidades desconectadas en la ciudad moderna: vivienda y trabajo

La reflexión sobre el habitar, el espacio habitable y la vivienda requiere una mirada capaz de profundizar en la forma que adquieren las actividades humanas cuando se desarrollan en el espacio, alejando de este modo la cuestión formal de programas funcionales rígidos o preestablecidos. Los cambios sociales acelerados de tipos de familia, los ciclos económicos cambiantes y el fracaso del *zoning* del urbanismo moderno, que dividía la ciudad en fragmentos especializados, lleva a estudiar la vivienda desde el habitar y las conductas sociales, es decir, desde su complementariedad con otro tipo de actividades no programadas. Para ello, es necesario establecer un marco teórico en relación con el problema de habitación en la actualidad, poniendo especial énfasis en la adopción de una postura crítica hacia los mecanismos de segregación funcional. Entre estos mecanismos, nos interesan especialmente los que intervienen en el proceso de separación vivienda-trabajo que hemos heredado de la sociedad industrial, principios cuestionados (Amorós, 2003) no sólo por los impactos ambientales que suponen en la actualidad, sino también por constituir el fundamento de las llamadas no-ciudades o ciudades dormitorio.

La cultura post-industrial, soportada por el creciente desarrollo de las tecnologías de la información dentro de un mercado global, el teletrabajo, el protagonismo del sector servicios y la sociedad del cono-

---

1. La denominación banco malo (del inglés: bad bank), se suele utilizar para referirse a entidades que se hacen cargo de fondos para la reestructuración de activos financieros —también llamados activos tóxicos—, para tratar de salvar el sistema financiero de un país.

cimiento, permite, en sentido positivo, una cierta reconciliación de las actividades domésticas y laborales. Como suele suceder en la historia de la arquitectura, la sociedad suele adelantarse en esta exploración, ocupando y habitando — a veces de forma irregular o al margen de las normas urbanísticas— determinados espacios no programados para tal fin.

Es el caso de las viviendas realizadas en polígonos industriales o en manzanas urbanas de industria ligera, algunas de ellas abandonadas por la crisis económica, viviendas irregulares ubicadas en locales comerciales o conectadas desde el interior con espacios domésticos. Podemos encontrar también algunas parcelas agrícolas periféricas transformadas en viviendas con huertos, consolidando verdaderas residencias que conservan su producción o viviendas-taller que permiten reactivar los centros históricos.

La ciudad puede también ser objeto de desplazamientos productivos hacia los lugares de habitación, en los que ciertas viviendas comienzan a incorporar espacios de trabajo para los cuales no estaban preparadas, sufriendo transformaciones para permitir su hibridación funcional. Es el caso de la agricultura urbana insertada en la arquitectura, la incorporación de espacios de venta y distribución o los estudios y espacios de co-trabajo en el interior de los espacios domésticos o en relación directa con ellos. Resultan especialmente interesantes para la docencia de la arquitectura el estudio de aquellos casos que suponen una significativa modificación de la forma de vida y, en su caso, de la propia arquitectura que altera el programa de la vivienda para adaptarse a situaciones complejas e irregulares. Es el caso de un fenómeno que puede encontrarse, por ejemplo, en algunas casas de Málaga, en las que ciertos ancianos complementan su exigua pensión trabajando con la denominada *pleita*, una suerte de labor de espartería que permite construir tejidos de fibras entrelazadas resistentes para objetos como sillas, sombreros, calzado, entre otros. Cada estudiante, a través de entrevistas directas con los habitantes, puede ver las implicaciones de este tipo de trabajo en casa que modifica la organización del espacio doméstico, la posibilidad de incorporar el comercio que está sucediendo de forma compatible con el uso residencial de forma espontánea, así como el alquiler de habitaciones a jóvenes. Este es el caso de Isabel, una de las personas entrevistadas por los estudiantes de Proyectos Arquitectónicos 2 del Grado en Fundamentos de Arquitectura de la E.T.S. de Arquitectura de Málaga 2014-2015. Este tipo de relaciones pueden ser exploradas en cualquier curso, especialmente en asignaturas iniciáticas del proyecto de la vivienda individual o de pequeña escala. En otros casos, los espacios exteriores son utilizados para el cultivo a través de huertos que permiten ampliar el programa de las actividades exteriores, ayudando a la alimentación y la actividad saludable, al tiempo que permiten incorporar las infraestructuras agrícolas como el riego o los bancales en la trama arquitectónica.

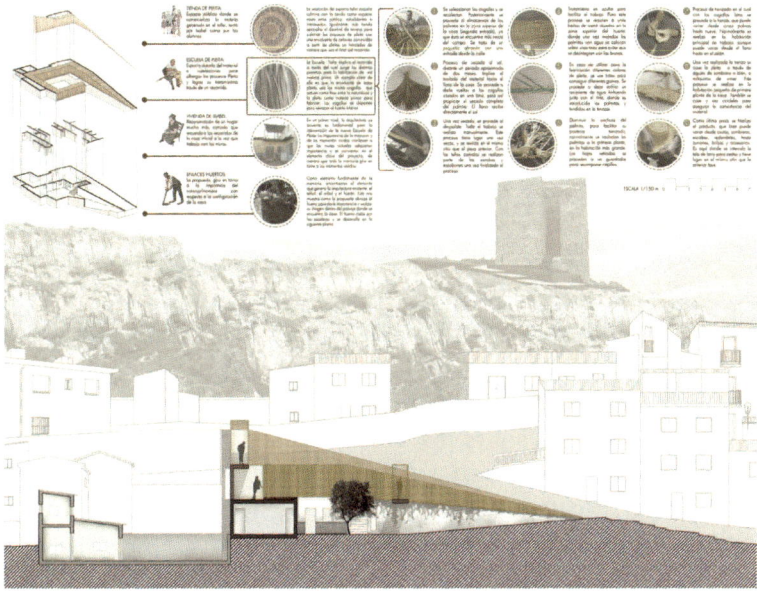

Figura 4. Ejemplo de propuesta sobre la vivienda de Isabel, una anciana que trabaja tejiendo pleita, cuidando huertos y alquilando habitaciones sobrantes a jóvenes en Málaga. Estudiante. Francisco Conejo. Prof Javier Castellano-Pulido.

APRENDER A TRABAJAR DESDE LA EMPATÍA Y LA INMERSIÓN CULTURAL: EL CAMINO DEL REFUGIADO

En el aprendizaje del proyecto arquitectónico de la vivienda colectiva, que venimos presentando, pueden utilizarse estrategias docentes combinadas para superar ciertas limitaciones de los estudiantes de arquitectura de segundo curso, en este caso sobre los modos de concebir el proyecto de hábitat colectivo. Estos problemas proceden en gran parte de convenciones que desligan el problema de la arquitectura residencial de los aspectos fundamentales a los que debe responder desde la comprensión de la vida en comunidad, alejándonos del individualismo.

La rigidez en la consideración de los aspectos programáticos de la vivienda colectiva también puede encontrarse en el modo de concebir los asentamientos humanos y su temporalidad. Algo similar podemos afirmar respecto al contexto climático y cultural de cada propuesta de vivienda colectiva. Inducir a los estudiantes a realizar un viaje conceptual a través de distintos ámbitos geográficos, manteniendo las características fundamentales del grupo humano que debe ser alojado, permite explorar estrategias capaces de acomodar a familias en distintos contextos urbanos más allá de estereotipos formales. Esto, unido al testimonio y contacto con personas del mundo real vinculado a fenómenos como las grandes migraciones, supone un aliciente y un reto de gran impacto en la docencia del proyecto arquitectónico.

Durante los cursos 2015-2017, en la docencia de Proyectos Arquitectónicos se pusieron en práctica una serie de experiencias para la mejora de la enseñanza de la arquitectura en la E.T.S. de Arquitectura de Málaga. La intención principal del proyecto de innovación educativa era mejorar la participación del alumnado e incentivar la transversalidad en el conocimiento. Teniendo este objetivo principal entre distintas asignaturas, desde la docencia de Proyectos Arquitectónicos 3 (impartida en el segundo semestre del curso 2015-2016), se incorporó otro objetivo aún más complejo, pues se trataba de fomentar la transversalidad desde el conocimiento y sensibilidad hacia el contexto social internacional del momento. Se eligió explorar el papel de la arquitectura respecto del drama social y político que estaba siendo publicado en todos los medios de comunicación: la salida masiva de refugiados de Siria en un momento en el que diversas administraciones locales de todo el mundo se ofrecieron para acoger a una parte de dichos refugiados.

La ciudad de Málaga, debido a su histórica relación con los movimientos migratorios (EGEA, 2015), constituía un lugar de experimentación idóneo. El seguimiento del camino del refugiado sirvió de argumento para abordar diversos aspectos de la problemática del hábitat colectivo, desde la vida desconocida en las arquitecturas de emergencia situadas en el seno de las instalaciones temporales de acampamentos a la reflexión sobre la localización, el sentido y la forma que podría adoptar la vivienda social experimental en entornos de acogida a medio plazo. El final del seguimiento de este camino del refugiado debía llevarse a cabo de vuelta a Siria, un país que posee ciudades devastadas por un conflicto bélico. Estas ciudades ofrecen una oportunidad para su reconstrucción y preparación para acoger a los desplazados, si llegara a producirse este retorno.

La incorporación de la dinámica del viaje en la docencia de arquitectura ha sido ampliamente utilizada para la mejora de la formación del arquitecto, pues aleja la actitud pasiva al tiempo que trata de favorecer el conocimiento en la toma de datos desde un punto de vista «mucho más crítico y libre». El seguimiento de este recorrido, formalizado en tres propuestas arquitectónicas, permitió articular la estrategia docente del viaje junto a la posibilidad y los beneficios del aprendizaje paralelo (Jové et. al., 2019) derivados de participación en un concurso de arquitectura internacional. Ambas técnicas empleadas en conjunto —el viaje y el concurso internacional— permitían apoyar un relato de intenso carácter sociopolítico de orden global de fuerte impacto en el estudiantado. Problemas encontrados en el desarrollo del curso, como la imposibilidad de realizar el viaje de forma física a Siria, se intentaron resolver mediante el uso de técnicas de reconstrucción y simulación virtual, tanto del camino del refugiado como de la ciudad devastada.

La primera parte del curso comenzaba con la representación cartográfica de distintas rutas de emigración en busca de asilo desde la ciudad siria de Aleppo hasta la península Ibérica (véase Arango, J., et al. 2016; Calero, 2016). La primera parada en el trayecto, el análisis del campamento de refugiados ayudaba a reflexionar sobre las condiciones mínimas para habitar en colectividad desde el uso de la mínima energía posible. Para ello, se proponía un primer trabajo, realizado en 4 grupos de 3 alumnos, que consistía en un estudio comparativo de distintos campos de refugiados en el mundo en distintos contextos climáticos. También se estudiaban ejemplos de arquitectura de emergencia desarrollados por arquitectos conocidos como Shigeru Bahn.

De este modo, se inducía a cada estudiante a tratar de comprender sus distintos patrones de asentamiento y organización, así como las arquitecturas y actividades que acogen y crecen de forma incremental. La elección de esta temática permite hacer visible, por otra parte, una realidad soslayada por la historia de la disciplina. Como afirma Andrew Herscher, «tal como ocurre en la política global, también la historia de la arquitectura ha tendido a considerar a los refugiados como meros excedentes humanos. De ahí que, por lo general, las historias de la arquitectura al uso se hayan limitado a reproducir la exclusión de los refugiados por parte del Estado-nación como personas fuera de lugar» (Herscher, A. 2020). En esta fase, resultó relevante el interés mostrado por el alumnado por el testimonio de un refugiado invitado a clase, cuando narraba su dramática experiencia hasta llegar a destino. Este trabajo se completó con el estudio de información bibliográfica y cartográfica acerca de las rutas de huida, los trayectos de emigración y la información digital existente, como la publicada en determinados sitios webs de gran interés (Refugee Republic, 2016).

La segunda parada en el camino consistía en planificar la llegada a la ciudad de acogida y reflexionar sobre la vivienda colectiva sobre propiedades municipales en desuso. Las asociaciones de refugiados de la ciudad de Málaga fueron involucradas en el trabajo con los equipos de estudiantes. Ya fuesen invitados a relatar su experiencia en el trayecto desde su lugar de origen a la frontera española o como testigos de las necesidades de adaptación al entorno malagueño, el testimonio de los refugiados permitió abordar de un modo cercano la complejidad cultural de este fenómeno, que debía ser abordado desde la integración social. El estudio de la forma de vida de algunas familias sirias en Málaga, a través de entrevistas, ayudó a los estudiantes a acercarse al conocimiento de sus necesidades básicas y sus anhelos, procurando tener en cuenta todo tipo de aspectos culturales y costumbres o el choque cultural que puede producirse con espacios normalmente pensados para el alojamiento en una ciudad occidental (Castellano, 2021). Cada estudiante debía proponer posteriormente estrategias de intervención sobre la ciudad existente que permitieran acoger, durante un periodo de diez o quince años, a un conjunto de familias de 150 refugiados con hábitos a menudo ajenos al lugar de acogida.

El trabajo continuó a través de la búsqueda de infraestructuras y espacios no suburbiales para evitar la formación de guetos. Se perseguía, de este modo, la integración social de familias de refugiados, que podía ser articulada con políticas de alojamiento temporal para el realojo de personas desahuciadas por la crisis económica junto a viviendas sociales promovidas por las políticas públicas en el centro urbano. La gentrificación era otro de los problemas para tener en cuenta y, por esa razón, se debían elegir inmuebles preferentemente de propiedad pública y espacios abandonados o en desuso en este entorno. El programa de vivienda planteado pretendía así facilitar la convivencia de familias con orígenes y culturas diversas en un mismo espacio abierto al intercambio. Estos lugares, finalmente, debían estar preparados para su propia transformación por habitantes de distinta procedencia (Figura 5).

Entre los múltiples lugares elegidos, encontramos dos parcelas con uso de aparcamiento temporal de Málaga, en los que se propuso un espacio público «intramuros» y un edificio-infraestructura para el alojamiento, partiendo del andamiaje existente entre fachadas. En otras localizaciones, encontramos espacios vacantes destinados a futuros equipamientos, en los cuales se proponía la superposición de distintos usos dotacionales y residenciales, configurando un entorno de infraestructura temporal abierta a su adaptación a largo plazo. Se aprovechaba también la oportunidad de incluir nuevos espacios libres en una zona céntrica, con claras carencias al respecto. Un conjunto de solares ofrecidos por el Ayuntamiento de Málaga para la instalación de huertos urbanos servía para la inserción de infraestructuras espaciales agro-urbanas, permitiendo que dichos huertos crecieran en altura al tiempo que incorporaban invernaderos y células de habitación temporal. En el barrio malagueño de Funtanalla, por otra parte, se estudiaron espacios vacantes que podían ser transformados en fragmentos de una ciudad superpuesta que enlazaría actividades y culturas, tratando de recuperar los oficios perdidos ligados al vidrio y la cerámica, un posible mercado... Un conjunto de vacíos ubicados en el barrio de La Trinidad —que goza actualmente de una gran diversidad social— podía ser transformado en una infraestructura publicitaria capaz de alojar temporalmente a las familias, facilitando la conformación de espacios de apropiación por parte de los refugiados.

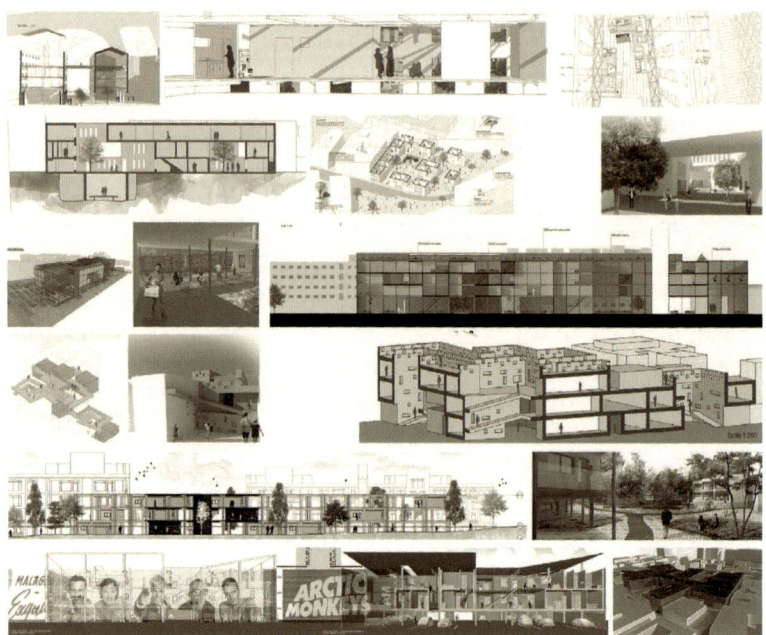

Figura 5. Propuestas de alojamiento temporal de refugiados en Málaga. Alumnos: Ana Isabel Cordero; Martti Antonio Oliva; Marina Sánchez, Laura Serrano, Mª Cruz Moreno, Javier Rosa. Prof: El autor (E.T.S.A. Málaga, 2015-16).

El final del camino se hizo coincidir con un tercer trabajo, en el cual cada grupo de 3-5 estudiantes debía abordar el alojamiento permanente en una ciudad de retorno en Siria destruida por la guerra. El proyecto del hábitat colectivo incluía aquí el trabajo con el patrimonio destruido y la necesidad de recuperación de la ciudad. Para ello, la clase se inscribió en el concurso de arquitectura de carácter internacional Syria post-war housing (Matterbetter, 2016), en casual sintonía con el programa académico del curso, siendo premiado en el certamen.

Se requirió previamente la construcción de cartografías y modelos digitales de la ciudad dañada. La imposibilidad de realizar el viaje de forma física llevó a los alumnos a la búsqueda de información disponible sobre el estado previo de ciudades como Alepo o Palmira antes de la guerra y el estado de semiderruido en que se encontraban en el momento del curso (AJ+,2015). Los docentes incorporaron una premisa: la necesidad de recuperación de ciertos valores de la ciudad preexistente al tiempo que se debía considerar el estado ruinoso y las heridas de los bombardeos como una oportunidad para incorporar nuevos elementos que podrían proyectar esos lugares hacia el futuro. En el ejemplo de Aleppo, desde la degradación se debía descubrir un nuevo sentido a las huellas, así como a los vacíos y los cúmulos de tierra o escombros para construir nuevos equipamientos y espacios públicos. Este es el caso del auditorio junto a una grada urbana, que podía ser integrada en la trama de viviendas a partir de una gran perforación causada por una bomba, o la que se denominó «plaza de los derribos», que permitía elevar la cota de un espacio público en varios niveles para establecer nuevas relaciones con la mezquita. Se ofrece así la idea de una ciudad contemporánea que se construye sobre los restos de su pasado, integrando todas sus fases históricas, incluyendo las heridas de la guerra. Por esa razón, se incorporan espacios públicos o comunitarios, apoyados en nuevos equipamientos, que permiten atravesar la antigua densa trama de viviendas de un modo distinto al tradicional y dotarla de espacios libres, servicios e infraestructuras de las que antes carecía. La vida en colectividad puede así florecer con fuerza en su interior, intensificando los lazos y los lugares de identificación de la población con su ciudad.

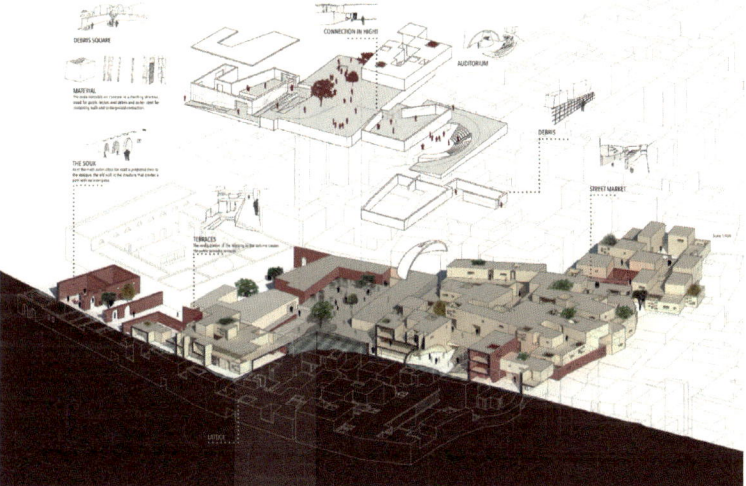

Figura 6. «Spring From Debris». Aleppo. Segundo Premio en el concurso internacional *Matterbetter Syria post-war housing*. Estudiantes: Laura Serrano Romero, Marina Sánchez Guzmán, Martti Antonio Oliva Koskela, Emin Bekmezci. Prof: El autor (E.T.S.A. Málaga, 2015-2016).

APRENDER A ADAPTARSE A LOS CAMBIOS: EL LITORAL ANDALUZ FRENTE A LA
SUBIDA DEL NIVEL DEL MAR

En la docencia de la arquitectura se puede profundizar en los
procesos de anticipación y resiliencia, integrando impactos previsibles
relacionados con cambios bruscos en los ciclos climáticos. En la asignatura Proyectos 6, de cuarto curso (2010/2011) se planteó un sistema de trabajo vinculado al proyecto de investigación «Arquitectura
predictiva para el litoral andaluz», realizando en el taller un trabajo
experimental sobre la ribera del mar en el litoral de Málaga. El resultado final consistía en la realización de una serie de propuestas sobre
distintos emplazamientos ubicados en la provincia de Málaga que re-
sultaban ser significativos en relación con la subida previsible del nivel
del mar según las estimaciones de la investigación.

Esta asignatura supone un encuentro importante del alumno con
la experiencia del proyecto arquitectónico en relación con los equipamientos, el territorio y sus paisajes. Por esa razón, en esta etapa in-
termedia de la formación se hace necesaria y deseable la adquisición
de una conciencia clara de las implicaciones que la arquitectura tiene
como disciplina transformadora del medio en que se desarrolla. Esta
mirada de la «historia del territorio» se desprende de la observación de
las interacciones entre los fenómenos naturales y humanos. Se pretende hacer consciente al alumnado de la relación tan fuerte que existe
entre la «naturaleza y el artificio» y cómo el territorio es resultado
de procesos y agentes pertenecientes a factores y rangos temporales
muy diversos. Esta mirada coevolutiva nos lleva a considerar el tiempo
como elemento clave de interpretación, ya que permite introducir la
provisionalidad y las consideraciones a medio plazo como factores importantes en el proyecto arquitectónico y urbano del presente.

En una primera fase cada alumno debía buscar, justificar y defender la elección de un lugar significativo en relación con la subida del
nivel del mar, obteniendo un total de 36 emplazamientos (uno por
estudiante). Se trabajaba desde tres escenarios previstos en los estudios
de grupos de investigación de Dinámica de Flujos Ambientales de la
Universidad de Granada (1, 2 y 3 metros). Posteriormente se procedió
a la elección de los lugares más significativos en relación con algún
aspecto concreto; urbanístico, arquitectónico, legal, socioeconómico,

cultural, productivo, etc. Los «lugares-modelo» o «catas de paisaje» mejor defendidos se ofrecieron como emplazamientos para el resto de las fases (en este curso fueron 9 lugares, con grupos de 4 estudiantes). Se organizó posteriormente el trabajo en equipo, profundizando en el conocimiento y estableciendo contacto cada grupo con un profesional o docente de otras disciplinas relacionadas con el impacto más característico de su emplazamiento (ciencias ambientales, botánica, ciencias del mar, ingenierías, sociología, antropología, etc.) En la última fase se desarrollaron 4 propuestas individuales sobre cada lugar, atendiendo a los análisis previos al tiempo que se desarrollaba una serie de criterios para la interpretación del paisaje. Esta técnica docente, de exploración, estudio del impacto y propuestas derivadas de cambios previsibles en el medio urbano litoral ofrece al alumnado nuevas herramientas e instrumentos propios de la disciplina para resolver problemas complejos. Se aumentó su capacidad de discernimiento sobre los temas centrales de la Arquitectura actual, que no dejan de ser los propios de la época presente, marcada por dinámicas geofísicas que afectan intensamente al hábitat colectivo y al territorio: el ascenso de la temperatura y la subida del nivel del mar.

Algunos de estos ejemplos los encontramos en lugares como Almayate (Málaga), con características y evolución histórica similar a aquellos suelos que hasta hace poco han sido dedicados al cultivo de la caña de azúcar de la Costa Tropical (Granada) y recientemente ofrecidos para desarrollos turísticos. El impacto sobre las actividades productivas, en este caso debe tener en cuenta la integridad del territorio y la problemática de los sectores primario y terciario de la economía de la ciudad turística andaluza. A su vez, el suelo de origen aluvial, las cualidades climáticas y las particularidades de esta zona nos llevan a plantear la idoneidad de propuestas que atiendan a la especificidad del lugar, evitando la importación de modelos turísticos rígidos e impuestos sobre el paisaje heredado. Este caso difiere totalmente de lugares como Torremuelle (Málaga), lugar emblemático de un tipo de turismo devorador que a partir de la década de los años 60 comenzó a transgredir el medio donde se asentaba. La geomorfología propia de este tipo de lugares, con acantilados y pequeñas áreas de arena, provocó un desmonte y la construcción de muros de contención de hasta 9 metros de altura, impacto que pretendemos evaluar. Es en los mecanismos de restauración de este paisaje donde la arquitectura puede encontrar su respuesta más eficaz, apartándose de las medidas que pretenden el desalojo masivo o la regulación normativa desprovista de medidas ambientales, y que difícilmente pueden llevarse a cabo con éxito. El Palo y Pedregalejo (Málaga) constituyen otros ejemplos paradigmáticos de enclaves urbanos con tradición pesquera, producidos por autoconstrucción y próximos a la orilla del mar. Las múltiples inundaciones que han sufrido a lo largo de los años han permitido identificar estos lugares como ejemplarizantes del conflicto entre asentamiento humano, legislación nacional y ribera marítima.

Figura 7. Estudio de la variable sociocultural en el palo, Málaga. Propuesta de la barriada «el palo del futuro próximo», con estudiantes de la E.T.S. de Arquitectura de Málaga, 2010-2011. Gloria Vega. Prof: El autor.

Aprender a cooperar en la educación y el diseño sostenible de la ciudad

El proyecto ERASMUS + CBHE TACEESM (2020-2023) Transforming Architecture and Civil Engineering Education towards a Sustainable Model (TACEESM) se trata de un proyecto interuniversitario que aborda desafíos reales de la educación en arquitectura e ingeniería civil, intentando transformar el plan de estudios de las universidades socias a través de actividades centrales de enseñanza, investigación y transferencia de conocimiento. La experiencia involucra el trabajo de tres universidades de Bosnia y Herzegovina (Universidad Internacional Burch, Sarajevo, Džemal Bijedić Mostar y Universidad de Bihać), dos Universidades de Armenia (Universidad Nacional de Arquitectura y Construcción de Armenia y Universidad Politécnica Nacional de Armenia), de Países Socios y universidades de Italia, Eslovenia, Alemania y España (Gabriele de Annunzio, Pescara, Facultad de Ingeniería Civil, Ingeniería y Arquitectura del Transporte, HTWK Leipzig y Universidad de Málaga) de los países del programa.

Este proyecto lleva a cabo una serie de actividades de gran impacto en las instituciones de educación superior (HEI) de los países socios (Bosnia y Herzegovina y Armenia), mejorando las formas «tradicionales» de brindar la educación a través de la digitalización del proceso, de la innovación metodológica y la mejora de equipamiento según los requerimientos del presente. Para ello, los docentes de las universidades participantes de la UE (Italia, España, Alemania y Eslovenia) aportan modelos docentes y su experiencia, tratando de cooperar en la mejora de la docencia de los países socios para la adaptación de su enseñanza a un modelo basado en la sostenibilidad. Este trabajo asegura una colaboración y una mejora continua a través de una plataforma en línea conjunta que abre enormes posibilidades para que los países socios se conviertan en parte de la red europea de educación e industria y aporten una nueva dimensión de la educación desde los Objetivos de Desarrollo Sostenible a través del espacio virtual. Emplea así una amplia gama de materiales compartidos, módulos de instrucción para unidades de arquitectura e ingeniería civil, software, métodos de enseñanza innovadores, diseñados y preparados a través del trabajo colaborativo de todos los socios y partes interesadas.

Se puso en marcha una Escuela de Verano en Málaga, organizada del 18 al 31 de julio de 2022 en la Facultad de Arquitectura de la Universidad de Málaga, como parte integral del Paquete de Trabajo 3 de TACEESM, como proyecto piloto con el objetivo de probar la metodología y la capacidad de enseñanza en las universidades asociadas. El aspecto más destacado de esta experiencia es que se llevó a cabo en uno de los países participantes, acogiendo a estudiantes y tutores procedentes de 5 países diferentes, con diferentes antecedentes de estudio y nivel de educación (estudiantes de 2°, 3°, 4° y 5° año, incluyendo alumnos de grado y de Máster). Esta experiencia colaborativa, de 2 semanas de duración, usó un enfoque híbrido que combinó las actividades tradicionales de taller de proyectos arquitectónicos con una serie de conferencias proporcionadas por participantes internacionales, visitas in situ y debates con los arquitectos locales y representantes de la ciudad. La escuela de verano se define como una forma probada y reconocida de educación no formal en Arquitectura. (Bratuškins, Treija, & Babris, 2018), que permite a los participantes experimentar todas las fases del proceso de diseño e intercambiar ideas a través de consultas con pares, académicos y profesionales, facilitando entornos que fomentan la imaginación y la creatividad, mientras se enfocan en el aprendizaje acelerado. Esta forma de colaboración en el estudio de diseño también pone énfasis en el trabajo en equipo, que se está convirtiendo en una habilidad cada vez más descuidada, no solo debido a la naturaleza individualista del diseño educativo tradicional, sino también a la personalización continua de las computadoras como principales herramientas educativas y de diseño (Spiridonidis, 2007).

Aunque el entorno era muy diverso culturalmente, la tarea era muy local, inspirada en el Plan 'Málaga Litoral', un proyecto existente que pretende intervenir en todo el frente marítimo en contacto con el puerto, mediante la integración de urbanismo, medio ambiente y transporte. Algunos de los principales objetivos de este ambicioso plan son: dar respuesta a las nuevas necesidades de la ciudad contemporánea, potenciar los sistemas de transporte público metropolitano y crear un centro de Málaga más potente y de mayor calidad (Figura 1). Pero, al contrario de lo planeado por las instituciones municipales —que convocaron un concurso profesional para la redacción del proyecto de soterramiento de un vial y el diseño de los espacios públicos—, en la Escuela de Verano se decidió extender el área de trabajo para abordar el problema de la relación entre la ciudad y el puerto, lo que incluía la revitalización y renovación del patrimonio industrial teniendo en cuenta los restos arquitectónicos y de infraestructura presentes en las proximidades del área de estudio, el frente litoral. Se buscaba así humanizar la ciudad-puerto, imaginando cómo los habitantes podrían seguir viviendo en los centros históricos, integrando el puerto y recuperando la identidad de estos lugares ambiguos a través de la puesta en valor del patrimonio material e inmaterial. La invitación a especialistas relevantes de la industria y representantes del Ayuntamiento de Málaga involucrados en la Coordinación de Infraestructura para el debate crítico sobre estas cuestiones fue muy relevante para el aprendizaje colectivo.

Figura 8. Grupo 5. Solución sugerida de renaturalización de la zona portuaria de Málaga. Estudiantes: Velid Kecic, Aitana Bravo, Ziva Kralj, Lamija Pozder, Arman Verdyan, Gagik Galstyan.

La Escuela de Verano combinó un grupo pequeño pero cultural y profesionalmente diverso de participantes —27 estudiantes y 15 profesores— que provenían de diferentes escuelas de arquitectura, diseño e ingeniería civil, creando un entorno educativo único, internacional y multidisciplinario. El objetivo principal era probar la eficiencia de las 'condiciones educativas de laboratorio', ayudando a los estudiantes en la obtención de diversas adquisiciones, así como contribuir a su conocimiento general y personal de la ciudad sostenible desde el desarrollo de las habilidades blandas.

Aprender a reciclar y reutilizar: docencia fuera del aula

La comprensión del ciclo de la vida puede ser abordada desde la docencia, no sólo desde el punto de vista teórico, sino también implicando al alumnado en experiencias fuera del aula a partir de la reutilización y el reciclaje. En este caso, a través del proyecto arquitectónico y su construcción. La docencia en una formación técnica como la arquitectura implica una profunda reflexión sobre la realidad material que la sustenta. Al margen del necesario saber teórico, existen otros tipos de conocimientos que son difícilmente asimilables sin aproximarse al objeto físico, a sus elementos constitutivos, a los procesos que los definen y sus herramientas (García y Castellano, 2017). La deslocalización del espacio para la transmisión de conocimiento práctico en arquitectura permite ayudar en este aspecto. Esta vía tiene su origen en lo que se podría definir como noción ampliada del aula o espacio docente, cercano a la idea de «taller», pues se puede introducir como un lugar, espacial y conceptual para el aprendizaje participativo en el que se reúne la teoría y la práctica (Pasel et al, 1998). Este «aula ampliada» permite incentivar la producción de maquetas, modelos y prototipos. Son numerosas las iniciativas desarrolladas por escuelas de arquitectura a lo largo del tiempo con éxito en el acercamiento del alumno al mundo de la construcción y la industria, es decir, al contacto directo con la materia. En nuestro caso, se desarrolla orientando el trabajo desde la conciencia de la necesidad de la reducción de residuos y de la correcta incorporación del conocimiento del ciclo de la vida en la arquitectura, al tiempo que se enlaza con cuestiones de orden cultural e histórico. (Figura 9)

Un encargo singular para la realización de una arquitectura temporal construida enteramente con briks reciclados derivó en una innovadora experiencia docente que implicó a 120 alumnos de Proyectos 1 de la E.T.S.A de Granada del curso 2009-2010 y para los arquitectos de CUAC Arquitectura y Sugar Platform, que actuaron como docentes, directores y coordinadores (García y Castellano, 2017). El proyecto surge a partir del cartón de leche ya usado. Para ello se elaboró un intenso despliegue informativo en distintos colegios de la provincia para la recogida de tetrabrik en alumnado de primaria. Gracias a la recolecta de más de 45.000 envases se pudo disponer del material para la realización del pabellón como espacio construido exclusivamente por este elemento. Se proyectó después un nuevo sistema constructivo producto del ensamblado de briks con materiales sencillos y resistentes que no impidiera el reciclaje posterior del propio pabellón: grapas y bridas permitirían sujetar las pestañas de una pieza con la otra formando ángulos de 135º. El sistema primaría el minimizar el tipo de elementos necesarios con la mayor versatilidad posible. Se elaboró un Kit de transformación del cartón de leche para servir de pieza de montaje, como piezas de un lego, permitiendo la mayor facilidad de montaje en el tiempo récord de dos semanas con el que se disponía. A partir de unas sencillas instrucciones de montaje, cada grupo de alumnos tenía que fabricar una pieza de cada tipo por número de personas. Así se consiguió en una semana reunir en la escuela de arquitectura los 300 módulos que se ensamblaron para la fabricación del pabellón. (Figura 10)

Figura 9. Proceso de premontaje en la ETSAG y traslado de los módulos al Parque de las Ciencias. CUAC Arquitectura (J Castellano + Tomás García) y SUGAR Platform. Fotógrafo: Javier Callejas

Figura 10. Pabellón construido momentos antes de la inauguración. CUAC Arquitectura (J Castellano + Tomás García) y SUGAR Platform. Fotógrafo: Javier Callejas

El lugar seleccionado para el montaje de la estructura sería el patio de acceso a la Torre Mirador del Parque de las Ciencias de Granada. Así, como antesala al acceso inferior de dicha torre, el pabellón se desarrolló de forma laberíntica, creando una variedad de espacios internos: patios de distintos tamaños que recogen en su interior el arbolado existente, diferentes pasos con alturas variadas, a veces cubierto con vigas en forma de ramas de Tetrabriks, y una torre que como espacio expositor filtraba la luz y la sombra a través de sus paredes de celosía. La torre del pabellón se convirtió en el icono de la propuesta. En el centro de este espacio cuasi religioso se alojó una urna en la que se exponían las herramientas que habían servido para construir el pabellón: una grapadora, un grupo de bridas, un cartón de leche, un conjunto de grapas y una cuerda. En esta obra colectiva, contenido y continente eran una misma cosa; los muros, las celosías, los asientos eran a la vez la exposición y el museo, nuestro singular monumento al reciclaje del brik. El resultado fue, una estructura de 30 metros de largo por 15 de ancho y más de 7 metros de alto construida enteramente por cartones de leche que recibió el World Record Guinness a la instalación efímera con material reciclado más grande del mundo. La instalación fue trasladada a una planta de reciclado pasadas dos semanas como parte final del proceso (Figura 11).

El sistema de embalaje configura el soporte material y espacial, recordando la Casa de Correos que alguna vez fue el edificio Rectorado de la Universidad de Málaga, punto de partida de la exposición itinerante. Más de ciento cincuenta proyectos, descompuestos en fragmentos, conforman una constelación de imágenes, textos y grabaciones que incitan a vivir una experiencia temporal condensada: la metáfora espacial del viaje que supone el aprendizaje de la arquitectura. Setecientas veinte cajas de cartón troqueladas albergan en su interior doscientos ochenta metros de tiras de LED que retroiluminan los dibujos, fotografías y textos de los proyectos mientras el visitante se desplaza por el túnel que construyen. Treinta y dos tubos de cartón son transformados en luminarias para presentar las maquetas tanto en las urnas como en las mesas. Las luces cálidas son mezcladas con las frías o permanecen en solitario para formar los números de cada curso, confundiéndose con los proyectores de video.

Figura 11. Instalación temporal 2005-2015. Arquitectura en Formación. Comisarios y docentes: Javier Castellano y Sergio Castillo. Fotógrafo: Adrian Nieto.Técnica Superior de Arquitectura de la Universidad de Málaga con motivo de la celebración de su décimo aniversario.

En el diseño de la exposición colaboraron alumnos matriculados en cursos intermedios y egresados, tratando de fomentar lazos entre estudiantes de distintos niveles de formación. En la construcción de esta singular exposición, llevada a cabo en el plazo de cinco días, participaron 25 alumnos, divididos en grupos coordinados por un responsable: ajuste de papel backlight, plegado y montaje de cajas, iluminación Led, archivo analógico y digital... Existe algo poderoso en la docencia fuera del aula que permite asimilar ciertos conocimientos difíciles de aprehender sentado en una silla. Del mismo modo que es posible pensar a través del dibujo, la realización de una obra ofrece al alumno la oportunidad de construir su pensamiento como arquitecto. La expresión «Arquitectura en formación» alude así a la identificación entre continente y contenido, no solo a través de la utilización del embalaje como soporte expositivo y testigo de la memoria del lugar, sino mediante la utilización de la propia instalación de arquitectura efímera como herramienta para el aprendizaje cooperativo. Proceso y resultado encuentran, de este modo, un lugar de convergencia. La exposición utiliza así su propio soporte como embalaje para la itinerancia y su viaje final a la planta de procesado de papel, minimizando al máximo los residuos al tiempo que alude a la casa de correos que fue el edificio en el pasado. De este modo, la sostenibilidad se entiende desde un punto de vista amplio, ligando aspectos ambientales con dinámicas culturales y memorias del lugar.

Figura 12. Apilamiento de cajas de cartón de la exposición para su transporte e itinerancia o reciclado. Fotografía: Raúl Ruiz Alaminos.

BIBLIOGRAFÍA

Amorós, M. (2003). Urbanismo y orden. Periferis Urbanes. <https://periferiesurbanes.org/wp-content/uploads/2011/03/AMOROS2003UrbanismoOrden.pdf>

Arango, J., et al. (2016). *El año de los refugiados. Anuario CIDOB de la Inmigración 2015-2016* (nueva época). *Económica*, vol. 38, p. 35-39. doi. org/10.24241/AnuarioCIDOBInmi.2016>

Arjen Mulder et al. (2007), Interactuar o morir, Arjen Mulder y Joke Brouwer (ed.). Rotterdam: V2 Publishing, Ciervo Publis-hers

AJ+, Drone images Show Ancient City of Aleppo in Ruins From War. <https://www.youtube.com/watch?v=aQjw2BVRVg8>

Arquitectura en formación 2005-15, catálogo de la exposición. Vicerrectorado de Cultura de la Universidad de Málaga, Universidad de Málaga, Málaga, 2018. Comisariado: Javier Castellano Pulido y Sergio Castillo Hispán.

Brown, M; Haselsteiner, Introduction, M. Brown, E. Haselsteiner, D. Apró, D. Kopeva, E. Luca, K.L. Pulkkinen, B. Vula (eds.), Sustainability, Restorative to Regenerative., pp. 7-14, 8.

Calero, F.J. (2016). Odisea hacia Europa: las rutas de los refugiados para sobrevivir en *Diario ABC*.

Calvino, Italo (2012). Las ciudades invisibles. Siruela.

Castellano Pulido, F. J., García Piriz, T., Gallego Cuiñas, A., & Morales Ortiz, G. (2018). Ciudades de Lectores: Innova-ción docente a través de una metodología que incorpora los espacios del lector en la literatura contemporánea para la iniciación al proyecto arquitectónico. Advances in Building Education, 2(2), 9-31.

Castellano Pulido, F. J.., García Píriz, T. G. (2019). La arquitectura predictiva como herramienta para el paisaje turístico costero fren-te al cambio climático. El caso del litoral andaluz. In Turismo y paisaje (pp. 49-60). Tirant H.

Castellano Pulido, F. J. (2021). El aprendizaje del hábitat colectivo a través del seguimiento del camino del refugiado. In IX Jornadas sobre Innovación Docente en Arquitectura (JIDA'21), Escuela Técnica Superior de Arquitectura de Valladolid, 11 y 12 de noviembre de 2021: libro de actas (pp. 741-754) (GILDA).

Chabard, P. (2010) Patrick Geddes y las ciudades en evolución: la escritura y las lecturas de un Intempestivo Classic, en Manifiestos y transformaciones en la ciudad modernista temprana, ed. Christian Hermansen Cordua. Farnham, Surrey, GBR: Ashgate Publishing Ltd, pp. 149-162

Costa, H. et al. (2016). El viaje en la docencia, como iniciativa didáctica en los estudios de Arquitectura. García, D.; Bardí, B.; Domingo Calabuig, Débora, (eds.). En: *IV JIDA'16*, Valencia: Universitat Politècnica de València. p. 62-69.

Europeas, U. (2008). Carta magna universitaria (Magna Charta Universitatum). Revista de la Universidad de la Salle, 2008(47), 30-32.

Herscher, A. (2020). Desplazamientos: Arquitectura y refugiados. Puente Editores.

Geddes, P. (1915). Cities in Evolution: an introduction to the town planning movement and to the study of civics. London: Williams & Norgate, p. 396

Ley 9/2022, de 14 de junio, de calidad de la arquitectura (BOE núm. 142, de 15 de junio de 2022, páginas 81554 a 81568 (15 págs.) en vigor el 16 de junio de 2022, impulsada por el Ministerio de Transportes, Movilidad y Agenda Urbana. Recurso en línea: https://www.boe. es/ boe/dias/2022/06/15/pdfs/ BOE-A-2022-9837.pdf

Martín-Retortillo (1989). Carta Magna de las Universidades Europeas. Revista de Administración Pública. Núm. 118. Enero-abril 1989.

Matterbetter (2016) *Syria Post-War Housing* Competition <https://aasarchitecture.com/2016/08/syria-post-war-housing-competition-matterbetter.html/> [Consulta: 2 de agosto de 2016]

Furlan, R. (2015). Cultural traditions and architectural form of Italian transnational houses in Australia. Arch Net-

García Píriz, T. G.; Castellano, J. C. (2017). Pensar con las manos: el pabellón de tetrabriks= Hands thinking: the briks pavi-lion. Advances in Building Education, vol. 1, no 1, p. 78-96

IJAR: International Journal of Architectural Research, Vol. 9 No. 2, , pp. 45-64. DOI: 10.26687/archnet-ijar.v9i2.688.

West, R. (2015). Communities of innovation: Individual, group, and organizational characteristics leading to greater potential for innovation. TechTrends volume 58, 53-61 https://doi.org/10.1007/s11528-014-0786-x.

Parlemento Europeo, P., & de la Unión Europea, C. (2005). Directiva 2005/36/CE del Parlamento Europeo y del Consejo, de 7 de septiembre de 2005 (Texto pertinente a efectos del EEE). 32005L0036, Bruselas, Bélgica: EUR-Lex.

Pasel, S; Asborno, S. (1998). Aula Taller, Aique

Real Decreto 1791/2010, de 30 de diciembre (BOE nº 318 de 31 de diciembre de 2010).

OSU (2023). Ley Orgánica 2/2023, de 22 de marzo, del Sistema Universitario. Publicado en: «BOE» núm. 70, de 23 de marzo de 2023, páginas 43267 a 43339 (73 págs.) Sección: I. Disposiciones generales. Departamento:Jefatura del Estado. Referencia: BOE-A-2023-7500. Permalink ELI: https://www.boe.es/eli/es/lo/2023/03/22/2

Refugee Republic: *Jumpstarting a new existence in an emerging city. Everyday life in a refugee camp.* < https://refugeerepublic.submarinechannel. com/intro_en.php?o=o> [Consulta: 15 de marzo de 2016]

Rykwert, J. (2002). La Idea de una ciudad. Alianza.

Salama, A. (1995). New Trends in Architectural Education: Designing the Design Studio. New Jersey.

Nicol, D., & Pilling, S. (2000). Changing Architectural Education: Towards a New Professionalism. Taylor & Francis.

Spiridonidis, C. (2007). Teaching and Experimenting with Architectural Design: Advances in Technology and Changes in Pedagogy. Thessaloniki: EAAE-ENHSA Architectural Design Teachers' Network Coordinator, Project Organiser.

Universidades Europeas. Carta magna universitaria (Magna Charta Universitatum). Revista de la Universidad de La Salle, 2008, vol. 2008, no 47, p. 30-32.

West, R. (2015). Communities of innovation: Individual, group, and organizational characteristics leading to greater potential for innovation. TechTrends volume 58, 53-61 https://doi.org/10.1007/s11528-014-0786-x.

Zejnilovic, Emina, et al. (2023). An experiment of collaborative, international, multi-disciplinary design studio-Erasmus+ CBHE TACEESM project Summer School. Archnet-IJAR: International Journal of Architectural Research, 2023.

EJE 2

Sistema capitalista
y Derechos Humanos
Alternativas anticapitalistas

CAPÍTULO 4
JUSTICIA ECONÓMICA Y DERECHOS HUMANOS. EFECTOS DE LA PANDEMIA Y LAS CRISIS CONTEMPORÁNEAS EN LA CALIDAD DE VIDA DE LAS PERSONAS QUE VIVEN EN SITUACIONES DE POBREZA (ESPECIALMENTE DE LAS MUJERES)

SILVINA RIBOTTA
(Universidad Carlos III Madrid)

LA NORMALIDAD INJUSTA DEL MUNDO PREPANDÉMICO

Vivimos en un mundo desigualitario e injusto, con millones de seres humanos malviviendo en situaciones de pobreza o muriendo por causas vinculadas a la pobreza, por lo que la pandemia que todavía estamos atravesando no hará más que profundizar de manera aún más injusta las estructuras desigualitarias en las que los humanos vivíamos, agudizando las otras muchas crisis sociales, políticas, económicas, culturales y epidemiológicas que transcurrían invisibilizadas para los grandes focos de poder, porque afectaban de manera más grave a los de siempre, a las poblaciones más vulnerabilizadas del mundo.

Esta pandemia ha puesto, aparentemente, el foco de atención en una posible gravedad *más igualitaria* porque, se subraya, *el virus ataca a todxs*[1] *por igual*. Pero, como ya nos ha enseñado la historia de todas las pandemias y epidemias que hemos sufrido y de todas las crisis que hemos vivido, ningún virus, ninguna enfermedad, ninguna tragedia o crisis natural no impacta por igual en todas las personas, sino que afecta de manera directa según el lugar que cada persona ocupa en la

---

1. A lo largo del texto, utilizaré la "X" como marcador de género neutro e inclusivo.

estructura social de la sociedad y del mundo (Garret, 2020; Wade, 2020: pp. 700-703). Nadie vive, muere o desarrolla sus capacidades independientemente del lugar, aventajado o desaventajado, que ocupa en la estructura de clases, en la estructura de sexo-género, en la estructura de raza-etnia, en la estructura capacitista y, en general, las estructuras sociales, políticas, culturales y económicas del injusto mundo que habitamos.

Desde esta constatación del injusto mundo en el que vivimos, la pobreza se presenta como una estrategia política y económica de dominación que expresa, de manera clara, desprecio hacia gran parte de la población mundial que no puede ejercer las libertades de las fortalecidas democracias mundiales que disfrutan sólo unos pocos, y cada vez menos personas en el mundo, millones de seres humanos que viven de espaldas a los progresos tecnológicos y culturales del mundo, ocupados en intentar sobrevivir y satisfacer sus necesidades en escenarios sociales, políticos, económicos, culturales y ecológicos cada vez más hostiles, más empobrecidos, más neoliberalizados y con economías de mercado deshumanizadas. Y donde el derecho juega un marcado rol legitimador de la injusticia y la vulnerabilización, en un sistema de derechos humanos que resulta cada día más ineficaz y, en cierta manera también, reproductor de la hipocresía de establecer libertades e igualdades sin las garantías adecuadas para su exigibilidad y realidad social.

Por consiguiente, las reglas sociales, políticas, económicas, culturales y fundamentalmente jurídicas que hemos establecido para regular nuestras sociedades individuales y mundiales se encargan de garantizar y consolidar fuertes estrategias de dominación capitalista, heteropatriarcal y colonial muy difíciles de visibilizar y más aún de cambiar. Nos encontramos, desde hace demasiado tiempo, en una tensión abocada al fracaso, al menos tal como se plantea, que pretende compatibilizar capitalismo, democracia y liberalismo sin hacer exigencias concretas sobre qué tipo de capitalismo puede, si es que puede, ser compatible con estructuras realmente democráticas; y cómo y qué tipo de democracia es la que genuinamente puede garantizar justicia social con libertad e igualdad para el real desarrollo de los planes de vida de los seres humanos situados en escenarios heterogéneos.

Parte de este cuestionamiento a las estructuras de dominación establecidas, exige comprender la dimensión de la injusticia social en la que vivimos, poniéndole luz a los abismos de desigualdad que nos separan según el inmerecido lugar sociocultural y geopolítico en el que hayamos nacido y las *condiciones materiales de los orígenes sociales* que hayamos disfrutado (Ribotta, 2021a). Y para ello, nada más esclarecedor que los datos fácticos de la realidad social. Los números no mienten, los podemos analizar e interpretar de diversas maneras, pero la realidad no se puede negar.

En efecto, dentro de las diversas fuentes de datos que nos ilustran sobre pobreza y desigualdad en todo el mundo, comparando países, regiones, colectivos, utilizando diferentes mediciones y variables, organizados por diferentes Organizaciones Internacionales u Organizaciones No Gubernamentales, escojo utilizar los Informes que realiza cada año Naciones Unidas a través del Programa de Naciones Unidas para el Desarrollo (PNUD), porque compara todos los países del mundo y utiliza variables e indicadores altamente eficaces para valorar la desigualdad comparativa entre países y también al interior de los mismos, la desigualdad de género, la pobreza multidimensional, entre otras variables, y en cada Informe continúa aumentando la sensibilidad para hacerlo.

El informe del PNUD de 2019 puso énfasis en la enorme desigualdad en aumento que afectaba a todo el mundo y constituye también el último Informe del mundo pre-covid, con lo que marca la tendencia para analizar e interpretar cómo estaba el mundo cuando llegó la gran pandemia de los últimos tiempos, cómo hemos podido hacer frente a los enormes desafíos que implicó e implica en todos los ámbitos, y cómo podemos continuar en el mundo pos-covid. El informe del PNUD de 2020 analiza el mundo transcurriendo la pandemia desde el impacto medioambiental y los desequilibrios que hemos generado como especie en nuestras interacciones con otros seres humanos y con el ecosistema global del que somos parte. Denuncia que la pandemia del covid-19 es consecuencia de la elevada presión feroz que ejercemos sobre el planeta, por lo que, si no ponemos límites a la forma en que explotamos los recursos mundiales y controlamos las interacciones que realizamos entre los humanos y con todos los seres vivos que compartimos el mundo y, en general, si no nos replanteamos y mejoramos nuestra relación con la naturaleza y el planeta, este nuevo coronavirus no será el último.

En el último Informe de 2022, de los 191 países en el mundo que analiza, Suiza, Noruega, Islandia, Hong Kong (China RAE), Australia, Dinamarca, Suecia, Irlanda, Alemania y Países Bajos son los 10 países con índice de desarrollo humano más alto del mundo, mientras que los 10 países con índice de desarrollo humano más bajo son Sudán del Sur, Chad, Níger, República Centroafricana, Burundi, Mali, Mozambique, Burkina Faso, Yemen y Guinea. De Suiza a Sudán del Sur, el ancho y desigual mundo que habitamos, atravesando países con Índice de Desarrollo Humano alto y medio. Del norte político (no necesariamente geográfico) opulento y colonial al continente africano de la explotación, las hambrunas, las guerras y la explotación de los recursos naturales y humanos (United Nations- United Nations Development Programme, 2022).

Países que nos demuestran lo polarizado histórica y endémicamente, ya que a nadie le sorprende dónde se encuentran y cuáles son los que tienen el índice de desarrollo humano más bajo ni el más alto. Listado de países que también nos confirman, con la tozudez con la que lo hace la realidad social, que es posible organizar las reglas sociales, políticas, económicas y jurídicas de forma que posibiliten mayor justicia social, y que la clave para hacerlo pasa por fortalecer los Estados sociales, modelos políticos de garantía y protección eficaz de derechos sociales, económicos y culturales, desde modelos genuinamente democráticos. Modelos de Estado sociales como los que encontramos en los países con índice de desarrollo humano más alto del mundo, que resultan eficaces y sostenibles económicamente, a la par que también ostentan las tasas de corrupción más bajas del mundo, negando la mala prensa de que la intervención pública genera necesariamente mala gestión. Estados que al ser Estados de Derecho Sociales son, obviamente, modelos capitalistas con profundas tensiones ecológicas, pero que presentan modelos altamente representativos de calidad de vida igualitaria para las personas que los habitan y de los que podemos extraer lecciones de qué debemos hacer para lograr sociedades más justas. Precisamente, Estados Unidos de América solía ser una excepción más difícil de explicar, porque solía ocupar lugares relevantes entre los 10 países con Índice de Desarrollo Humano de los más altos del mundo. Un podio del que ha tenido que bajarse y continúa descendiendo, cada vez que profundiza las grandes brechas de desigualdad y neoliberalización de su modelo de Estado y políticas públicas. Actualmente ocupa el puesto 21 entre los 191 países del mundo, lo que evidencia la enorme riqueza y poder que ostenta, pero ya no lidera el desarrollo en calidad de vida, y la tendencia desigualitaria se agrava.

Uno de los indicadores que resulta más sangrante de la desigualdad e injusticia del mundo, es el índice de expectativa de vida al nacer[2]. Encontramos que esta diferencia más que brecha es un abismo de más de 30 años en la expectativa de vida de las personas según el país que habiten, desde el record de los 84,8 años de expectativa de vida en Japón, los más de 84 años en Australia y Suiza, los 83 años en Noruega, Suecia, República de Corea y España y los más de 82 en Irlanda, Francia, Finlandia, Nueva Zelanda, Canadá, Israel, Grecia, Islandia e Italia; hasta el dramático record de expectativa de vida de 53, 3 años en República Centro Africana, 54 años en Chad, Sierra Leona, Lesoto, Nigeria, los menos de 60 años en Costa de Marfil, Guinea Bissau, Mali y Sudán del Sur, los menos de 62 años en Benín, Togo, Gambia, Guinea, Mozambique, Burkina Faso y Burundi.

Esta información se torna todavía más dramática si en vez de mirar la ficción de los países como unidades políticas ponemos atención a la cantidad de habitantes, a la expectativa de vida de cuántos millones de personas estamos hablando. A golpe de vista, observamos la escasa representación poblacional de algunos países comparado con otros, por ejemplo, este es el caso de Nigeria que se constituye como el país más poblado de África. Si observamos la expectativa de vida según la cantidad de habitantes en los 10 países con mayor cantidad de población del mundo, vemos que China (+ 1.433 millones) tiene 78,2 años de expectativa de vida en Informe PNUD 2022, que mide los datos de 2021, mientras que en el Informe PNUD-2021, que mide los datos de 2020 (United Nations-United Nations Development Programme, 2021) tenía 76 años, siendo el único país de los más poblados del mundo que muestra una relevante mejoría en la expectativa de vida. Le sigue, entre los países más poblados, India (+ 1.366 millones)

---

2. Años que se espera que viva un recién nacido si los patrones de las tasas de mortalidad por edad que existen en el momento de nacimiento se mantienen a lo largo de su vida.

con 67,2 años (69 años en 2020), Estados Unidos de América (+ 329 millones) con 77,2 años (81 años en 2019 y 78 en 2020), Indonesia (+ 270 millones) con 67,6 años (71 años en 2020), Pakistán (+ 216,5 millones) con 66,1 años (67 años en 2020), Brasil (+ 211 millones) con 72,8 años (75 años en 2020), Nigeria (+ 200 millones) con 52,7 años y recordemos siendo el país más poblado de África (y 54 años en 2020), Bangladesh (+163 millones) con 72 años, la Federación Rusa (+ 145,8 millones) con 69,4 años (y 72 años en 2020) y México (+ 127,5 millones) con 70,2 años (75 años en 2020).

Otro dato relevante para entender y entendernos, y que parte de lo que pretendí mostrar con la diferente expectativa de vida valorando la cantidad de habitantes, tiene que ver con la realidad al interior de los países. El Índice de Desarrollo Humano ajustado a desigualdad permite valorar la desigualdad al interior de los países, y no sólo comparativamente entre países, y pone en cuestión lo ficticio de algunas realidades de países que presentan comparativamente un desarrollo humano alto o muy alto, pero a costa de una gran injusticia social entre las personas que lo habitan, representado por los lugares que deberían bajar en el Índice de Desarrollo Humano general si se contempla la desigualdad interna. Siguiendo el Informe PNUD, el país más desigualitario del mundo es Sudáfrica, seguido de —una vez más— Brasil y Comoras, Hong Kong, Panamá, Surinam, Costa Rica, Singapur, Colombia, Chile, España, Estados Unidos de América e Israel.

Se pueden sacar muchos análisis de estos datos, desde la visualización de América Latina como *el* continente de la desigualdad, mientras que África lo es de la pobreza, y cómo esa desigualdad se ha profundizado en los países en América Latina luego de períodos de neoliberalización radical de sus economías. Así, aunque los países de América Central, del Sur y el Caribe se encuentran especialmente ubicados entre los países con índice de desarrollo humano muy alto (como Chile, Argentina, Uruguay, Panamá, Bahamas y Costa Rica) y países con índice de desarrollo humano alto, también se encuentran entre los que tienen mayores niveles de desigualdad interna, mostrando el gran desequilibrio entre calidad de vida de todas las personas que habitan un país y el lugar generalizado que ocupa comparativamente en el desarrollo humano, quedando patente el abismo de desigualdad e injusticia social al interior de sus fronteras. Como el sangrante caso de Chile que, aunque tiene el desarrollo humano más alto de la región, desde la década de los 70 ostenta records de desigualdad interna, claramente consecuencia de las políticas aplicadas desde el golpe de Estado de Pinochet a Salvador Allende y que sirvió para implementar las políticas de neoliberalización en todo el continente a golpe de dictaduras militares, sirviendo el ejemplo chileno como campo de prueba para las políticas económicas de la Escuela de Chicago, desde Milton Friedman hasta la actualidad.

También resulta altamente preocupante el ejemplo de España, ubicado como país con Índice de Desarrollo Humano muy alto (puesto 27 de los 191) y con una de las expectativas de vida más altas del mundo y grandes y sólidos indicadores de calidad de vida, es el único país de entre los que presenta mayor desigualdad interna que tiene (todavía y en términos comparativos) Estado Social con relevantes políticas públicas; pero que en los últimos años ha experimentado la aplicación de las llamadas políticas de recorte de derechos sociales que ha llevado a aumentar de manera grave la desigualdad interna, ubicándose ahora en el preocupante grupo de los países más desigualitarios del mundo.

Si sabemos mirar y aprender de ello, España está dando lecciones de lo que no se debió hacer y que se sigue haciendo: recortar derechos sociales en un Estado Social que disfrutaba de sólidas políticas públicas, pero que en los últimos años se ha visto gravemente fracturado por crisis económicas, seguido de la implementación de políticas neoliberales que han disparado las tasas de pobreza y exclusión a niveles europeos realmente alarmantes, sumado al auge de protagonismo político de una derecha radicalizada y sin tapujos que ha ido creciendo a golpe de demagogia, mentiras y fascismo político-económico[3].

Esta lección también se refleja si comparamos la calidad de vida de los países con las desigualdades internas más bajas del mundo (e incluso

---

3. Resulta de gran relevancia el Informe del relator especial de las Naciones Unidas sobre la extrema pobreza y los derechos humanos, Philip Alston en su visita a España a comienzos de 2020, antes de la declaración de la pandemia, donde expone y analiza esta situación (Naciones Unidas, 2020).

positiva), como Finlandia, Islandia, Dinamarca, Bélgica, Austria, Suecia, Países Bajos, Noruega, Reino Unido, que se encuentran entre los países con índice de desarrollo humanos más alto del mundo y con los más sólidos Estados sociales del mundo. Pero también encontramos desigualdad baja (e incluso positiva) en República Democrática del Congo, Malawi, Etiopía, Yemen, Burkina Faso, Burundi, Mozambique, Mali o Níger, que representan el *antimodelo*; ya que la desigualdad interna es nula o baja porque toda su población es pobre, encontrándose entre los países con índice de desarrollo humano más bajo del mundo. Con lo cual, no sólo se trata de disminuir la desigualdad interna, sino a la vez, aumentar la calidad de vida de la población (Ribotta, 2016b y 2017).

En relación a las mujeres, la situación es altamente preocupante, consecuencia directa del heteropatriarcado capitalista y colonial, como lo muestra el hecho de que en todos los países del mundo, desde Suiza hasta Sudán del Sur, reciben retribuciones monetarias ampliamente desigualitarias; ya que los ingresos anuales de las mujeres y su impacto en el ingreso per cápita nacional son menores a los de los hombres, con casi igualitaria ratio de participación en la fuerza de trabajo, salvo por prohibiciones jurídicas o culturales (como Irán o Yemen) y obviamente sin valorar el invisibilizado trabajo doméstico y de cuidados. Y si vemos la participación política de las mujeres la situación no mejora, como muestra el escaso porcentaje de mujeres en los parlamentos del mundo. Sólo en Ruanda, Cuba y Bolivia el porcentaje es algo mayor a 50%, mientras que en el resto de países del mundo las mujeres no llegan al 50%, y, en muchos países se encuentran muy lejos de lograrlo[4]. Resulta sangrante la cantidad de mujeres que mueren por cada 100.000 niñxs nacidos vivos, que es la tasa de mortalidad materna, vinculada a que la salud reproductiva produce el mayor impacto en la calidad de vida de las mujeres. El abismo se da entre de 2 a 4 mujeres que mueren en Noruega, Finlandia, Israel, Italia, Chequia, Grecia, Polonia, España, Islandia, Suecia, Dinamarca, comparadas con las 19 que mueren en Estados Unidos, 39 en Argentina, 52 en Panamá, 60

---

4. United Nations-United Nations Development Programme, 2020: 286-290 y 291-295.

en Brasil, 70 en Bahamas, entre 80 y 90 en Perú, Colombia, Paraguay, Jamaica, entre 90 y 100 en República Dominicana, entre 100 y 130 en Santa Lucia, Argelia, Surinam, Sudáfrica, Venezuela, India, hasta 155 en Bolivia, 195 en Namibia, 250 en Gabón, más de 300 en Kenia, más de 500 en Camerún, 917 en Nigeria, 1.120 en Sierra Leona, 1.140 en Chad y 1.150 en Sudán del Sur, siempre por cada 100.000 niñxs nacidos vivos.

Desde esta foto de la realidad social, cruel y reveladora, vemos cómo los números que teníamos condicionarán el mundo que podremos tener, y que la tan anhelada *normalidad* que hemos perdido era también una normalidad de hambre, desesperación, necesidades básicas insatisfechas, enfermedades prevenibles que se transformaban en mortales, cotidianeidades de pobreza y exclusión, salud como negocio (especialmente de las farmacéuticas), criminalización y feminización de la pobreza, violencia estructural y directa, guerras construidas para comerciar y explotar. Son injusticias sociales, por ende, para gran parte del mundo.

POBREZA, DESIGUALDAD ECONÓMICA Y DERECHOS HUMANOS

Un concepto relevante para comprender el funcionamiento de las injusticias sociales contemporáneas es la pobreza y las desigualdades económicas, que impactan severamente en todas las otras desigualdades presentando una mayor capacidad lesiva.

La pobreza implica, a la vez, cuestionamientos complejos a los que en reiteradas ocasiones no se les dedica el esfuerzo analítico que exigen. Así, la pobreza se puede analizar y conceptualizar desde indicadores objetivos, como el nivel de ingresos, nivel de gastos o costes de determinados bienes básicos que permiten realizar delimitación de líneas de pobreza, o diferenciar entre pobreza extrema o absoluta y pobreza relativa, pobreza estática o dinámica, pobreza transitoria o crónica y hasta de cultura de la pobreza, o analizando la situación de determinados grupos sociales en situaciones de pobreza, desde la perspectiva de género, grupos étnicos, etarios, condición migratoria, capacidades, y desde la categoría polémica de *grupos vulnerables*. Pero desde estos análisis, los resultados se ofrecen empobrecidos y parciales, no mostrando la complejidad que el fenómeno de la pobreza entraña; ya que no muestra realmente lo libres o no que resultan las personas en situaciones de pobreza, ni lo diversos de cada ser humano y de los distintos espacios que habitamos.

Prefiero abordar la pobreza desde las propuestas de Amartya Sen, que la explica desde la privación de capacidades-funcionamientos que sean intrínsecamente importantes para humanos diversos y situados en contextos heterogéneos, poniendo atención a los fines que las personas tienen razones para perseguir y a las libertades necesarias para hacerlo (Sen, 1973: 227; 1999: 50; Sen, 2000: 100 y 350 y ss.). Así, entiende la pobreza vinculada a las capacidades como funcionamientos para alcanzar determinados niveles mínimamente aceptables, debido a carencias en los ingresos y a otros factores relacionados con la situación personal, familiar y social, que predisponen a tener y a reproducir una vida pobre, junto a multiplicidad de otros factores que explican las situaciones de pobreza real.

Por ende, el resultado de la privación que viven las personas depende de otros factores asociados, como la heterogeneidad personal y las condiciones sociales, la distribución de los recursos dentro de la unidad familiar, la diversidad relacionada con el medio ambiente, el clima, las condiciones epidemiológicas, la situación geográfica, las diferencias de clima social, la situación histórica, cultural y política, y las diferencias de perspectivas relacionales marcadas culturalmente, entre otros factores configuradores del escenario situacional en el que las personas se encuentren desarrollando sus vidas (Sen, 1985: 9-10 y 25-26).

Con lo que la pobreza no es solamente una cuestión de escaso bienestar, sino de incapacidad para conseguir bienestar debido a la ausencia de medios, entre los cuales los ingresos y recursos juegan un papel fundamental pero no decisivo; ya que no pueden analizarse independientemente de las posibilidades reales de convertir los ingresos y los recursos en capacidades. Lo que se ve influido por las condiciones personales y sociales, edad, estado de salud, entre otros factores que hacen que las personas tengan más dificultades o reduzcan su capacidad para percibir ingresos (Ribotta, 2021b). Así, no es tanto lo poco que las personas tengan, sino lo insuficiente que resulta lo que tienen para generar capacidades mínimamente aceptables, para que les permita desarrollar los planes de vida que hayan escogido desde su particular situación social.

Por eso, Sen vincula la pobreza a las libertades, ya que la capacidad es principalmente un reflejo de la libertad para alcanzar funcionamientos valiosos según las alternativas reales que tienen las personas y, en síntesis, la libertad que tiene para alcanzar bienestar. Cohen se refería a lo mismo cuando explicaba la pobreza como falta de libertad, como falta de acceso a las ventajas sociales de la sociedad en la que se desarrolle (Cohen, 1989; Cohen, 1999).

Por consiguiente, desde estos planteamientos, entiendo que la pobreza siempre es un estado en el que se encuentran los seres humanos, o los grupos de personas o los Estados, pero como condición del estar y no del ser. Las personas están en situación de pobreza y no son pobres, sino que están pobres o, más preciso, empobrecidos. Desde el ser, desde la comprensión que las personas son pobres, se asume a la pobreza como un rasgo identitario con caracteres propios, se la vincula a la responsabilidad individual y los merecimientos, claramente a la culpa, y se la vincula con la naturalización de los procesos y, por lo tanto, con la imposibilidad de modificar la situación, con vocación de permanencia. Como mucho se puede, nos repiten, disminuir sus efectos más graves, la pobreza extrema.

Pero, si asumimos que las personas están pobres, en situación de pobreza o empobrecidas, trasladamos el peso de la situación del individuo concreto a la situación sociopolítica, histórica y cultural en la que se encuentra, y a las responsabilidades que el Estado, los entes de gobierno y representantes políticos tienen con su situación. Desde la persona a la condición socioeconómica en la que se vive la pobreza, valorándose como un estado, que puede cambiar y modificarse, una condición en la que las personas se encuentran y en la que la responsabilidad individual puede jugar un rol relevante, pero que no acaba de explicar completamente el resultado de pobreza, y menos en el sentido de culpabilidad (Ribotta, 2010b; Ribotta, 2020). Responsabilidad y merecimientos pueden estar relacionados con la pobreza y las carencias, pero no de manera directa en las acciones de la persona en situación de pobreza; sino que se vinculan fuertemente con el escenario socioeconómico y con las condiciones situacionales generales en las que la persona vive, relacionándose más estrechamente con la responsabilidad social y política.

En efecto, entender de esta manera a la pobreza implica una concepción teórica- conceptual respecto a qué es pobreza y una postura ideológica frente a por qué se produce, qué implica y cuáles pueden ser las estrategias de abordaje y superación.

Estrategias que no son sólo individuales, sino que están interconectadas con las posibilidades de la sociedad en las que se viva y que son también globales, del sistema mundo y el desarrollo global alcanzado. Con lo que existe vinculación obvia entre el grado total de desarrollo económico alcanzado en una sociedad, la forma y modelo de Estado en el que la misma se organice y la desigualdad económica interna en la que vivan todas sus integrantes; por lo que se hace móvil el grado en que la pobreza y la desigualdad económica se tornan injustas, para dimensionar el posible campo de actuación política, económica y jurídica para la disminución de la pobreza y las posibilidades de reclamo de justicia. Justicia social desde la cual la pobreza se traduce en carencias de poder económico, de poder social, político y jurídico, que le imposibilitan a la persona satisfacer sus necesidades básicas para desarrollar sus capacidades humanas y ejercitar su libertad real como persona situada social y políticamente (Ribotta, 2011; Ribotta, 2008; Añón Roig, 1994).

Por todo lo expuesto, es preciso vincular de manera directa la pobreza con las desigualdades económicas, desvinculando el doloso argumento de que hay pobreza en el mundo porque hay escasez de recursos. Obviamente los recursos en el mundo son finitos, y de ahí la gran relevancia de las advertencias de la severa crisis ecológica que estamos viviendo, donde corren serio riesgo recursos imprescindibles para el mantenimiento de la vida, como el agua. Pero, otra vez, estas carencias no son generalizadas, con lo cual la escasez no vale para fundamentar un modelo económico y político de dominación estructurado sobre una forma desigualitaria de producir y redistribuir los recursos mundiales. Y, tal como expliqué antes, la pobreza no se vincula con tener poco de algo, sino con cuán escasos resultan esos bienes para desarrollar las capacidades humanas básicas, en términos de disposición, disfrute y acceso de los mismos para todas las personas en condiciones de igualdad.

Por consiguiente, en el mundo en que vivimos se dan situaciones de carencia generalizada de recursos en determinados contextos sociales y geográficos, tal como hemos visto analizando los datos del mundo, e incluso vinculada a determinados colectivos sociales concretos, pero no en términos globales de la sociedad mundial, con lo cual la cuestión no radica en la cantidad del recurso sino en la forma en que está distribuido. Y, por lo tanto, parte de disminuir la pobreza y de las estrategias de superación de las mismas, de lograr un mundo con mayor justicia social para todxs, pasa por acciones concretas que deberían ser realizadas políticamente para organizar la sociedad de manera que se obtengan resultados más justos. No es un proceso natural sino político, económico, social, cultural y, claramente, jurídico, porque hay posibilidades reales de regular la sociedad con otras reglas que no impliquen regular la sociedad y el derecho a espaldas de la satisfacción de las necesidades básicas de los seres humanos y consolidar estructuras de desigualdades sociales a partir de graves desigualdades económicas que atenten contra la efectividad y el ejercicio de derechos. Acabar con la pobreza, por lo tanto, es una decisión política que requiere políticas sociales y económicamente eficaces (Alegre, 2007: 237; Alston, 2015: 1-3; Pogge, 2007a: 16-51; Pogge, 2007b).

La desigualdad económica es, entonces, la causa de la pobreza porque predispone empíricamente a realizarla y es la prueba fáctica de la existencia de recursos y bienes suficientes para eliminar o, al menos, disminuir los grados de pobreza. Así, siempre que haya desigualdad económica habrá, indiscutiblemente, algún grado de pobreza, al menos relativa entre unos que poseen más y otros menos, y los grados en que la pobreza se manifieste y que la hagan preocupante o la tornen injusta dependerá de lo profunda que sea la brecha entre ambos polos de la desigualdad, especialmente, si es suficiente para cubrir las necesidades básicas de los seres humanos, personas diversas, según el concreto y situado escenario que habiten.

En este análisis, obviamente se distingue entre diferencia y desigualdad. La primera, vinculada a la condición humana, a la diversidad de los seres humanos y la heterogeneidad de los espacios sociales que habitamos; ya que las personas somos iguales en nuestra condición de seres humanos, pero somos profundamente diferentes en nuestras características internas y externas de humanidad, y ello es lo que nos define en nuestras particularidades. Diferencias que no deben ser relevantes a los fines de la justicia, salvo en aquellos aspectos que puedan beneficiarnos, en el sentido de igualdad como diferenciación. Así, la diferencia es un término descriptivo, ligado a la estratificación social y a la existencia de clases sociales, es un fenómeno social, histórico, cultural y jurídico que puede convertirse en un problema social; mientras que la igualdad alude a la forma construida de organización social que hace que todas las personas podamos ser tratadas como iguales respecto a algo, como criterio de justicia y de distribución, situándose en el plano prescriptivo, de los criterios de justicia, de los principios, de los derechos (De Lucas, 1996: 493-500; López Aranguren, 2005: 60 ss.; Kerbo, 2000: 10 y ss.).

A su vez, las valoraciones y las posiciones sociales desiguales pueden estar basadas en distintos elementos de diferencia social, vinculadas a las formas que tradicionalmente han provocado mayores discriminaciones, como la desigualdad por sexo-género, por etnia-raza y por pertenencia a una clase socioeconómica, a las que también se suman desigualdades por edad, capacidades-discapacidades, ciudadanía-nacionalidad, religión, entre otros. Desigualdades que se relacionan y se interinfluencian según el contexto social, el momento histórico, político o económico, estableciendo distintas jerarquías entre ellas y con consecuencias diversas en la calidad de vida y el acceso y disfrute de los derechos de las personas. Aunque, analizándolas desde la pobreza, la desigualdad económica ostenta una mayor potencialidad lesiva y de condicionamiento que el resto de las desigualdades sociales; ya que impacta en el resto de desigualdades agudizando y complejizando las posibles estrategias de superación de las mismas y profundizando la exclusión por la coincidencia de pertenecer a un grupo desfavorecido económicamente.

Por consiguiente, como efecto de la interseccionalidad, la desigualdad económica actúa como condición agravante de desigualdad, pero también como condición agravante de vulnerabilidad y condición agravante de discriminación, que manifiesta la circularidad dañina que existe en los escenarios de desigualdades y, especialmente, de desigualdades económicas que la hacen endémica, esencialmente también por la «desigualdad de herencia de oportunidades» basada en un sistema de estratificación social que profundiza las desigualdades que las personas viven y la discriminación que sufren (Ribotta, 2010a; Ribotta, 2016a).

LAS INJUSTICIAS SOCIALES EN LA VIDA DE LAS MUJERES

En este escenario generalizado de violencias y desigualdades sociales, de graves y grandes injusticias estructurales mundiales, cabe cuestionarnos cómo afectan y condicionan a las capacidades y el ejercicio de libertades de las mujeres, y nuestras propias vidas. La pregunta no es sólo cómo afecta la pandemia a las mujeres, como construcción de género cultural, política y socialmente situada, sino que nos obliga a analizar los efectos de las injusticias contemporáneas que se han agravado por los impactos de la última pandemia *en las* mujeres *por ser* mujeres (Ribotta y Lema, 2023). Y, también, examinar y valorar los efectos interseccionales y transversales por ser mujeres que *forman parte* de otros colectivos históricamente excluidos o en especial riesgo o en situación de mayor vulnerabilización, como migrantes o en situación de movilidad humana, personas mayores, niñas y adolescentes, personas con afecciones médicas preexistentes, personas privadas de libertad, pueblos indígenas, personas LGBTIQ+A, afrodescendientes o pertenecientes a grupos étnicos o raciales discriminados, personas con discapacidad, personas en situación de calle, personas en situaciones de pobreza, personas en trabajos precarios, en viviendas inadecuadas, en conflictos armados, sufriendo diferentes violencias (United Nation, 2020b)[5].

---

5. Los datos que analizaremos sobre desigualdad de género están enfocados directamente a desigualdad de las mujeres en el sentido que la comprenden los Informes de Naciones Unidas y sus organismos y los Informes que utilizaré para cuantificar la desigualdad, en el sentido binario de mujer, como sexo natural y género socialmente construido. Los datos sobre desigualdad de mujeres y desigualdad de género no miden o valoran orientación sexual, identidad de género o género autopercibido, a parte de la consideración de la interseccionalidad. https://www.un.org/womenwatch/osagi/conceptsanddefinitions.htm#:~:text=Gender%3A%20refers%20to%20the%20social,women%20and%20those%20between%20men.&text=Gender%20determines%20what%20is%20expected,man%20in%20a%20given%20context.

En este sentido, muy relevante resulta para analizar la desigualdad entre hombres y mujeres, el Informe que elabora cada año el Foro Económico Mundial, midiendo y comparando la evolución de la brecha de género entre hombres y mujeres desde hace 15 años en todo el mundo. El Informe valora específicamente la brecha en 4 dimensiones: participación económica y oportunidades, logros educativos, salud y supervivencia, y empoderamiento político, analizando la evolución comparativa en el mundo y las políticas más efectivas para reducir y cerrar la brecha de género, centrada en la igualdad de mujeres en relación con los hombres. El último Informe publicado en 2021 mide la brecha en 156 países y señala que, aunque ningún país ha logrado la paridad de género total, Islandia y Finlandia han logrado cerrar el 85% de su brecha, y otros ocho países, Noruega, Nueva Zelanda, Suecia, Namibia, Ruanda, Lituania, Irlanda, Suiza, han cerrado al menos el 80% de su brecha, considerándose los 10 países con menor brecha de género (World Economic Forum, 2021: 10, 43-58, 90). Y, aunque hay otros países que han mejorado la situación histórica de desigualdad, se valoran que se tardaría algo más de 135 años para lograr la igualdad de género en el mundo, mientras que el Informe de 2019 valoraba que la brecha se podría cerrar en 99 años, con lo que se aprecia un serio efecto inmediato de perjuicio vinculado a la pandemia. El Informe señala que las causas del lento avance hacia la igualdad de género que alargan la expectativa de la igualdad cada vez en mayor cantidad de años, se debe a que las mujeres desarrollan trabajos más precarios, vinculados al trabajo doméstico y de cuidados, todos sectores que han sido de los más afectados con la pandemia, con lo cual los pronósticos serán de aumento grave de la desigualdad.

El *desarrollo de género* guarda particular relación con el *desarrollo humano*, como parece natural; ya que, aunque el orden de los países con mayor o menor brecha de género no se corresponden necesariamente con el índice de Desarrollo Humano tal como lo comprende el PNUD, guarda relación relevante en algunos aspectos. Por ejemplo, los 10 países con brecha de género más pronunciada del mundo según el Foro Económico Mundial tienen todos desarrollo humano bajo según el Informe PNUD-2020, Afganistán, Yemen, Irak, Pakistán, Siria, República Democrática del Congo, Mali y Chad; a los que se suman República Islámica de Irán y Arabia Saudí que tienen desarrollo

humano alto. Así, los polos de la igualdad/desigualdad de género se sitúan en Islandia y Afganistán (mientras que los de desarrollo humano
se sitúan entre Noruega y Níger), con sus diversidades sociales, culturales y políticas, y entre los cuales se ordenan, sorprendentemente, países con distinto desarrollo humano y trayectorias históricas, políticas
y democráticas diferentes[6]. El Informe PNUD-2020 explica que hay
una relación entre los países con desarrollo humano de los más altos
del mundo y aquellos en los cuales el desarrollo o paridad en género
es mayor, con algunas excepciones; ya que los países con desigualdad
de género más amplia del mundo, los más desigualitarios en género,
lo conforman, entre otros, Arabia Saudí, República Islámica de Irán,
Argelia, Líbano, Jordania, Estado de Palestina, Egipto, Marruecos,
Irak, Tayikistán, India, República Árabe de Siria, Pakistán, Comoras
y la mayoría de los países con desarrollo humano de los más bajos del
mundo (United Nations- United Nations Development Programme,
2020: 356-360)[7].

De las 4 dimensiones que mide el Informe del Foro Económico
Mundial la brecha es menor en logros educativos de las mujeres, mientras que en el empoderamiento político es donde la brecha es mayor,
ya que no solo un escaso 22% de la brecha mundial se ha cerrado hasta
la fecha, sino que se ha ampliado entre los dos últimos informes de

---

6. Como Alemania en el puesto 11 de 156 países, España en el 14, Francia en
el 16, USA en el 30, México y Argentina en el 35, Australia en el 50, Colombia en
el 59, Italia en el 63, Bangladesh en el 65, Federación Rusa en el 81, Brasil en el 93,
Indonesia 101, China 107, Japón 120, Sierra Leona 121, Nigeria 139, India 140,
Marruecos 144, entre los países con mayor cantidad de habitantes. Ídem.

7. El Índice de Desarrollo de Género mide las desigualdades entre el desarrollo
humano alcanzado en los países y el género, valorando de manera separada el desarrollo de hombres y mujeres según longevidad, educación e ingreso per cápita. Y forma
5 grupos de países según la desviación de la paridad de género del desarrollo humano, según la desigualdad en la calidad de vida de las mujeres. En general, los países
con desarrollo humano más alto del mundo integran el grupo 1 y 2, y en el grupo
5 se encuentran gran parte de los países con menos desarrollo humano del mundo.
Aunque, Arabia Saudí, Bahréin y Turquía (países con desarrollo humano muy alto) se
encuentran en el grupo de los países con desarrollo de género más bajo del mundo y
Burundi, Malawi y Lesoto (países con desarrollo humano de los más bajos del mundo) se encuentran en el grupo de países con mayor desarrollo de género.

forma llamativa, en más del 50% (World Economic Forum, 2021). En general, aunque hay una mejora de la presencia de mujeres en los Parlamentos, sólo ocupan el 26,1% de los 35.500 escaños de Parlamentos en el mundo, solo el 22,6% de lxs 3.400 ministrxs en todo el mundo son mujeres y en 81 países nunca ha habido una presidenta o jefa de Estado. Por consiguiente, siguiendo esta evolución, podríamos alcanzar la igualdad de género en política dentro de 145,5 años. Estos datos también los analiza el Informe PNUD-2020, que se preocupa por el escaso porcentaje de mujeres en los Parlamentos del mundo, donde sólo en Ruanda, Cuba y Bolivia el porcentaje es algo mayor al 50%, mientras que en el resto de países del mundo las mujeres no llegan a tener la mitad de representación (United Nations- United Nations Development Programme, 2020: 356-360). En Alemania sólo alcanzan un 31%, y en muchos países se encuentran muy lejos de lograrlo, como en Perú, Uruguay, Chile, Brasil, Colombia, Grecia e Israel y también en Suiza, Irlanda, Reino Unido y USA con menos del 30% de representación de las mujeres en los Parlamentos, y con menos del 10% en República Centro Africana, Nigeria, Yemen e Irán.

En relación a la brecha en participación económica y oportunidades, el Informe del Foro Económico Mundial 2021 valora que se necesitará 267,6 años para cerrarse siguiendo el proceso actual; ya que, aunque se ha cerrado un 58%, lo hace a ritmo demasiado lento, especialmente debido a las inmensas disparidades de ingresos y a la ausencia de mujeres en puestos de liderazgo y dirección. Según el informe PNUD-2020 en todo el mundo, desde Noruega a Níger, las mujeres reciben retribuciones monetarias ampliamente desigualitarias en relación a los hombres. En efecto, los ingresos anuales de las mujeres y su impacto en el ingreso per cápita nacional es menor al de los hombres, aún con similar ratio de participación en la fuerza de trabajo, salvo prohibiciones jurídicas o culturales en algunos países, y sin poder valorar el invisibilizado trabajo doméstico y de cuidados que recae de manera directa en trabajo que realizan las mujeres, dentro o fuera del ámbito familiar (United Nations- United Nations Development Programme, 2020; Federici, 2013; Mies, 2019)

Situación que es especialmente grave vinculando los efectos de la pandemia a la situación laboral de las mujeres, a los trabajos que desempeñan y que les permiten el sustento cotidiano personal y familiar, la satisfacción de las necesidades básicas y el ejercicio de libertades. Mujeres trabajadoras precarias, con trabajos informales, sin las debidas garantías y seguridades laborales, o incluso sin el reconocimiento laboral y sindical, como trabajos de la construcción, trabajos de limpieza, trabajos de cuidado, trabajos de cocina y de labores domésticas, trabajadoras sexuales, trabajos vinculados a las laborales rurales, entre otros. O trabajadoras de especiales desempeños laborales riesgosos en general, como defensoras de derechos humanos, lideresas sociales o desarrollo de actividades laborales con extremo riesgo en general o vinculado a la pandemia, como profesionales de la salud, trabajadoras de mercados, conductoras de transportes públicos, limpiadoras, cuidadoras, entre otras.

En *salud y supervivencia*, donde los datos eran alentadores porque casi el 96% de la brecha se había cerrado, se había comenzado a registrar un descenso marginal desde el año anterior a la pandemia. Con lo que, sumado a las consecuencias desastrosas de la misma en salud y supervivencia en las mujeres, el tiempo para cerrarla será muy largo (World Economic Forum, 2021: 58-90; Lema Añón, 2021).

Un indicador muy relevante para analizar en relación a la salud y supervivencia se vincula con la expectativa de vida, la brecha ya explicada de más de 30 años de vida. Pero, si la valoramos en relación con el género, a la cantidad de años que una mujer espera vivir al nacer en relación a los hombres, en todos los países del mundo es mayor la expectativa de vida de las mujeres que la de los hombres, incluso en los países con expectativa general de vida más baja del mundo[8]. Sin embargo, esta aparente igualdad en la expectativa de vida, incluso beneficiando a las mujeres, vemos que muestra un lado de desigualdad comparativa entre las mujeres según el lugar donde vivan y el lugar que ocupen en la estructura social que impacta de manera directa no sólo en el ejercicio de sus libertades sino, de manera directa, en sus

---

8. La diferencia llega hasta 6 años en Japón, República de Corea, España, Francia, Turquía, Uruguay, Bulgaria, Costa Rica, Tailandia, Armenia, Brasil, El Salvador, Guatemala, Malawi, Lesoto, y hasta 10 años de diferencia en la Federación Rusa, Bielorrusia y República Árabe de Siria (United Nations- United Nations Development Programme, 2020: 356-360).

expectativas de vida, especialmente cuando analizamos la salud de las mujeres desde la salud reproductiva.

En efecto, la evaluación sobre la expectativa de vida de las mujeres se hace aún más dramática si lo relacionamos con la cantidad de mujeres que mueren por cada 100.000 niñxs nacidos vivos, que es la tasa de mortalidad materna, valorando que la salud reproductiva produce el mayor impacto lesivo en la calidad de vida de las mujeres (United Nations- United Nations Development Programme, 2020: 361-364). El abismo se da de entre las 2 a 4 mujeres que mueren en Noruega, Finlandia, Israel, Italia, Chequia, Grecia, Polonia, España, Islandia, Suecia, Dinamarca comparadas con las 19 que mueren en Estados Unidos; a las de entre 30 a 40 en China, Argentina, Egipto, México, Tailandia, Sri Lanka; 50 a 70 en Brasil, Ecuador, El Salvador, Jordania; 70 a 90 en Bahamas, Perú, Colombia, Paraguay, Jamaica, Libia, Marruecos, Irak; 90 a 130 en República Dominicana, Guatemala, Nicaragua, Argelia, Sud África, Venezuela, Filipinas e India y entre las 140 y 200 que mueren en Pakistán, Bolivia, Namibia, Myanmar. Y la desigualdad se sigue ampliando, hasta las enormes cifras como la de entre 300 a 500 mujeres que mueren en Kenia, Gana, Congo, Guinea Ecuatorial, Senegal, Haití, Eritrea, Etiopía y República Democrática del Congo; entre 500 a 800 en Camerún, Tanzania, Burundi, Gambia, Mali, Guinea, Níger, Lesoto, Afganistán, Guinea Bissau, Liberia, Mauritania, República Centroafricana y hasta 912 en Nigeria, que recordemos es el país más poblado de África. Y las sangrantes cifras de más de 1.100 mujeres que mueren por cada 100.000 niñxs nacidos vivos en Sierra Leona, Chad y Sudán del Sur. Profundos abismos de injusticia social y de violencias que muestran una de las caras más duras de la inequidad en salud en la interseccionalidad entre mujer y pobreza, entre las 2 a 4 mujeres que mueren en países con índice de desarrollo humano de los más altos del mundo como Noruega, Islandia, Suecia o Dinamarca a las más de 900 que mueren en Nigeria y las más de 1.000 en Sierra Leona y Sudán del Sur.

Otro indicador relevante del impacto de la desigualdad en la vida de las mujeres es la tasa de natalidad entre adolescentes, que mide la cantidad de nacimientos por cada 1.000 mujeres de entre 15 y 19 años, presentando una relevante brecha de entre 2 a 10 nacimientos que se producen en los países con índices de desarrollo más altos del mundo y la pendiente resbaladiza que comienza a producirse en los países mientras se agudiza la pobreza y la exclusión social hasta llegar a 186 nacimientos en Níger, el país con índice de desarrollo humano más bajo del mundo[9]. Pero la situación podría ser aún peor durante y luego de la pandemia, ya que no podemos olvidar el aumento de violencias sexuales y diversas de género sobre la vida y la calidad de vida de las mujeres, especialmente niñas y adolescentes, obligadas de facto a convivir con agresores, la decadencia y debilitamiento de políticas públicas y medidas de protección durante los tiempos más duros de la pandemia y el impacto en los tiempos posteriores[10]. Sumadas a las carencias en políticas de salud reproductiva, la dificultad para disponer de métodos anticonceptivos, la imposibilidad de acceso a prácticas seguras de aborto, todo ello en situaciones de grave deterioro económico generalizado que auguran alto recrudecimiento de embarazos adolescentes con el relevante impacto en el desarrollo educativo, en la independencia económica y de planes de vida de las mujeres, en el acceso a la vida política y, en general, a los impactos negativos en el desarrollo de sus capacidades.

Son más esperanzadores, en principio, los resultados en la brecha sobre logros educativos y en salud y supervivencia que están casi cerrados. En *logros educativos*, la brecha de género se ha cerrado en un 95% en todo el mundo según el Foro Económico Mundial, con 37 países ya en paridad total, pese a que el último paso para alcanzarla en todo el mundo avanza demasiado lento, con lo cual se estima que se

---

9. De 2 a 10 nacimientos por cada 1.000 mujeres de entre 15 y 19 años en Suiza, Países Bajos, Dinamarca, Bélgica, Japón, Francia, Chipre, República de Corea, Noruega, Suecia, Italia, Finlandia, Islandia, Irlanda, Alemania, Austria, Emiratos Árabes Unidos, Grecia, España, entre 40 y 60 en Chile, Argentina, Colombia, entre 80 y 100 en Venezuela y República Dominicana, más de 100 en Camerún, Congo, Uganda, Nigeria, Malawi, Liberia, Guinea, Guinea Bissau, República Democrática del Congo, más de 150 en Mozambique, Guinea Ecuatorial, Angola, hasta 186 nacimientos en Níger. (United Nations- United Nations Development Programme, 2020: 361-364).

10. En este sentido, la CEPAL advierte que la pandemia podría hacer retroceder hasta 5 años la reducción de la tasa específica de fecundidad adolescente en América Latina y el Caribe (Comisión Económica para América Latina y el Caribe-CEPAL, División de asuntos de Género, 2020: 4).

necesitarían otros 14,2 años para lograr la paridad mundial en educación (World Economic Forum, 2021). Sin embargo, según el Informe PNUD-2020 la situación de la educación formal no resulta tan alentadora. Mientras la diferencia en los años esperados de escolaridad la relación es relativamente pareja entre hombres y mujeres (United Nations-United Nations Development Programme, 2020: 356-360)[11], con leve diferencia a favor de la cantidad de años que una mujer puede esperar permanecer en el sistema educativo formal en gran parte del mundo, con algunas excepciones en expectativa de años esperados de escolaridad a favor de los hombres[12], la brecha es más amplia respecto a los años medios de escolaridad *realmente* recibidos por las personas mayores de 25 años. El record de brecha educativa lo tiene Afganistán, que presenta una diferencia de 5 años tanto en expectativa de años esperados de escolaridad a favor de los hombres como en cantidad de años que efectivamente estudian los hombres. En general, se observa diferencia de 2 a 3 años a favor de la cantidad de años que efectivamente estudian los hombres en todos los países con índice de desarrollo humano bajo, desarrollo medio e incluso en los están más bajo en índice de desarrollo alto, umbral donde la relación entre los años reales de hombres y mujeres comienza a ser más pareja. Brecha que se evidencia mayor en el porcentaje de población de 25 años o más que ha logrado realizar educación secundaria, aunque no la haya acabado (United Nations- United Nations Development Programme, 2020:

11. La expectativa de años de escolaridad es el número de años de escolarización que un niño en edad de ingresar a la escuela puede esperar recibir si los patrones predominantes de las tasas de matriculación según su edad persisten a lo largo de su vida. Mientras que los años medios de escolaridad son el número medio de años de educación realmente recibidos por personas de 25 años o más, según las duraciones oficiales de cada nivel.

12. La diferencia es de 1 a 3 años en expectativa esperada de escolaridad a favor de los hombres en República de Corea, Grecia, Turquía, República Islámica de Irán, Perú, Marruecos, Irak, Tayikistán, Camerún, Pakistán, Benín, Uganda, Nigeria, Costa de Marfil, Haití, Sudán, Etiopía, República Democrática del Congo, Liberia, Guinea, Yemen, Mozambique, Mali, Sierra Leona, Eritrea, Sudán del Sur, Chad, República Centroafricana y Níger, y hasta 5 años en Afganistán (United Nations- United Nations Development Programme, 2020: 356-360).

361-364)[13]. Como en la evolución de las otras brechas, en los países con índice de desarrollo más alto del mundo, en general las mujeres permanecen ligeramente más tiempo en el sistema educativo. De todas maneras, los ritmos en que se profundizan las brechas de desigualdad o se avanza en grados de igualdad son diferentes en los países y en regiones, debido a las particularidades políticas, económicas, sociales y culturales. Claramente, Europa Occidental ha sido la región que más ha progresado seguida de América del Norte, América Latina y el Caribe, Europa del Este y Asia Central. También hay mejoras en la región de Asia Oriental y el Pacífico, incluso con muchas dificultades han realizado mejoras lentas en Asia Meridional y África Subsahariana, mientras que Oriente Medio y África del Norte siguen siendo las regiones con brechas más desigualitarias del mundo. Por ello, aunque claramente los impactos de la pandemia se notarán especialmente en los 4 ítems de valoración de las brechas de género analizadas, y se extenderán en largos períodos de nuestra historia, tendrán un impacto más pronunciado en algunas partes del mundo, en algunos colectivos o personas y en algunos ámbitos que en otros. La salud y la calidad de vida de las mujeres será, sin duda, donde más se notarán los efectos lesivos de la pandemia y todas las crisis en las que ha impactado, profundizado y generado, particularmente en la salud de las mujeres de manera integral, vinculado a todas las dimensiones de la satisfacción de necesidades básicas y desarrollo de capacidades, y se verán influidos por las distintas interseccionalidades. Y, por supuesto, no impactarán de igual manera en todas las mujeres, sino que influirá de manera decisiva la segregación residencial y la segregación en la estructura social, política y económica que situadamente ocupen. Como enfatiza Nuss-

---

13. En Níger solo algo menos del 5% de las mujeres y el 9% de los hombres de 25 años o mayor han comenzado el nivel secundario de educación, en Chad menos del 2% de las mujeres y el 10,5% de los hombres, el 6% de las mujeres y el 12% de los hombres en Burkina Faso, en India casi el 28% de las mujeres y el 47% de los hombres, en China el 76% de las mujeres y el 83% de los hombres, llegando al 100% para mujeres y hombres en países como Islandia, Finlandia, Canadá, Luxemburgo, Estonia, y Letonia, y se encuentran muy cerca de obtenerlo en Eslovaquia, Chequia y Austria.

baum, cuando las desigualdades de género se combinan con desigualdades y pobreza, impacta de manera directa afectando profundamente al desarrollo de las capacidades humanas centrales (Nussbaum, 2002: 110; Ribotta, 2021c).

POBREZA COMO INJUSTICIA SOCIOECONÓMICA

Desde todo lo analizado, la pobreza es, claramente, una forma de opresión social y de violación de derechos, especialmente de derechos humanos y de los más básicos, como el derecho a la vida, a la salud, a la educación, a la vivienda y al trabajo, pero también a la libertad, a la participación política y todas sus manifestaciones (Arnsperger, 2004: 289-299; Gargarella, 2006; Pogge, 2007a; Ribotta, 2021d; Sengupta, 2007: 324-325). Y por lo tanto representa un proceso de eugenesia social, particularmente sobre determinadas personas, determinados colectivos, determinados países, determinadas partes del mundo, que se evidencian especialmente en circunstancias tan graves como la actual pandemia que estamos viviendo.

La pobreza implica, por lo tanto, una seria violación de derechos humanos, un ataque contra la propia supervivencia de lo humano y el ejercicio de sus libertades básicas, e implica violencia económica sobre toda la sociedad, con lo que la erradicación de la pobreza no es sólo un imperativo moral y ético, sino también un imperativo jurídico (Fleurbaey, 2007: 141).

Los deberes jurídicos que se desprenden desde la misma Declaración Universal de Derechos Humanos de 1948, que en su artículo 25.1 establece que toda persona tiene derecho a un nivel de vida adecuado que le asegure, así como a su familia, la salud y el bienestar, y en especial la alimentación, el vestido, la vivienda, la asistencia médica y los servicios sociales necesarios, y que refuerza en el artículo 28. Obligaciones que fueron confirmadas y mejoradas en 1966 con el Pacto Internacional de Derechos Económicos, Sociales y Culturales y el Pacto Internacional de Derechos Civiles y Políticos y sus respectivos Protocolos Facultativos posteriores, que junto a otra variedad de obligaciones que se desprenden de otros convenios, pactos y declaraciones confirman que la pobreza es la negación de los derechos humanos y que los Estados del mundo tienen que instrumentar los mecanismos para eliminarla, garantizando el desarrollo adecuado de las capacidades humanas y el ejercicio de los derechos y libertades. Obligaciones que han recogido sentencias del sistema interamericano de derechos humanos, doctrina de la ex Comisión Europea de Derechos Humanos, de la Corte Europea e informes de expertos de Naciones Unidas, que incluso asimilan la pobreza como una forma de tortura, trato cruel, inhumano y degradante (Barcelona, 2017; Gialdino, 2003; Parra Vera, 2012). Por consiguiente, la pobreza genera e implica problemas sociales, complejos y diversos problemas de (in)justicia social e incumplimientos de normas de Derecho Internacional y nacional; ya que en todos los Estados de derecho del mundo las constituciones establecen diferentes obligaciones vinculadas con el mantenimiento de la vida, el desarrollo de las capacidades y el ejercicio de libertades básicas.

Pero llama poderosamente la atención cómo la estrategia de dominación es tan profunda que se ha normalizado y se han invisibilizado las flagrantes violaciones que implica la pobreza a todos los principios y valores más básicos y estructurales de nuestros sistemas de derechos y de Estados de derecho democráticos. Hipocresía que vemos en las instituciones internacionales de derechos humanos, en la propia Naciones Unidas y, claramente, dentro de los Estados de Derecho Democráticos, incluso en aquellos que se han comprometido como Sociales. Hipocresía desde la que se compatibilizan los derechos humanos con grandes desigualdades económicas; ya que, como afirma Alston, el ex-relator especial de las Naciones Unidas sobre la extrema pobreza y los derechos humanos, la Comunidad Internacional y las Organizaciones de derechos humanos deben afrontar de manera directa que la desigualdad extrema debilita los derechos humanos, y que hay límites concretos respecto a cuánta desigualdad puede ser compatible con la igualdad, la dignidad y los derechos humanos. Con lo cual, el compromiso genuino con los derechos humanos y con la democracia exige asumir como Estados y como organización de Estados, como Naciones Unidas, la necesidad imperiosa, el deber improrrogable de reducir drásticamente la desigualdad extrema y la pobreza, haciendo de la efectividad de los derechos sociales un eje central de las políticas públicas y del fortalecimiento de los Estados de derecho democráticos del mundo (Alston, 2015 y 2019; Fleurbaey, 2007: 133).

La pobreza es, sin matices, un grave atentado a la democracia y a los valores y principios más sagrados sobre los que hemos construido la modernidad, con lo que la existencia de graves desigualdades, de necesidades básicas insatisfechas y de pobreza incompatible con el desarrollo de las capacidades humanas básicas, implica una afrenta al sistema de derechos humanos porque conlleva lesiones al ejercicio de derechos. Y no sólo a los llamados sociales, económicos y culturales, sino también a los derechos individuales, civiles y políticos y, por ende, a toda la democracia (Ribotta, 2023).

Resulta urgente y obligado exigir una reivindicación de los derechos sociales, económicos y culturales respecto al resto de derechos, visibilizando las claras interrelaciones conceptuales, empíricas y de eficacia conectada entre todos los derechos. Y comprendiendo que desarrollar e implementar medidas redistributivas adecuadas y sin complejos, con políticas fiscales sólidas que permitan solventar un sistema fuerte de derechos sociales y económicos es la única estrategia adecuada para garantizar el pleno disfrute de los derechos humanos para toda la sociedad, vinculando también de manera clave con políticas de transparencia, rendición de cuentas y lucha contra la corrupción[14].

BIBLIOGRAFÍA

Alegre, Marcelo (2007). Extreme Poverty in a Wealthy World: What Justice Demands Today, en Pogge T. (ed.), Freedom for Poverty as a Human Right. Who Owes What to the Very Poor?, Oxford, *Oxford University Press*.

Alston, Philips (2015). Extreme inequality as the antithesis of human rights, en *Open democracy*.

Alston, Philips y Reisch, N. (2019). Tax, Inequality, and Human Rights, Oxford, *Oxford University Press*.

---

14. Resulta muy interesante indagar sobre la relación entre políticas fiscales y efectividad de derechos humanos vinculándolos a corrupción y exigencias de transparencia y rendición de cuentas (Alston y Reisch, 2019; Malem, 2017).

Añón Roig, María José (1994). *Necesidades y Derechos. Un Ensayo de Fundamentación*, Madrid, Centro de Estudios Constitucionales.

Arnsperger, Christian (2004). Poverty and human rights: The issue of systemic economic discrimination and some concrete proposals for reform, en *International Social Science Journal*, 180, pp. 289-299.

Barcelona, J. (2017), El Tribunal Europeo de Derechos Humanos y la pobreza, en *Ivs Fvgit*, 20, pp. 323-370.

Cohen, Gerald A. (1989), Equality of What? on Welfare, Goods, and Capabilities, en Nussbaum, Martha y Sen, Amartya, (eds.), The Quality of Life, Oxford, *Claredon Press*, pp. 9-29.

Cohen, Gerald A. (1999), Socialism and Equality of Opportunity, en Rosen, M. y Wolff, J. (eds.), *Political Thought*, Oxford, Oxford University Press.

De Lucas Martín, Javier (1996), La igualdad ante la ley, en Garzón Valdés, E., Laporta, F., *El Derecho y la justicia. Enciclopedia Iberoamericana de Filosofía*, Madrid, Trotta.

Federici, Silvia, (2013) *Revolución en punto cero. Trabajo doméstico, reproducción y luchas feministas*, trad. de Fernández Guervós, C. y Martín Ponz, P., Traficantes de Sueños, Madrid.

Fleurbaey, Marc (2007), Poverty as a Form of Oppression, en Pogge, Thomas (ed.), Freedom for Poverty as a Human Right. Who Owes What to the Very Poor?, Oxford, *Oxford University Press*.

Gargarella, Roberto (ed.) (2006), El derecho a resistir el derecho, Madrid, Ed. Miño y Dávila.

Garret, Laurie (2020), The Coming Plague, Newly Emerging Diseases in a World out of Balance, Picador, Nueva York.

Gialdino, Rolando (2003), La pobreza extrema como violación del derecho de toda persona a la vida y a no ser sometida a tortura o tratos crueles, inhumanos o degradantes, entre otros derechos humanos, en *Jurisprudencia Argentina*, pp. 1079-1100.

Kerbo, Harold R. (2000), *Social stratification and inequality: class conflict in historical, comparative, and global perspective*, 4.a ed., Boston, Mc-Graw-Hill.

Lema Añón, Carlos (editor) (2021), *Los determinantes sociales de la salud: Más allá del derecho a la salud*, Dykinson, Madrid.

López Aranguren, Eduardo (2005), *Problemas sociales. Desigualdad, pobreza, exclusión social*, Madrid, Biblioteca Nueva.

Malem Seña, Jorge (2017), *Pobreza, corrupción, (in)seguridad jurídica*, Madrid, Marcial Pons.

Mies, María, (2019) Patriarcado y acumulación a escala mundial, trad. de Fernández Guervós y Martín Ponz, *Traficantes de Sueños*, Madrid,, pp. 83-100.

Nussbaum, Martha (2002), *Las mujeres y el desarrollo humano. El enfoque de las capacidades*, trad. Bernet, R., Barcelona, Herder.

Parra Vera, Óscar (2012), Derechos Humanos y Pobreza en el Sistema Interamericano, en *Revista IIDH*, 56, pp. 273-320.

Pogge, Thomas (ed.) (2007a), Freedom for Poverty as a Human Right. Who Owes What to the Very Poor?, Oxford, *Oxford University Press*.

Pogge, Thomas (2007b), Severe Poverty as a Human Rights Violation, en Pogge T. (ed.), Freedom for Poverty as a Human Right. Who Owes What to the Very Poor?, Oxford, *Oxford University Press*.

Ribotta, Silvina (2008), Necesidades y derechos: Un debate no zanjado sobre fundamentación de derechos (consideraciones para personas reales en un mundo real), *Revista Jurídicas*, Universidad de Caldas, Colombia, vol. 5, núm. 1, pp. 29-56.

Ribotta, Silvina (2010a), Igualdad de oportunidades y talentos en escenarios de injusticia social, *Sistema. Revista de Ciencias Sociales*, noviembre, núm. 219, pp. 61-84.

Ribotta, Silvina (2010b), Pobreza, hambre y justicia en América Latina y el Caribe. Debatiendo sobre la justicia mientras 53 millones de latinoamericanos sufren hambre, *Revista Electrónica Iberoamericana* (REIB), vol. 4, núm. 1.

Ribotta, Silvina (2011), Necesidades, igualdad y justicia. Construyendo una propuesta igualitaria de necesidades básicas, *Derechos y Libertades*, núm. 24, Época II, pp. 259-299.

Ribotta, Silvina (2016a), Igualdad de oportunidades en sociedades desiguales, *Revista Tiempo de Paz*, núm. 12. pp. 33-40.

Ribotta, Silvina (2016b), Redistribución de recursos y derechos sociales. La tensión entre igualdad y prioridad, *Derechos y Libertades*, núm. 35, pp. 235-264.

Ribotta, Silvina (2017), Defendiendo la igualdad de la objeción de nivelar a la baja, *Cuadernos Electrónicos de Filosofía del Derecho*, núm. 36, pp. 149-168.

Ribotta, Silvina (2020), Vulnerabilidad y pobreza: sobre el concepto de vulnerabilidad socio-estructural, *Revista Tiempo de Paz*, núm. 138.

Ribotta, Silvina (2021a), Condiciones materiales para el ejercicio de la autonomía. El jaque de la desigualdad a la libertad, *Revista Derecho del Estado*-Universidad Externado de Colombia, N° 48, 149-182. https:// revistas.uexternado.edu.co/index.php/derest/article/view/6959/9524

Ribotta, Silvina (2021b) *Pobreza y desigualdad como problema de salud*, en *Los determinantes sociales de la salud: Más allá del derecho a la salud*, en Carlos Lema Añón (editor), Dykinson, Madrid, pp. 261- 294.

Ribotta, Silvina (2021c) *Desigualdad y pobreza en la vida de las mujeres atravesando la pandemia*, Derecho. *Derechos y Pandemia*, Susanna Pozzolo, J.J. Moreso y Pedro P. Grández (editores), Palestra Editores, Lima, pp. 181- 226.

Ribotta, Silvina (2021d) *Pobreza como decisión político-jurídica: pobreza como injusticia social*, en *Derecho y Pobreza*, Fernández Blanco y E. Pereira Fredes (coord..), Marcial Pons, Madrid, pp. 263-309.

Ribotta, Silvina (2023), Poverty as a matter of justice, *The Age of Human Rights Journal*, N° 20, junio 2023, DOI: https://doi.org/10.17561/ tahrj.v20.7327

Ribotta, Silvina y Lema Añón, Carlos (editores) (2023), *Mujeres y (des)igualdad de oportunidades. Análisis feminista del impacto de las injusticias estructurales y las tensiones coyunturales*, Dykinson, Madrid.

Sen, Amartya (1973), On Economic Inequality *(expanded ed.)*, Oxford-New York, Clarendon Press-Oxford University Press.

Sen, Amartya (1985), *Commodities and Capabilities*, Amsterdam, Elsevier Science Publishers.

Sen, Amartya (1999), *Nuevo examen de la desigualdad*, Alianza, Madrid, 1999, pp.

Sen, Amartya (2000), *Desarrollo y libertad*, Barcelona, Planeta.

Sengupta, A. (2007), Poverty Erradication and Human Rights, en Pogge T. (ed.), Freedom for Poverty as a Human Right. Who Owes What to the Very Poor?, Oxford, *Oxford University Press*.

Wade, Lizzie (2020), An unequal blow. In past pandemics, people on the margins suffered the most, *Science*, núm. 368-6492, p. 700-703.

INFORMES Y REPORTES DE NACIONES UNIDAS

Comisión Económica para América Latina y el Caribe-CEPAL, *División de asuntos de Género (2020), Los riesgos de la pandemia de COVID-19 para el ejercicio de los derechos sexuales y reproductivos de las mujeres,* diciembre.

United Nations - United Nations Development Programme (2022), *Human Development Report 2021-22: Uncertain Times, Unsettled Lives: Shaping our Future in a Transforming World.* New York. https://hdr.undp.org/system/files/documents/global-report-document/hdr2021-22pdf_1.pdf

United Nations-United Nations Development Programme (2021), *Human Development Report 2021-22: Uncertain Times, Unsettled Lives: Shaping our Future in a Transforming World, New York.*

United Nations-United Nations Development Programme (2020), *Human Development Report 2020. The next frontier: Human Development and the Anthropocene, Nueva York.*

Naciones Unidas-Programa de Naciones Unidas para el Desarrollo (2019), *Más allá del ingreso, más allá de los promedios, más allá del presente: Desigualdades del desarrollo humano en el siglo XXI,* Nueva York, PNUD.

Naciones Unidas (2020*), Informe del Relator Especial de las Naciones Unidas sobre la extrema pobreza y los derechos humanos, Philip Alston, sobre la conclusión de su visita oficial a España en 2020, realizada entre el 27 de enero y el 7 de febrero de 2020,* A/HRC/44/40/Add.2, 21 de abril de 2020. https://www.eapn.es/ARCHIVO/documentos/noticias/1594019269_alston-spain-report-final-es.pdf

United Nations (2020b), *Report of the Independent Expert on protection against violence and discrimination based on sexual orientation and gender identity,* Victor Madrigal-Borloz, A/75/258, 28 de julio de 2020. https://undocs.org/A/75/258

World Economic Forum (2021), *Global Gender Gap Report,* Insight Report, Suiza, marzo. http://www3.weforum.org/docs/WEF_GGGR_2021.pdf

CAPÍTULO 5
VIOLENCIA Y ECONOMÍA: ALTERNATIVAS HACIA LA SATISFACCIÓN DE NECESIDADES DE TODAS LAS PERSONAS

Jorge Guardiola Wanden-Berghe
(Universidad de Granada)

Nazaret Ibáñez Rueda
(Universidad de Granada)

Chloé Meulewaeter
(Universidad Internacional de Valencia)

INTRODUCCIÓN

El sistema capitalista engendra violencia. Existen puntos de vista que matizan esta afirmación, defendiendo que la violencia ha ido disminuyendo a lo largo de la historia, y que el capitalismo ha contribuido positivamente en este sentido (Pinker, 2018). Por otro lado, existen posturas que ponen el acento en el aspecto violento del capitalismo. A mediados del siglo pasado, Karl Polanyi vislumbraba que el cambio social derivado del capitalismo haría muy difícil vivir una vida que mereciera la pena ser vivida, dado que ponía al ser humano bajo las exigencias del mercado, separándolo de su medio natural, y transformando tanto la naturaleza como su tiempo en una mercancía (Polany, 2003). Problemas acuciantes como la sobrepoblación, la desigualdad o el cambio climático invitan al pesimismo en cuanto a las posibilidades de la cultura económica capitalista para reducir la violencia. Académicos como Jason Hickel (2017) hacen eco de estos problemas, criticando la postura de que el capitalismo reduce la violencia, y argumentando que esta posición solo pretende legitimar la cultura capitalista. Este autor acusa a los think tanks (grandes organizaciones de investigación con una importante influencia social) y académicos pro-capitalistas de utilizar evidencia sesgada, e invisibilizar que muchos de los progresos sociales se han alcanzado al margen de la cultura individualista del sistema, a través de instituciones a las que el capitalismo más neoliberal se opone, como las subvenciones públicas, los movimientos sociales, la educación y la sanidad pública, y los sindicatos.

Cuando hablamos de la violencia generada por un sistema de organización de la economía, debemos de tener en cuenta que la violencia no consiste tan solo en guerras o puñetazos. Existe una taxonomía de la violencia, que distingue entre violencia cultural, estructural y directa (Galtung, 2004). La violencia cultural se basa en aquello que pensamos, sentimos o creemos, que genera los otros tipos de violencia. Ejemplos son el machismo, el racismo o la aporofobia. La violencia estructural se refiere a las estructuras económicas y sociales que impiden la satisfacción de las necesidades humanas, como leyes que no impiden, o incluso legitiman, la existencia de miseria. La violencia directa correspondería a las guerras y las agresiones físicas y verbales.

En este capítulo nos centramos en el sistema capitalista como fuente de violencia cultural, que a su vez engendra violencia estructural y directa. Nos conformamos con trazar unos paralelismos generales entre el modelo capitalista y la violencia, pues este ejercicio intelectual daría para un trabajo mucho más extenso del que aquí se presenta. Sirviéndonos de estas líneas generales, llegamos a la evidente conclusión de que en el marco capitalista del siglo XXI no todas las personas son capaces de satisfacer sus necesidades. Ante esta evidencia, nos inspiramos en el concepto de sarvodaya de Gandhi, que postula que todas las personas, no una mayoría sobre una minoría, o viceversa, puedan alcanzar el bienestar. Ponemos en consonancia la visión gandhiana con recientes visiones de las ciencias sociales, que pretenden caminar por la senda de la satisfacción de necesidades para todas las personas. Finalmente, reflexionamos, desde una perspectiva científica, sobre la necesidad de partir de una concepción holística de la vida para formar mentalidades e instituciones que permitan crear sistemas económicos que incluyan a todas las personas.

LOS DISTINTOS ASPECTOS DE LA VIOLENCIA EN LA CULTURA ECONÓMICA CAPITALISTA

El matemático Johan Galtung, fundador de los estudios científicos sobre la paz, argumenta que existen tres tipos de violencia: cultural, estructural y directa. Para hablar de paz, y explicarla como un concepto de utilidad, Galtung enuncia como principio que la paz es la ausencia de violencia. En su esfuerzo para definir la paz, Galtung empieza definiendo lo que es la violencia, o las violencias, pues esa se puede manifestar en varias dimensiones. Estas distintas dimensiones, de acuerdo con Galtung, pueden permitir pensar, investigar y llevar a cabo acciones hacia los problemas que plantea, y por ello el autor plantea que si la acción por la paz ha de ser altamente considerada porque es una acción contra la violencia, entonces el concepto de violencia debe ser lo suficientemente amplio como para incluir las formas más significativas, y al mismo tiempo lo suficientemente específico como para servir de base para una acción concreta (1969). Para definir la violencia, Galtung hace hincapié en que la violencia está presente cuando los seres humanos están influenciados de tal forma que sus realizaciones somáticas y mentales están por debajo de sus realizaciones potenciales.

La violencia se caracteriza en tres dimensiones: la violencia directa, la estructural y la cultural. La violencia directa es visible, puede ser física o psicológica, la ejerce un actor determinado, y se refiere a comportamientos de violencia física contra las personas (p.ej. violaciones, asesinatos, robos, violencia de género, violencia en la familia, violencia verbal y/o psicológica), contra la naturaleza (p.ej. daños contra la biodiversidad, contaminación de espacios naturales) y contra la colectividad (p.ej. daños materiales contra edificios, infraestructuras, guerras). En cambio, la violencia estructural se refiere a las estructuras económicas y sociales que impiden la satisfacción de las necesidades humanas.

La violencia estructural es, en muchos aspectos, invisible y sutil, pero se le pone cara a través de las cifras de hambre, explotación y marginación social. En este sentido, muchos de los sistemas económicos adoptados, como el capitalismo y el comunismo han fracasado o están fracasando, pues no permiten que todas las personas satisfacer sus necesidades, y atentan además contra otras formas de vida. En el momento que una persona no satisface sus necesidades, cualquier sistema económico fracasa desde un punto de vista pacifista. A esas dos categorías de violencia, Galtung le añade una tercera. En 1990, el autor publica el artículo «Cultural violence», en el cual define la violencia cultural como cualquier aspecto de una cultura que puede utilizarse para ejercer la violencia directa o estructural (Galtung, 1990). La violencia cultural es el marco de justificación y de legitimación de las otras formas de violencia. Se encuentra en el arte, los discursos, las religiones, las ideologías, el lenguaje, las banderas, los himnos, la educación, etc., y tiene como efecto el hecho de hacer opacos los actos de violencia directa y estructural. Aparece, indudablemente, en el discurso económico capitalista, que monetariza la vida, separando al ser humano de su medio, y asumiendo que este medio tiene valor, en la medida que se transforma en mercancía y se le pone un precio. Además, atomiza a las personas, reduciéndolas a individuos que no tienen otro fin en la vida que ganar dinero. Apuesta por generar deseos infinitos y por un modo de vida que invita a pensar que perseguir el dinero es el sentido de la existencia y la fuente de la felicidad.

Un componente muy importante de la violencia cultural en la Economía es la tolerancia y la legitimación de la violencia como algo cotidiano. Esta legitimación está presente en la violencia de género, en el racismo, o en la aceptación de la miseria como algo habitual. Algunos ejemplos de esta legitimación de la violencia se encuentran en las siguientes frases: «El capitalismo tiene muchos problemas, pero es el mejor sistema que conocemos»; como si la humanidad no tuviese suficiente capacidad e imaginación de buscar alternativas productivas y distributivas que resolvieran problemas como el hambre y el cambio climático. «Hemos vivido por encima de nuestras posibilidades y por tanto ahora debemos pagar los costes de la crisis». Con esta frase se enmascaran los verdaderos responsables de las crisis, y se socializan los costes a través de recortes económicos y sociales. «Por mucho que hagamos no podremos resolver los problemas sociales o medioambientales»; condenando a la humanidad y al resto de seres vivos a una situación catastrófica. El mayor mérito de la violencia cultural es que se autoimpone como el único marco interpretativo de la realidad, relegando las alternativas o formas heterodoxas de pensar como absurdas.

La violencia cultural y estructural son tipos de violencias invisibles, pues están ahí pero no «derraman sangre», mientras la violencia directa es visible. Las tres conforman el triángulo de la violencia representado en la figura 1, que dota los estudios para la paz de una nueva herramienta para abordar el estudio de las violencias. Se puede interpretar la violencia cultural como legitimadora de la violencia directa y estructural, o bien explorar los orígenes culturales y estructurales de la violencia directa, entre otros.

Figura 1: El triángulo de la violencia

Violencia directa

Visible

Invisible

Violencia cultural   Violencia estructural

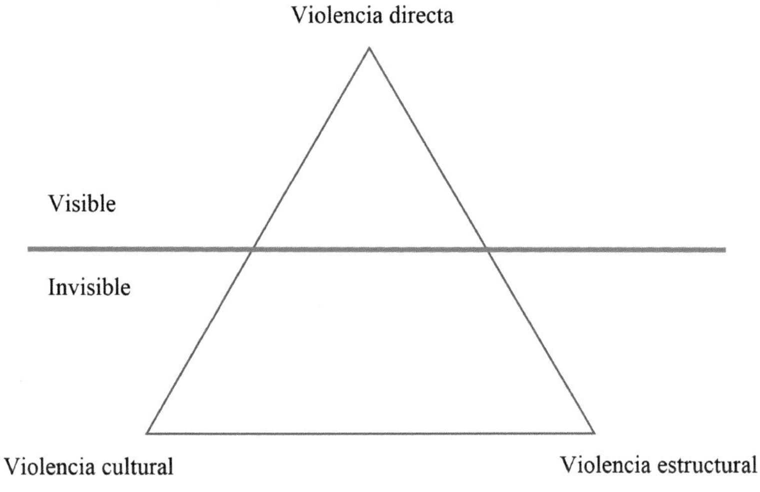

En definitiva, Galtung se refiere a la violencia como una situación en la que las realizaciones efectivas, somáticas y mentales de las personas están por debajo de sus realizaciones potenciales (Galtung, 1969), y aparecería cuando «por motivos ajenos a nuestra voluntad no somos lo que podríamos ser o no tenemos lo que deberíamos tener» (Fisas, 1998). En estas condiciones, el antónimo de la violencia directa es la paz negativa, y el antónimo de la violencia estructural es la paz positiva. Dicho de otro modo, una situación de paz negativa se caracteriza por la ausencia de violencia directa (guerras, mutilaciones, daños físicos y psicológicos, ...), y una situación de paz positiva se caracteriza por la ausencia de estructuras sociales que impidan la satisfacción de necesidades humanas básicas, es decir, por la ausencia de exclusión, marginación, desigualdad, etc.; mientras una cultura de paz se refiere a una cultura en la que predominan aquellos aspectos que sirven para legitimar y justificar la paz negativa y la paz positiva.

UNA NUEVA CULTURA PARA SATISFACER LAS NECESIDADES HUMANAS

Teniendo en cuenta las distintas fuentes de violencias que emanan de la cultura capitalista, es necesario buscar alternativas culturales y científicas que permitan reforzar la satisfacción de necesidades y el desarrollo de una cultura de paz, ante la evidencia de que estas necesidades no se ven satisfechas para todas las personas. Pretendemos abordarlas brevemente a continuación, comenzando con el concepto gandhiano llamado sarvodaya, y presentando brevemente distintos modelos de las ciencias sociales para la satisfacción de necesidades humanas desarrollados en la Academia.

Necesidades para todas las personas: la idea de sarvodaya

Con el fin de crear sociedades en las que todas las personas satisfagan sus necesidades, proponemos retomar el poderoso concepto de Mahatma Gandhi: sarvodaya, una palabra sánscrita que puede traducirse como bienestar para todas. Sarvodaya se presenta como una propuesta ética, una alternativa al paradigma de desarrollo capitalista, y una idea de prosperidad y de buena vida (es decir, una vida que merezca la pena ser vivida). Gandhi entendía que este concepto implicaba la creación de instituciones públicas que garanticen el bienestar para todas y satisfacer las necesidades humanas, así como para fomentar valores como la igualdad, la justicia y la solidaridad, mediante la participación política directa (Gandhi, 1968). También supone dar poder a las personas que no lo tienen, es decir, a las pobres y marginadas que se enfrentan a los mayores obstáculos para alcanzar el bienestar y una vida digna de ser vivida[1]. En pocas palabras, la idea es que la sociedad garantice a todos sus miembros las posibilidades para una buena vida. Gandhi creía que el sarvodaya solo podía lograrse mediante la participación directa y no violenta en las decisiones públicas, y el control democrático de los recursos que son necesarios para que la gente satisfaga sus necesidades humanas (Gandhi, 1968; López Martínez, 2017).

El crítico de arte John Ruskin, autor del libro «Unto This Last» («A este último»), tuvo una enorme influencia en el concepto. De hecho, Gandhi tradujo varias partes de este libro al gujarati y llamó al libro resultante Sarvodaya. El libro de Ruskin se publicó por primera vez en 1860 y consiste en una teoría moral que intentaba refutar la interpretación de esta disciplina planteada por los autores clásicos en economía. Al contrario que esos autores, Ruskin consideraba la Economía como el arte de vivir, al igual que algunos filósofos griegos clásicos. Sostenía que la única riqueza que merece la pena desear no es la riqueza material, sino la riqueza que aporta la vida (Ruskin, 1985). En sus memorias, Gandhi declaró que este era uno de los libros que más le había influido en su vida, y que había contribuido a moldear su pensamiento económico (Gandhi, 1957). Uno de los aprendizajes que Gandhi extrajo del libro es que el bien del individuo está contenido en el bien de la sociedad, lo que se refleja en su creencia holística en la unidad existencial de todo el mundo (Ghosh, 2012; Weber, 1999). Así, sarvodaya no es una concepción cultural del desarrollo en la India, sino la propuesta normativa de Gandhi para lo que él llamaba la «India de mis sueños» (Gandhi, 1968), estrechamente vinculada a su fuerte espiritualidad.

En términos económicos, el sueño de Gandhi se centraba en aldeas autosuficientes donde todos pudieran satisfacer sus necesidades, con valores culturales como la frugalidad, evitando el desarrollo de los deseos infinitos, el apego y la acumulación de riquezas. En esas aldeas, las instituciones asegurarían la satisfacción de las necesidades, a través de medidas como un salario mínimo, así como una función de pro-

---

1. En la India de los tiempos de Gandhi, así como en el presente, los más pobres y marginalizados eran generalmente los «intocables», la casta más baja del sistema indio de castas. Gandhi los llamaba harijans (hijos de Dios).

ducción que incorpore tecnología y maquinaria. Las máquinas y las innovaciones tecnológicas se incorporarían en el proceso productivo sólo hasta el punto de que no sea una amenaza para la satisfacción de las necesidades humanas de todas. El ejército se reduciría al mínimo, y la cultura local se protegería de las influencias extranjeras. La igualdad y la no explotación serían centrales, sin distinción entre ricos y pobres. La satisfacción de las necesidades se lograría con un fuerte compromiso con la Verdad (en mayúscula, puesto que Gandhi daba un significado espiritual a la verdad) y con la filosofía de la no violencia (Gandhi, 1957, 1968). La idea de Sarvodaya parte de una visión radicalmente opuesta a la eurocéntrica, pues se generó en la India, desde una concepción espiritual. Conviene poner en consonancia la visión gandhiana con las principales visiones económico-políticas de la cultura occidental, que a nuestro entender son el comunismo, el capitalismo y la socialdemocracia. Son muchos autores los que han influenciado en estas visiones, y por cuestión de espacio nos centramos en Marx (comunismo), Bentham (capitalismo) y Rawls (socialdemocracia).

Un juicio apresurado puede invitar a pensar que el sarvodaya está relacionado con el marxismo, ya que ambos se refieren a las necesidades y a la dignidad de las personas, al tiempo que dan importancia a la igualdad y a la liberación de la opresión (del imperialismo inglés para Gandhi, y de los tenedores del capital para Marx). Pero las ideas de Gandhi y Marx son muy dispares en cuanto a la forma de alcanzar los fines, ya que Gandhi defendía la no violencia como medio y como fin, a diferencia de Marx, que abogaba por la rebelión violenta del proletariado como vehículo hacia la satisfacción de las necesidades humanas. Además, Gandhi nunca consideró que un régimen autoritario fuera un requisito para alcanzar su idea de autonomía (swaraj) y autosuficiencia (swadeshi)[2].

---

2. La palabra swaraj es una palabra védica sagrada que significa autogobierno y autocontrol, refiriéndose así a dar poder a las personas y darles la posibilidad de ser autónomas (Koshal y Koshal 1973). Otro concepto estrechamente relacionado con la idea gandhiana del buen vivir es swadeshi, que literalmente significa «del propio país». Esta propuesta está relacionada con la autosuficiencia en el propio pueblo, creando

El sarvodaya también se diferencia del utilitarismo en que implica el bienestar para todos, no solamente para el mayor número de personas posible (como en la perspectiva utilitarista propuesta por Jeremy Bentham). Por ello, se opone radicalmente a la postura utilitarista, principalmente dado el carácter universal de la filosofía gandhiana. Desde la perspectiva utilitarista, es perfectamente factible el bienestar de muchos a costa del bienestar de una minoría. Además, el utilitarismo pone el acento únicamente en las consecuencias de las acciones, pero sarvodaya se centra en las consecuencias y en los medios. Uno de los componentes clave de la visión gandhiana, fundamental para entender el sarvodaya, es ahimsa, que puede traducirse como no violencia. No es posible separar ahimsa, Verdad y sarvodaya, ya que estos conceptos son interdependientes (Ghosh, 2012, Gandhi, 1932).

Cabe destacar los paralelismos entre la idea gandhiana de centrarse en las necesidades humanas y prestar especial atención a los miembros más pobres de la sociedad, y la teoría rawlsiana de la justicia. Rawls consideraba que las personas debían gozar de libertades básicas con igualdad de derechos. También sostenía que las desigualdades sociales y económicas debían organizarse de forma que beneficiaran al máximo a los menos favorecidos. Sin embargo, a diferencia de Gandhi, Rawls asigna mayor importancia al acceso a las libertades básicas distribuidas equitativamente que a garantizar el mayor beneficio a los menos favorecidos, mientras que Gandhi no subordinaba una idea a otra. Además, Rawls no defendió explícitamente la no violencia como forma de lograr la transformación para conseguir los cambios deseados en la sociedad.

ALTERNATIVAS DE SATISFACCIÓN DE NECESIDADES EN CIENCIAS SOCIALES

En las sociedades occidentales también existen esfuerzos para generar herramientas de pensamiento económico que permitan visibilizar las necesidades humanas, y crear caminos para satisfacerlas. Debido a la fuerte occidentalización o europeización que existe en la

---

instituciones que protejan y fomenten la cultura local (en aspectos como la religión, la lengua y la actividad económica).

cultura económica, con un fuerte componente capitalista, merece la pena repasar algunos de estos esfuerzos. Existen distintas teorías que pretenden crear una taxonomía de las necesidades humanas, desde el modelo de Abraham Maslow (1943), hasta la interpretación de Kate Raworth (2018). Entre medias, se encuentran las importantes contribuciones de Doyal y Gough (1994) y Max-Neef et al. (1994). Las investigaciones que pretenden crear modelos de necesidades tienen puntos en común, aunque también algunas disonancias.

En general, estos modelos proponen de forma directa o indirecta que las múltiples formas de satisfacer las necesidades no provienen exclusivamente de los bienes económicos. De hecho, las diferentes maneras de satisfacer las necesidades no se adquieren en los mercados (Guillen-Royo, Guardiola, y García-Quero 2017). Por ello, establecen una crítica, según el caso más o menos velada, a la cultura capitalista, que fomenta la satisfacción de deseos infinitos a satisfacer mediante el consumo, como meta vital y fuente de bienestar. De hecho, los modelos de necesidades humanas establecen que estas son universales y limitadas, aunque los investigadores no se ponen de acuerdo sobre las necesidades particulares que contiene este subconjunto limitado (véase Alkire, 2002, para una revisión y discusión).

Algunos de estos modelos son muy visuales, lo que facilita su comprensión. La figura 2 representa la conocida pirámide de Maslow (1943), que establece que existe una jerarquía en las necesidades humanas, siendo necesario alcanzar las de la base antes de aspirar satisfacer las necesidades más altas. Así, de acuerdo con Maslow, necesidades como la amistad y el afecto (afiliación), no se podrían satisfacer si una persona padece hambre (no satisfacer sus necesidades fisiológicas, situadas en la base de la pirámide). Algunos trabajos ponen en cuestión la existencia de tal jerarquía (Doyal y Gough, 1994; Rojas et al., 2023). Por ejemplo, puede haber personas que desarrollen su creatividad y espontaneidad (autorrealización) poniendo en riesgo su seguridad física (seguridad) a través de deportes de alto riesgo.

Figura 2: Pirámide de Maslow.

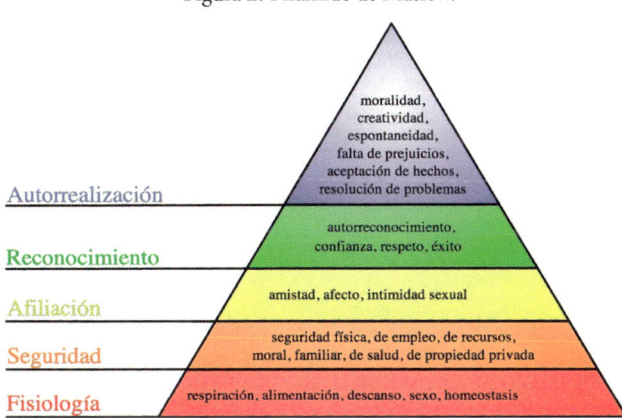

Fuente: Maslow (1943).

La figura 3 representa la matriz de necesidades humanas, diseñada por el economista chileno Manfred Max-Neef y sus colaboradores (1994). Esta matriz viene acompañada de un elaborado marco teórico, y es una herramienta participativa cuya finalidad consiste en comprender las necesidades de las personas de una determinada comunidad y las distintas formas de satisfacerlas (satisfactores). De tal forma, a través de distintas sesiones, un determinado colectivo puede definir sus propios satisfactores de sus necesidades de forma participativa, sin que ningún agente externo se las imponga.

Figura 3: Matriz de necesidades universales

	SER	TENER	HACER	ESTAR
	(atributos individuales o colectivos)	(instituciones, normas, herramientas)	(acciones personales o colectivas)	(espacios o ambientes)
SUBSISTENCIA				
PROTECCIÓN				
AFECTO				
ENTENDIMIENTO				
PARTICIPACIÓN				
OCIO				
CREACIÓN				
IDENTIDAD				
LIBERTAD				

Fuente: Max-Neef (1991).

La primera columna contiene las categorías existenciales de las necesidades: Ser (atributos de las personas): vagos, comprometidos, miedosos, solidarios, etc., Tener (cosas e instituciones): subsidio de desempleo, transporte público, problemas medioambientales, etc, Hacer (actos): conformarse, confiar, colaborar, y Estar (espacios ambientales): parques públicos, zonas de ocio, centros comerciales, etc.

La segunda columna ofrece categorías relativas a los valores (axiológicas): Subsistencia: funcionar como persona, Protección: protegerse de daño, Afecto: relativo a sentimientos afectivos, Entendimiento: comprensión de la cultura y del medio, Participación: interactuar con los demás en espacios, Ocio: Disfrutar del tiempo libre, Creación: Posibilidad de expresar el lado creativo, Identidad: Sentirse reflejado en la otra persona como uno/a mismo/a, Libertad: Sentirse libre. En la aplicación de la matriz, se dedican tres sesiones-talleres para rellenar cada una de las celdas con satisfactores: Sesión 1: Una matriz negativa: ¿Qué aspectos del ser, tener, hacer y estar nos impiden satisfacer nuestras necesidades? Sesión 2: Una matriz positiva: ¿Cómo podríamos ser, hacer, estar y qué podríamos tener de forma ideal para satisfacer nuestras necesidades? Sesión 3: Reflexiones para trascender desde la matriz negativa a la positiva (Guillén-Royo, 2016). En los talleres se articulan cuestiones para rellenar las casillas de la matriz. Por ejemplo: ¿Qué deberíamos tener para satisfacer nuestra necesidad de identidad? ¿Cómo somos que no podemos satisfacer nuestra necesidad de participación? De esta forma se identifican los satisfactores y las estrategias para obtenerlos, que van rellenando en cada una de las casillas de la matriz.

Los satisfactores no son lo mismo que los bienes económicos, estos son objetos y artefactos que pueden (o no) influir en los satisfactores. También hay satisfactores destructores, es decir, formas de ser, tener, hacer y estar que dificultan la satisfacción de necesidades. Algunos satisfactores pueden ser engañosos: Pensamos que nos satisfacen una necesidad, pero realmente nos dificultan otras. Estos satisfactores son, por tanto, formas de ser, tener, hacer y estar de carácter colectivo e individual, que dependen de la cultura, del colectivo, de la persona, y del momento histórico. Por ejemplo, en la alimentación: El cerdo no es un satisfactor de subsistencia para un vegetariano o alguien que profese la religión musulmana.

Los problemas medioambientales a los que nos enfrentamos exigen la imposición de límites a la satisfacción de deseos infinitos, objetivo alimentado por las ideas capitalistas. El modelo de economía del donut o rosquilla (Raworth, 2018) ofrece un marco para satisfacer las necesidades y, al mismo tiempo, respetar el medio ambiente para que las generaciones futuras puedan satisfacer las suyas. Es decir, delimita un espacio seguro y justo en el que el ser humano pueda vivir una vida que merezca la pena ser vivida, sin transgredir los límites del planeta. En la figura 4 se expone el modelo de la economía rosquilla, que indica que el desarrollo económico y social debe realizarse en el interior de la rosquilla, sin trascender ni la línea interior (bases sociales como el acceso al agua y la salud) ni la línea exterior (límites ecológicos como la contaminación del aire) de la rosquilla. El proyecto «a good life within planetary boundaries»[3] pretende poner datos para cada país en cada una de las partes del modelo de economía rosquilla, realizar comparaciones entre países y analizar tendencias a lo largo del tiempo.

Figura 4: Economía rosquilla.

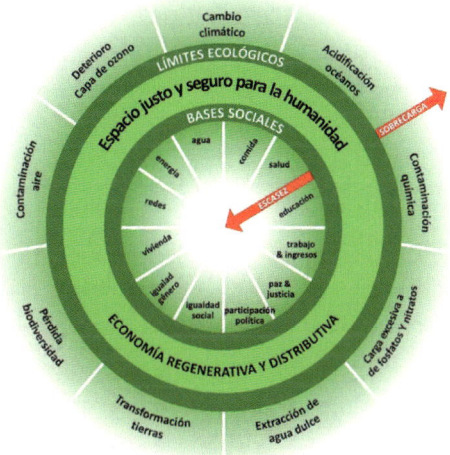

Fuente: Raworth (2018).

---

3. Traducción propia: «Una buena vida respetando los límites del planeta» en https://goodlife.leeds.ac.uk

La pirámide de Maslow permite comprender las necesidades individuales del ser humano, la matriz de Max-Neef invita a la reflexión colectiva de las necesidades humanas, y el modelo de la economía rosquilla está diseñado para la orientación en decisiones políticas a nivel municipal o de país. Por ello, tenemos un triángulo para la comprensión individual, un cuadrado para la comprensión colectiva, y un círculo para la comprensión macroeconómica de las necesidades humanas. Como colofón a este apartado, quisiéramos señalar que los Objetivos de Desarrollo Sostenible (ODS) tienen similitudes con los modelos de necesidades humanas, así como con la idea de sarvodaya. Los ODS comprenden 17 objetivos que ponen a las personas y al medio ambiente en el centro. Incluyen objetivos como acabar con la pobreza y el hambre, o garantizar la salud y el bienestar de todos (y no sólo de unos pocos), lo que está claramente en línea con la idea de sarvodaya. Tienen, pues, un fuerte componente de universalismo. Su predecesor, los Objetivos de Desarrollo del Milenio, no tenían ese enfoque Universalista pues, por ejemplo, pretendían reducir el hambre a la mitad.

POR UN ENFOQUE CIENTÍFICO QUE DEFIENDA UNA CONCEPCIÓN HOLÍSTICA DE LA VIDA

El capitalismo es fuente de violencia en nuestra sociedad, e impide la satisfacción plena de las necesidades humanas, oponiéndose al desarrollo de una cultura de paz. Hemos presentado como alternativas una visión filosófica de vida con un fuerte componente espiritual, así como modelos occidentales basados en la satisfacción de necesidades. Sin embargo, las alternativas no se limitan, ni mucho menos, a lo expuesto anteriormente. Existen y han existido distintas concepciones e interpretaciones de la vida que integran al ser humano con la naturaleza, a través de una experiencia vital de carácter holístico. Algunas de estas interpretaciones se aplican en la actualidad, pero se ven amenazadas por la cultura capitalista, y es necesario rescatarlas, visibilizarlas y comprenderlas.

Un intento intelectual de recuperar las distintas formas de vida en consonancia con la naturaleza es el libro Pluriverso: Un Diccionario del Posdesarrollo (Kothari et al., 2019). El principio central de esta obra es que el concepto de desarrollo debe ser deconstruido, puesto que no respeta la vida. Incluye una serie de definiciones en una sección llamada «Universalizar la tierra: soluciones reformistas», que detalla las innovaciones propuestas, principalmente desde el Norte. Según los editores, estas soluciones serían, en el mejor de los casos, despilfarros y distracciones con ánimo de lucro; entre las que se citan conceptualizaciones como el desarrollo sostenible, ecomodernismo, neoextractivismo, economía verde y economía circular. La siguiente sección, «Un pluriverso de personas: iniciativas transformadoras», contiene propuestas que se presentan como alternativas transformadoras, incluyendo enfoques culturales como el Buen Vivir (de los Andes en América Latina), Ubuntu (Sudáfrica), y otras definiciones relacionadas con el swaraj gandhiano. Otras entradas del libro están relacionadas con religiones, como el budismo y la compasión basada en la sabiduría, la ecoteología cristiana, el hinduismo, y la ética islámica. Estos puntos de vista son, en la mayoría de los casos, formas ancestrales de vivir en armonía con la tierra. Se remontan a siglos atrás y siguen influyendo en diferentes culturas en cierto grado, a pesar de la influencia cultural de la idea de desarrollo dominante.

Desde nuestra perspectiva, estas alternativas proponen trascender la violencia capitalista. Algunos aspectos de las religiones mayoritarias pueden contribuir en esta senda. Un ejemplo muy claro de esto es el budismo, al que recurrimos en este apartado, debido a la popularización en occidente de las técnicas de meditación, y el interés científico que ha generado esta práctica. Como segundo ejemplo, recurrimos a un esfuerzo científico para comprender las virtudes de integrar al ser humano en su medio natural: la conexión con la naturaleza.

El budismo y la desvinculación del capitalismo

Una práctica esencial en el budismo, crecientemente popularizada en todo el mundo, es la meditación. Los monjes budistas son expertos en meditación, ya que practican horas al día. La adopción de esta práctica por países del mundo occidental ha sido etiquetada como mindfulness, una práctica que se ha extendido por todo el planeta.

Mindfulness se refiere a estar y experimentar el momento presente con ecuanimidad, atención, compasión y conciencia (Brown, Ryan y Creswell 2007; Ericson, Kjønstad y Barstad 2014). La meditación desde una óptica budista es, sin embargo, inseparable del marco filosófico budista. Un aspecto esencial para el budismo, que se fomenta desde ciertas formas de meditación, es la compasión. La compasión es difícil de expresar con palabras, ya que tiene que provenir de la experiencia. Según un monje participante en un taller de compasión: «la compasión pretende ser un estado más allá de la tristeza, en el que el corazón está lleno de una voluntad de ayudar a los que sufren. En la compasión, la visión o contemplación del sufrimiento mueve a la acción» (Davidson y Harrington 2002). El pacifista Marshall Rosenberg define la compasión como «un flujo entre yo y los demás basado en la entrega mutua del corazón» (Rosenberg 2003). Dado que el mindfulness contiene la posibilidad de cultivar la semilla de la compasión, es muy deseable para la felicidad de las personas y la preservación de la naturaleza. Como dice Laszlo Zsolnai, una mente compasiva está «Menos dispuesta a explotar a otras personas y al medio ambiente con el fin de obtener un beneficio» (Zsolnai 2011). Por ello, es una herramienta contra la violencia derivada del capitalismo y hacia una cultura de paz.

En relación con la meditación y la compasión, el cese del sufrimiento también es fundamental en el budismo. Los valores budistas proponen que la forma de cesar el sufrimiento, y por lo tanto alcanzar una sensación de auténtica felicidad, es seguir el óctuple sendero. Este sendero consiste en una visión ética que implica lo que Buda llamó el camino del medio, un camino intermedio entre la vida material y la espiritual. Según Peter Daniels, desde una óptica económica, el camino del medio «es un enfoque equilibrado en el que las necesidades básicas y los deseos que realmente aumentan el bienestar pueden, y deben, satisfacerse para todas las personas. Esto abarcaría naturalmente la alimentación, el vestido, el calor, la vivienda y la mayoría de los servicios ecológicos, así como la seguridad psicológica de las necesidades sociales y comunitarias». (Daniels 2010a). El óctuple sendero se basa en los requisitos para alcanzar el bienestar, que implican sabiduría (comprensión correcta, aspiración correcta), moralidad (palabra correcta, acción correcta, medios de vida correctos) y concentración mental (esfuerzo correcto, atención correcta, concentración correcta)» (Daniels 2010a). Cabe destacar que no sólo se lograría el bienestar individual, sino también el bienestar colectivo, además del bienestar de las generaciones futuras, que mejoraría gracias a un comportamiento más sostenible.

La unión entre bienestar colectivo, comportamiento pro-ambiental y la práctica de la meditación ha sido tenida en cuenta por las ciencias sociales. El mindfulness está relacionada con la felicidad individual y un mayor comportamiento proambiental (Brown y Kasser 2005; Jacob, Jovic y Brinkerhoff 2009). También disminuye los deseos, lo que se traduce en un consumo más sostenible, ya que las personas pueden sentirse más satisfechas con lo que tienen (Brown et al. 2009). Además, la meditación budista cultiva estados mentales virtuosos que aumentan las emociones positivas y disminuyen las negativas. Varias pruebas neurológicas en laboratorio lo han corroborado (Barinaga 2003; Davidson y Begley 2013). Por tanto, la adopción del camino medio implica, desde una perspectiva económica, un aumento de la felicidad y del comportamiento proambiental y una disminución de la huella ecológica, mediante una baja tasa de consumo material (Zsolnai 2016). También significa renunciar a la fuente de insatisfacción de las personas. Según la Segunda Noble Verdad, una de las principales enseñanzas de Buda, entre los pilares fundamentales del sufrimiento está el apego a los fenómenos externos. El camino medio invita a destruir la falsa idea de felicidad consistente en que los acontecimientos externos, como el aumento del consumo o la búsqueda del éxito, aportarían satisfacción (Daniels 2010b). El lama Lobsang Tsultrim (1999) lo explicaba así: «Mientras estamos apegados a las cosas de esta vida, a los intereses mundanos, no encontramos las causas para tener una felicidad sólida, es como intentar calmar la sed bebiendo el agua de un espejismo. Sin embargo, con la falta de apego nos sentimos contentos en cada situación, nuestra felicidad permanece inalterable».

Los efectos de la conexión con la naturaleza

Desde una concepción empirista, en las ciencias sociales y en psicología se ha estudiado la conexión con la naturaleza. En términos generales, la conexión con la naturaleza puede entenderse como el sentimiento de unidad con la naturaleza, una medida de hasta qué punto una persona ve el mundo natural y a sí misma como interconectados. La literatura científica ha propuesto diversas interpretaciones y medidas relacionadas con el concepto de conexión con la naturaleza, abarcando desde aspectos afectivos y cognitivos hasta facetas de compromiso e identidad. Por ejemplo, Schultz (2002) define la conexión con la naturaleza como el grado en que una persona incluye la naturaleza en su representación cognitiva de sí misma. En cambio, Mayer y Frantz (2004) entienden este concepto como la conexión afectiva y experiencial de un individuo con la naturaleza, refiriéndose a la medida en que las personas se ven a sí mismas como miembros igualitarios de una comunidad natural más amplia, se sienten afines a ella y consideran que su bienestar está relacionado con el bienestar del mundo natural. Otros autores, como Clayton (2003), lo definen como un sentimiento de conexión con el entorno natural que afecta a la forma en que las personas perciben el mundo y actúan ante él.

Los instrumentos utilizados para medir la conexión con la naturaleza también difieren en cuanto a su formato. La mayoría de las medidas se basan en escalas tipo Likert para mostrar el grado de acuerdo con una serie de afirmaciones. Este es el caso de las escalas propuestas por Kals et al. (emotional affinity toward nature, 1999), Clayton (environmental identity, 2003), Mayer y Frantz (connectedness to nature scale, 2004), Davis et al. (commitment to nature, 2009) y Nisbet et al. (nature relatedness, 2009). Sin embargo, existen también medidas gráficas, como la escala propuesta por Schultz (inclusion of nature in self scale, 2002), basada en una serie de diagramas en los que se representan dos círculos superpuestos en diferentes grados, uno denominado «Yo» y el otro «Naturaleza». Otras medidas, como la introducida por Dutcher et al. (connectivity with nature, 2007) combinan escalas tipo Likert con una pregunta gráfica.[4] A modo de ilustración, presentamos la escala de Shultz (2002) en la figura 5.

---

4. Para una comparación de diferentes conceptualizaciones y medidas de conexión con la naturaleza, véase Tam (2013).

Figura 5: Escala de inclusión de la naturaleza en el ser.

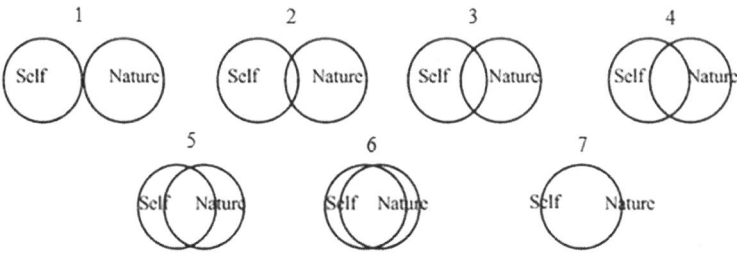

Fuente: Schultz (2002). Traducción propia: Por favor pon un círculo en la imagen de más abajo que mejor describa tu relación con el medio natural. ¿Cómo de interconectado estás con la naturaleza? Un círculo representa a uno/a mismo/a, y el otro la naturaleza.

Con independencia de la medida empleada, los estudios empíricos coinciden y avalan la importancia de la conexión con la naturaleza para el bienestar de las personas. Sentirse conectado a la naturaleza se asocia con un mayor bienestar hedónico, comprendiendo una mayor satisfacción con la vida, felicidad y afecto positivo (Capaldi et al., 2014); así como con mejores niveles de bienestar eudaimónico, incluyendo indicadores de crecimiento personal, vitalidad, autonomía, propósito en la vida y autoaceptación (Pritchard et al. 2020). Los beneficios de la conexión con la naturaleza sobre el bienestar podrían explicarse desde una perspectiva evolutiva. De acuerdo con la hipótesis de la biofilia propuesta por Wilson (1984), dado que los seres humanos hemos evolucionado en la naturaleza, formando parte de ella, hemos desarrollado una necesidad innata de conectar con el mundo natural y afiliarnos con otras formas de vida.

Además, la evidencia indica que el sentido de conexión con la naturaleza no solo repercute en el bienestar de las personas, sino que es un elemento fundamental para el bienestar planetario. Una mayor conexión con la naturaleza está relacionada con una mayor preocupación medioambiental y una mayor probabilidad de mostrar un amplio rango de comportamientos pro-ambientales, como reciclar, conservar agua y energía, consumir de forma consciente o hacer donaciones para la protección de la naturaleza (Geng et al., 2015; Ibáñez-Rueda et al., 2022; Martin et al., 2020). Por el contrario, cuando las personas se conciben separadas de la naturaleza, son menos propensas a actuar en favor del medio ambiente. En este sentido, Kellert (2002) vinculó los problemas medioambientales a la desconexión con el mundo natural, al argumentar que las sociedades actuales se han distanciado tanto de sus orígenes naturales que no reconocen la dependencia básica de nuestra especie respecto a la naturaleza. Como sabiamente escribió el ecologista y pensador Aldo Leopold (1949), «maltratamos la tierra porque la consideramos un producto que nos pertenece. Cuando la veamos como una comunidad a la que pertenecemos, quizá empecemos a tratarla con amor y respeto» (p. 15).

DISCUSIÓN Y CONCLUSIONES

En este capítulo hemos presentado algunos apuntes sobre la violencia inherente al sistema capitalista, y algunas ideas sobre alternativas. Después de introducir los aspectos violentos del capitalismo, hemos tratado modelos de necesidades humanas, pensados principalmente desde una perspectiva occidental. También hemos presentado la perspectiva pacifista gandhiana, que pretende garantizar el bienestar de todas las personas, y otras perspectivas desde otras culturas, poniendo un énfasis en la conexión con la vida.

También hemos proporcionado una perspectiva científica a cuestiones como las bondades de la práctica de la meditación, desde el enfoque ético budista, o la conexión de la naturaleza, subrayando la importancia de visibilizar en la ciencia una concepción holística de la vida. Sin embargo, si empatizamos con algunas voces disidentes, apegadas al sistema capitalista y sus bondades, podemos intuir que algunas de estas ideas puedan sonar estrafalarias. Por nuestra parte, entendemos que ideas relacionadas con la generación de un sistema económico centrado en los requerimientos de la vida están lejos de ser estrafalarias: En primer lugar, porque vienen acompañadas de una menor violencia y una mayor satisfacción de las necesidades humanas que la concepción capitalista. En este sentido, el epíteto de estrafalario debería corresponder a la opción ideológica que genera una mayor destrucción de la vida. En segundo lugar, no están carentes de una visión científica: Los modelos de necesidades humanas presentados en este capítulo parten de la Academia, y la evidencia científica sobre los efectos positivos en el bienestar individual y colectivo de distintos modos de vida son muy abundantes. Por cuestiones de espacio y de exposición argumental, no hemos podido ser exhaustivos, pero hemos aportado algunas líneas al respecto.

Existe una limitación a este trabajo, relacionada con la posible aplicación política de estas medidas: ¿Cómo trascender la visión capitalista hacia ideas holísticas sin utilizar la violencia? Crear una hoja de ruta en esta dirección está más allá de los límites de este capítulo, pero reconocemos que esta falta de hoja de ruta, que nos resulta difícil de elaborar, resta importancia a la utilidad práctica de estas ideas. Sin embargo, en respuesta a esta crítica nos gustaría añadir que la preservación de estos puntos de vista, tal vez podrían permitir a unas mentes y corazones más brillantes elaborar esta hoja de ruta.

Pensamos que otras alternativas son más que recomendables, y que estas deben de estar centradas en el respecto de las necesidades humanas. Es decir, defendemos la urgencia de cambiar de una ficción a otra: renunciar a la ficción capitalista por otra ficción más útil para la vida. En el famoso libro Sapiens (2014), Yuval Noah Harari relataba cómo la colaboración, guiada por distintas ficciones, permitió al homo sapiens desarrollarse en sociedades complejas. Las ficciones no son reales, pero tampoco son mentiras: ficciones deseables permiten inspirar a las personas a colaborar entre ellas, caminar y soñar juntas. Hojas de ruta que se inserten en ficciones que no generen violencia sino que se muevan motivados por el respeto a la vida hacia una cultura de paz, son fundamentales para la humanidad. La Universidad tiene un papel fundamental en este cometido, por el papel de generación de conocimiento que tiene en la sociedad. Las ciencias económicas y las ciencias sociales deben de estar basadas en paradigmas de cooperación y respeto, y apuntar a satisfacer las necesidades de todas las personas y a garantizar un mundo de paz.

BIBLIOGRAFÍA

Alkire, Sabina (2002). Dimensions of human development. *World development*, 30(2), 181-205.

Barinaga, Marcia (2003). Studying the Well-Trained Mind. *Science*, 302(October), 44-46.

Brown, Kirk Warren, & Kasser, Tim (2005). Are Psychological and Ecological Well-Being Compatible? The Role of Values, Mindfulness, and Lifestyle. *Social Indicators Research*, 74(2), 349-368.

Brown, Kirk Warren, Kasser, Tim, Ryan, Richard, Linley, Alex, & Orzech, Kevin (2009). When what one has is enough: Mindfulness, financial desire discrepancy, and subjective well-being. *Journal of Research in Personality*, 43(5), 727-736.

Brown, Kirk Warren, Ryan, Richard, & Creswell, J. David (2007). Mindfulness: Theoretical foundations and evidence for its salutary effects. *Psychological Inquiry*, 18(4), 211-237.

Capaldi, Colin A., Dopko, Raelyne L., & Zelenski, John M. (2014). The relationship between nature connectedness and happiness: A meta-analysis. *Frontiers in psychology*, 976.

Clayton, Susan (2003). Environmental identity: A conceptual and an operational definition. En S. Clayton, S. Opotow (Eds.), Identity and the natural environment: The psychological significance of nature. *MIT Press*: Cambridge, MA.

Daniels, Peter L. (2010a). Climate change, economics and Buddhism - Part 2: New views and practices for sustainable world economies. *Ecological Economics*, 69(5), 962-972.

Daniels, Peter L. (2010b). Climate change, economics and Buddhism - Part I: An integrated environmental analysis framework. *Ecological Economics*, 69(5), 952-961.

Davidson, Richard J. (2012). The Emotional Life of Your Brain: How Its Unique Patterns Affect the Way You Think, Feel, and Live--and How You Can Change Them. *Penguin: London*.

Davidson, Richard J., & Harrington, Anne (2002). Visions of Compassion: Western Scientists and Tibetan Buddhists Examine Human Nature. *Oxford University Press*: Oxford.

Davis, Jody L., Green, Jeffrey D., & Reed, Allison (2009). Interdependence with the environment: Commitment, interconnectedness, and environmental behavior. *Journal of environmental psychology*, 29(2), 173-180.

Doyal, Len, y Gough, Ian (1994). Teoría de las necesidades humanas. *Icaria.* Barcelona.

Dutcher, Daniel D., Finley, James C., Luloff, A. E., & Johnson, Janet B. (2007). Connectivity with nature as a measure of environmental values. *Environment and behavior*, 39(4), 474-493.

Ericson, Torgeir, Kjønstad, Bjørn G., & Barstad, Anders (2014). Mindfulness and sustainability. *Ecological Economics*, 104, 73-79.

Fisas, Vicent (1998) Cultura de paz y gestión de conflictos. *Icaria.* Barcelona.

Gandhi, Mohandas K. (1932). From Yeravda Mandir. Navajivan: Ahmedabad.

Gandhi, Mohandas K. (1957). *The Story of My Experiments with Truth.* Ahmedabad: Nvajivan Publishing House.

Gandhi, Mohandas K. (1968). *The Selected Works of Mahatma Gandhi Vol 5. The Voice of Truth.* Navajivan Publishing House: Ahmedabad.

Galtung, Johan (1969) Violence, Peace, and Peace Research, *Journal of Peace Research*, 6(3), pp. 167-191.

Galtung, Johan (1990) Cultural Violence, *Journal of Peace Research*, 27(3), pp. 291-305.

Geng, Liuna, Xu, Jingke, Ye, Lijuan, Zhou, Wenjun, & Zhou, Kexin (2015). Connections with nature and environmental behaviors. *PloS one*, 10(5), e0127247.

Ghosh, B. N. 2012. Beyond Gandhian Economics: Towards a Creative Deconstruction. *SAGE India*: New Delhi.

Guillén-Royo, Mónica (2016). *Sustainability and Well-Being*. Routledge.

Guillen-Royo, Mónica, Guardiola, Jorge and Garcia-Quero, Fernando (2017). Sustainable Development in Times of Economic Crisis: A Needs-Based Illustration from Granada (Spain). *Journal of Cleaner Production* 150: 267-76.

Harari, Yuval Noah (2014). Sapiens. De animales a dioses: Una breve historia de la humanidad. *Debate*: Madrid.

Hickel, Jason (2017). The divide: A brief guide to global inequality and its solutions. *Random House:* London.

Ibáñez-Rueda, Nazaret, Guardiola, Jorge, & González-Gómez, Francisco (2022). The role of nature contact and connectedness to nature as determinants of household water use: A case study from Spain. *Water and Environment Journal*, 36(2), 282-291.

Kals, Elisabeth, Schumacher, Daniel, & Montada, Leo (1999). Emotional affinity toward nature as a motivational basis to protect nature. *Environment and behavior*, 31(2), 178-202.

Kellert, Stephen R. (2002). Experiencing nature: affective, cognitive, and evaluative development in children. En J.P.H. Kahn, S.R. Kellert (Eds.), Children and nature: psychological, sociocultural, and evolutionary investigations. *MIT Press*: Cambridge, MA.

Kothari, Ashish, Salleh, Ariel, Escobar, Arturo, Demaria, Federico, & Acosta, Alberto (2019). *Pluriverso: un diccionario del posdesarrollo*. Icaria: Barcelona.

Koshal, Rajindar K., and Koshal, Manjulika 1973. «Gandhian Economic Philosophy.» *American Journal of Economics and Sociology* 63 (1): 1-18.

Leopold, Aldo (1949). Un año en Sand County. *Errata naturae*.

López Martínez, Mario (2017). ¿Noviolencia o barbarie? *Dykinson:* Madrid.

Martin, Leanne, White, Matthew P., Hunt, Anne, Richardson, Miles, Pahl, Sabine, & Burt, Jim (2020). Nature contact, nature connectedness and associations with health, wellbeing and pro-environmental behaviours. *Journal of Environmental Psychology*, 68, 101389.

Maslow, Abraham H. (1943). A theory of human motivation. *Psychological review*, 50(4), 370.

Max-Neef, Manfred, Elizalde, Antonio, & Hopenhayn, Martin (1994). *Desarrollo a escala humana: conceptos, aplicaciones y algunas reflexiones*. Icaria: Barcelona.

Mayer, F. Stephan, & Frantz, Cynthia McPherson (2004). The connectedness to nature scale: A measure of individuals' feeling in community with nature. *Journal of environmental psychology*, 24(4), 503-515.

Nisbet, Elizabeth K., Zelenski, John M., & Murphy, Steven A. (2009). The nature relatedness scale: Linking individuals' connection with nature to environmental concern and behavior. *Environment and behavior*, 41(5), 715-740.

Pinker, Steven (2018). *En Defensa de la Ilustración*. Paidós: Madrid.

Polanyi, Karl (2003). *La gran transformación*. Fondo de Cultura Económica: México.

Pritchard, Alison, Richardson, Miles, Sheffield, David, & McEwan, Kirsten (2020). The relationship between nature connectedness and eudaimonic well-being: A meta-analysis. *Journal of happiness studies*, 21, 1145-1167.

Raworth, Kate (2018). *Economía rosquilla*. Paidós: Madrid.

Rojas, Mariano, Méndez, Alfonso, & Watkins-Fassler, Karen (2023). The hierarchy of needs empirical examination of Maslow's theory and lessons for development. *World Development*, 165, 106185.

Rosenberg, Marshall B. (2011). *Comunicación no violenta: un lenguaje de vida*. Gran Aldea Editores: Madrid.

Ruskin, John (2002). *A este último*. Alhulia: Salobreña.

Schultz, P.Wesley (2002). Inclusion with Nature: The Psychology of Human-Nature Relations. En P. Schmuck, W.P. Schultz (Eds.), *Psychology of Sustainable Development*. Springer: Boston, MA.

Tam, Kim-Pong (2013). Concepts and measures related to connection to nature: Similarities and differences. *Journal of environmental psychology*, 34, 64-78.

Tsultrim, Lama Lobsang (1999). *La doble trampa de apego y el rechazo*. Dharma: Madrid.

Weber, Thomas (1999). Gandhi, Deep Ecology, Peace Research and Buddhist Economics. *Journal of Peace Research* 36 (3): 349-61.

Wilson, Edward O. (1984). Biophilia. *Harvard University Press*: Cambridge.

Zsolnai, Laszlo (2011). *Ethical principles and economic transformation-- a Buddhist approach*. Springer: Heidelberg.

Zsolnai, Laszlo (2016). Buddhism and Economic Development. In G. D. Deangelis & T. Lewis (Eds.), Teaching Buddhism (pp. 344-360). *Oxford University Press*: Oxford.

CAPÍTULO 6
UNIVERSIDAD LIBRE DE ESCLAVITUD MODERNA: LA COMPRA PÚBLICA COMO HERRAMIENTA DE PROMOCIÓN DEL RESPETO A LOS DERECHOS HUMANOS

Xènia Domínguez Font
(Centro de Iniciativas de Cooperación al Desarrollo –
CICODE - Universidad de Granada)

INTRODUCCIÓN

El 14 de septiembre de 2022 la Comisión Europea propuso prohibir por ley la entrada en el mercado europeo de productos fabricados con trabajo forzoso, tanto productos fabricados en la Unión Europea para el consumo interno y la exportación, como los bienes importados de otros países. Una medida que, aún no aprobada y con ciertas limitaciones, consideramos más que necesaria si nos basamos en los indicadores de trabajo forzoso de la Organización Internacional del Trabajo (OIT). En su último informe 'Estimaciones mundiales sobre la esclavitud moderna' (ILO, 2022) elaborado junto a Walk Free y la Organización Internacional para las Migraciones (OIM), revela el estremecedor dato de que 50 millones de personas son víctimas de esclavitud moderna, una cifra que no ha parado de crecer.

Aunque pudiera parecer que la esclavitud era cosa del pasado, las escandalosas cifras hablan por sí solas. Y no solo hablan las cifras. Haciendo una búsqueda rápida en internet podemos encontrar múltiples casos documentados y recientes sobre esclavitud moderna. Por ejemplo, en julio de 2019 salía a la luz una investigación que documentaba casos de trabajo forzoso bajo prácticas de retención de pasaportes, amenazas violentas e importantes reducciones salariales al personal migrante en una fábrica de Malasia proveedora de los principales productores de chips de Europa y de los Estados Unidos[1]. Durante la construcción del famoso estadio de la Copa Mundial 2022 en Qatar se denunciaron múltiples casos de explotación laboral, trabajo forzado y falta de seguridad laboral con más de 500 víctimas mortales, siendo el 90% de la mano de obra, trabajadores migrantes[2]. Nasreen Sheikh[3] es una joven nepalí superviviente de la pobreza extrema y del trabajo infantil en el sector de la confección, el textil y el calzado que actualmente lucha por una legislación europea que garantice salarios dignos para quienes hacen la ropa.

Estos son solo tres de los múltiples casos de trabajo forzoso que existen actualmente en el mundo. No son casos aislados ni tampoco casos lejanos, ya que muchos de los productos que consumimos pueden ocultar dichas prácticas. Al igual que podemos encontrar casos geográficamente más cercanos, como el de la detención de un empresario en agosto de 2022 en Mallorca por tener a sus empleados con jornadas de 12 horas, sin casi días libres, sin dar de alta a la seguridad social, con impagos de nóminas y con casos de abuso físico[4]. O en marzo de 2023 cuando se publicó un informe realizado por la organización Ethical Consumer[5] sobre las condiciones laborales de las personas trabajadoras en la recogida de la fresa en Huelva, representada principalmente por migrantes procedentes de Marruecos y del África al Sur del Sáhara, en el que se denunciaban salarios de miseria, condiciones de vivienda insalubres y retención de pasaportes o de sueldos como forma de coacción para que siguieran trabajando.

La crisis de la Covid-19 ha generado e incrementado la presión sobre los derechos laborales, económicos, sociales, culturales y am-

---

1. Véase noticia en La Directa del 1 de julio de 2019: https://directa.cat/els-productes-electronics-europeus-fabricats-a-malaisia-oculten-treball-forcos/
2. Véase 'Qatar la Copa Mundial de la vergüenza: https://www.amnesty.org/es/latest/campaigns/2016/03/qatar-world-cup-of-shame/
3. Véase: https://www.nasreensheikh.org/
4. Véase noticia en El Diario del 24 de agosto de 2022: https://www.eldiario.es/illes-balears/economia/detenido-empresario-denunciado-empleados-jornadas-12-horas-dias-libres-dar-alta_1_9264332.html
5. Véase en: https://www.ethicalconsumer.org/food-drink/horrific-conditions-workers-supplying-fruit-vegetables

bientales y sobre la vulneración de los derechos humanos de millones de personas en el Sur Global. Ejemplos de ello son la reducción de salarios, el impago o cancelación de pedidos, el cierre de fábricas, la reducción unilateral de precios o el impago de indemnizaciones. Estas son prácticas habituales de los empresarios que tienen deslocalizada su producción, dejando en graves dificultades a las personas trabajadoras, en su mayoría mujeres[6]. Afectaciones que se vieron agravadas por el pánico generalizado a un posible desabastecimiento y el inicio del conflicto armado en Ucrania. Esta situación hace evidente la urgencia de trabajar colectivamente para prevenir los abusos cometidos contra los derechos de las personas y contra el medio ambiente y la importancia de proteger la biodiversidad, la multiculturalidad y los derechos territoriales.

La esclavitud es un fenómeno que persiste a pesar de los numerosos convenios, declaraciones, protocolos y recomendaciones sobre la erradicación, prevención del trabajo forzoso y para la protección, acceso a la justicia y reparación a las víctimas. Éste es inherente al sistema socioeconómico actual y, cabe preguntarse, en qué se basa la esclavitud de nuestro tiempo y dónde radica la responsabilidad. En ese sentido, este artículo realiza un breve recorrido sobre la esclavitud moderna, remarcando los pilares estructurales que la mantienen, así como sobre las formas y modos de esclavitud actuales, para subrayar la necesidad de mecanismos de regulación dirigidos a la mitigación de riesgos y control de las actuaciones de las empresas transnacionales. A este respecto, se reflexionará sobre la compra pública socialmente responsable y en propuestas de acción hacia una universidad libre de esclavitud moderna en la adquisición de bienes. Específicamente, se describe cómo la compra pública socialmente responsable es una herramienta estratégica y valiosa de mitigación de riesgos y, de mejora las condiciones de vida de las personas vinculadas a la producción de bienes y servicios que adquieren las universidades, así como en la promoción de productos libres de esclavitud y de injusticias sociales y ambientales.

---

6. Véase informes sobre impacto del Covid-19 en las trabajadoras de la confección en Worker Rights Consortium: https://www.workersrights.org/issues/covid-19/

GLOBALIZACIÓN, POBREZA Y RACISMO: CALDO DE CULTI-
VO DE LA ESCLAVITUD

La globalización ha generado cambios significativos y estructurales en las relaciones entre los diferentes estados, actores, instituciones
y personas (Unceta, 2014). Cambios, que se han materializado en los
objetivos, formas de vida y deseos de las sociedades e individuos en
todo el mundo y que han conllevado transformaciones muy rápidas en
todos los ámbitos y niveles, tanto en lo local como en lo global.
Con la globalización y la internacionalización de la economía
mundial, primero a través del comercio y después a nivel de la inversión exterior, emergieron nuevos actores no estatales conforma-
dos como grandes corporaciones transnacionales consideradas como
«una de las expresiones principales de la expansión transnacional del
capitalismo contemporáneo» (Calduch, 1991:29). Éstas han recon-
figurado las relaciones y reglas del poder y actualmente constituyen
las estructuras básicas del sistema económico-financiero mundial,
grandes oligopolios que «sustituyeron al mercado 'libre'» (Teitelbaum,
2012: 115) y que son más poderosas que numerosos estados. A modo
de ejemplo, la organización no gubernamental Global Justice Now[7]
publicó en 2016 una clasificación en la que comparaba la cifra de
negocio de las principales empresas con los ingresos presupuestarios
de los países y concluyó que si Walmart, la cadena norteamericana
de grandes almacenes, fuera un Estado, ocuparía el décimo puesto,
por detrás de EEUU, China, Alemania, Japón, Francia, Reino Unido,
Italia, Brasil y Canadá. En este sentido 69 de los 100 primeros puestos
estarían representados por empresas. Si bien la capacidad de influencia no se mide necesariamente por la facturación de una empresa en
relación con el PIB de un país, hay muchos más matices, estas cifras
permiten hacernos una idea del poder que ostentan y su capacidad de
influencia política.
Una de las grandes ausencias frente al auge vertiginoso de las
empresas transnacionales fue el diseño de un régimen normativo e

---

7. Véase: https://www.globaljustice.org.uk/wp-content/uploads/2016/09/
controlling_corporations_briefing.pdf

institucional global regulatorio que protegiera a las naciones, su ciudadanía y a la naturaleza del nuevo orden internacional (Sanahuja,
2009). La correlación de fuerzas entre el capital transnacional y las
mayorías sociales es diametralmente desigual haciendo que se aplique
el Derecho Comercial Global, o *lex mercatoria*, que tutela los intereses
de las empresas transnacionales mediante normativas estatales y tratados internacionales, por encima del Derecho Internacional basado en
los Derechos Humanos (Hernández, 2008). Resultando una gobernanza mundial asimétrica (Verger & Llistar, 2005). En ese sentido, la
dinámica de la globalización no sólo ha aumentado y profundizado
el grado de vulnerabilidad de los países, de las instituciones y de las
personas, sino que ha aumentado los riesgos a los que el sistema y
su ciudadanía tiene que enfrentarse, como señala Millán (2012). Un
enfoque que pone de relieve que los factores exógenos, institucionales
y globales (la deuda externa, el comercio, las inversiones, la globalización financiera, la contaminación global o los efectos del cambio
climático) condicionan las vidas de las diferentes sociedades y son a los
que se enfrentan también los Estados, siendo sus fronteras semi-per-
meables (Pogge, 2006; 2008).

No es un enfoque nuevo, Wallerstein en 1975 ya lo argumen-
tó en la teoría estructuralista del 'sistema mundial'. En contra de las
teorías de la modernización, Wallerstein defendía tres posiciones je-
rarquizadas del sistema-mundo: el Centro, la Periferia y la Semiperiferia (Llistar, 2015). Para que exista un Centro enriquecido, tiene que
existir una Periferia usurpada. El Centro se vincula a la Periferia y a
la Semiperiferia de manera explotadora, creando formas de dominación a escala nacional e internacional y generando una distribución
desigual de recursos, bienes y ganancias que configurarán la base de la
desigualdad. Primero, mediante la colonización, en la que la Periferia
exportaba productos primarios y el Centro los manufacturaba; y después mediante las empresas transnacionales, en las que la Periferia y
la Semiperiferia extraen los productos primarios y los manufacturan
en un complejo entramado de redes de importación-exportación, y el
Centro los distribuye y comercializa. Siendo una nueva forma de organización de la producción y la distribución de la riqueza global. Esta
teoría contradice las vertientes neoliberales centradas en los factores
endógenos de los países para señalar las causas de la pobreza y refuerza

la importancia de las interrelaciones existentes, aunque muchas veces invisibilizadas, que sostienen las desigualdades entre el Norte y el Sur Global.

Otra de las transformaciones importantes de las relaciones de poder en la globalización es la señalada por Llistar (2015). Argumenta que las distancias de interacción entre los diferentes actores del sistema se alargan, es decir, entre dominadores y dominados. Y esa distancia hace que las relaciones de explotación sean más complejas de percibir, incluso hasta podemos perder el rastro. Si nos centramos en el sector de la manufactura, por ejemplo, la deslocalización de la producción a países de economías empobrecidas del Sur, con el objetivo de disponer de mano de obra barata, y la ausencia de transparencia en las cadenas de suministro, provoca una serie de dificultades en el control de las actuaciones laborales, sociales y medioambientales de las empresas, y empeora con la subcontratación de partes importantes del proceso de fabricación. Se fomenta, de esa forma, la llamada arquitectura de impunidad de las empresas transnacionales (Hernández, 2009).

Las prácticas como la deslocalización, la división del trabajo por género y los procesos de feminización, informalización y flexibilización del trabajo propias de la globalización capitalista, no han hecho más que intensificar la pobreza generalizada y aumentar las desigualdades en todo el mundo. El nuevo informe sobre la Desigualdad Mundial así lo confirma, la mitad más pobre de la población mundial apenas posee el 2% de riqueza, mientras el 10% más rico posee el 76% de toda la riqueza del mundo (World Inequality Report, 2022[8]). Este panorama se mantiene e intensifica por el orden institucional y económico global que hace que las personas pobres, puedan salir de la pobreza extrema, pero no pueden dejar de ser pobres. Siendo la pobreza el factor considerado más determinante para que una persona termine siendo esclavizada (Bales, 2000; OIT, 2007).

Pogge (2006) en su análisis sobre las formas en las que el actual orden económico internacional empeora la situación de las personas más pobres, identifica como agravantes los Programas de Ajuste Es-

8. Véase: https://wir2022.wid.world/executive-summary/

tructural, el poder de las transnacionales, la globalización financiera, la liberalización del comercio y la contaminación global. Sin embargo, omite un componente crucial que empeora significativamente la situación de las personas más pobres: las políticas migratorias basadas en las fronteras cerradas (Arcos, 2015). La necropolítica y la criminalización de la migración, contribuye a la generación de pobreza y la creación de grupos especialmente vulnerables a la esclavitud. La crisis ecológica está afectando cada vez más los medios sostenibles de las comunidades rurales, siendo los países empobrecidos los que asumen las peores consecuencias. La precarización constante de los medios de vida, unida a la escasez de agua y alimentos, las guerras o sufrir persecuciones, son algunas de las razones que llevan a que las personas se desplacen a núcleos urbanos e industrializados donde hay una demanda constante de mano de obra, o que tomen la decisión de migrar a otro país u otro continente buscando mejores condiciones de vida. La situación irregular en la que se encuentran estas personas, sin acceso a los sistemas sociales de protección y de salud, sin conocer la lengua del país de destino, y con deudas por pagar, hace que acaben fácilmente atrapadas en redes criminales de explotación laboral o prostitución forzada. Según Bales (2000) la esclavitud de hoy en día no tiene que ver con motivos raciales, si no en el grado de vulnerabilidad de la persona, siendo el factor económico el más determinante. Estamos de acuerdo en que la riqueza es un factor clave que facilita y posibilita una posición social u otra, pero hay que tener en cuenta que el orden social y económico internacional es racista y, como tal, genera políticas discriminatorias que provocan y legitiman la exclusión y supresión de derechos a grandes grupos de población y, por tanto, les empuja a una situación de mayor precariedad y vulnerabilidad siendo la prevalencia de personas migrantes en situación de esclavitud el triple que las personas no migrantes (OIT, 2022). Por tanto, un factor desde nuestro punto de vista, muy relevante.

DE LA ESCLAVITUD TRADICIONAL A LA ESCLAVITUD MODERNA

La mayoría de las personas podría considerar que la esclavitud está relegada al pasado, una práctica que deshumaniza a las personas en todos los sentidos sería inconcebible e incompatible con la era de los derechos humanos y las diferentes convenciones y normativa internacional y nacional, ratificadas casi universalmente por todos los países. Sin embargo, lo cierto es que las cifras de personas víctimas de esclavitud no han parado de crecer, siendo actualmente 50 millones de personas (OIT, 2022). Sabemos que la esclavitud es ilegal en todo el mundo y ya no existe la propiedad legal de seres humanos. También sabemos que, al menos sobre el papel, es una práctica universalmente perseguida y condenada. De hecho, es uno de los primeros crímenes que pudo ser perseguido penalmente por la jurisdicción universal, junto a la piratería (Bassiouni, 2001). Sin embargo, eso no implica que se haya eliminado su práctica. Más bien al contrario, se ha convertido en un negocio de lo más lucrativo. Se siguen comprando esclavos y se ejercen todos los derechos de propiedad sobre ellos igual que en el pasado, aunque no exista ningún documento legal. Condición que, paradójicamente, ha beneficiado al esclavista, al poseer a esas personas, pero sin tener ninguna responsabilidad sobre ellas.

Si nos fijamos de entrada en el mismo término de esclavitud moderna, de manera intrínseca se alude a que ha habido otra esclavitud que, siguiendo una línea temporal lineal, la llamamos esclavitud tradicional o antigua y que esta difiere de la actual y, por ello, la necesidad de añadir un adjetivo que la complete, aunque en el fondo (y no en el modo), ésta sigue siendo la misma práctica que denigra y despersonaliza a las personas y las cosifica, lo mismo que pregonaba en su momento el modelo aristotélico (Casadei, 2018). A pesar de eso, la esclavitud se ha manifestado de diferentes formas a lo largo de la historia. Por tanto es relevante analizar los elementos diferenciadores para entender a qué se hace referencia cuando se habla actualmente de esclavitud moderna.

Siguiendo la clasificación de Casadei (2018) podríamos diferenciar tres tipos de esclavitud que se han dado a lo largo de la historia: la esclavitud de los antiguos, la esclavitud de los modernos, que optaremos por llamarla esclavitud colonial para no generar confusión, y la esclavitud moderna o contemporánea.

La esclavitud es una práctica casi tan antigua como la humanidad (Andrés-Gallego, 2005). Ésta se concebía como una condición natural de la sociedad. Las personas esclavas lo eran por naturaleza, se reconocían al servicio de una familia y estaban sujetos al régimen de propiedad para realizar las labores domésticas o satisfacer las necesidades y deseos de sus dueños. El esclavo era un instrumento necesario para el desarrollo de los hombres libres y, por tanto, considerado un elemento esencial para la vida familiar (García, 2008[9]).

La diferencia principal entre la esclavitud de los antiguos -o las formas históricas de esclavitud- y la esclavitud colonial, es que en ésta última se entendía al esclavo como una fuerza de trabajo mercantilizada, es decir, al que explotar para tener un beneficio económico. En el siglo XVI se convierte en un lucrativo y bien organizado negocio mediante el comercio y tráfico transatlántico de esclavos.

El tráfico de esclavos supuso una de las peores violaciones a los derechos humanos en la historia de la humanidad. Por sus 400 años de duración (hasta el siglo XIX); su magnitud, se calcula que más de 50 millones de personas fueron víctimas del tráfico de esclavos, sin contar a quienes murieron en la captura o en el transporte; y por su legitimación, por estar incluido en las leyes de la época mediante los 'códigos negros[10]' (Casadei, 2018). En ese periodo histórico, las personas objeto de la trata eran consideradas como mera propiedad que se compraba y vendía, mercancía que se transportaba como un producto y que se podía marcar, mutilar y torturar hasta sacar el máximo provecho. Como se trataba de una práctica lícita, no existía una definición legal de la misma hasta que en el siglo XVIII, la creciente oposición moral y política al comercio de esclavos fomenta los movimientos abolicionistas por parte de los Estados y se empieza a perfilar una definición de esclavitud (Hernández, 2017). El primer instrumento internacional

---

9. «Las partes de administración doméstica corresponde en aquellas de costa a su vez la casa, y la casa perfecta la integran esclavos y libres». García (2008:158)

10. Casadei hace referencia a los Slave Codes anglosajones, el Code Noir francés y los códigos negros españoles

que condenó esta práctica fue la Declaración de 1815 relativa a la abolición universal de la trata de esclavos (Weissbrodt & la Liga contra la Esclavitud, 2002). Sin embargo, no es hasta 1926 cuando se define lo que legalmente se entiende por esclavitud en la Convención sobre la Esclavitud[11] aprobada por la Sociedad de Naciones. En ella, se definía la esclavitud en su Artículo 1 como:

> «(…) el estado o condición de un individuo sobre el cual se ejercitan los atributos del derecho de propiedad o algunos de ellos», y añadía «la trata de esclavos comprende todo acto de captura, adquisición o cesión de un individuo para venderle o cambiarle; todo acto de cesión por venta o cambio de un esclavo, adquirido para venderle o cambiarle, y en general todo acto de comercio o de transporte de esclavos» (NNUU, 1926).

La Convención, entró en vigor en 1927 y se amplió en 1956 por las Naciones Unidas, para incluir el matrimonio forzado y otras prácticas análogas a la esclavitud que no se habían tenido en cuenta en la convención anterior. Así, por medio de la Convención suplementaria sobre la abolición de la esclavitud, la trata de esclavos y las instituciones y prácticas análogas a la esclavitud de 1956, se incluyó: la servidumbre por deudas, la servidumbre de la gleba, el matrimonio forzado, el trabajo infantil y la servidumbre infantil (NNUU, 1956).

A parte de sustentarse por estar recogida en la ley, por tanto, por su legalidad y vinculado al proyecto de modernidad («la creación del Estado-nación, el colonialismo y la definición de ciudadanía»), Casadei, 2018:45); la esclavitud colonial se amparaba por ser ideológicamente legítima al considerarse que, desde una base puramente racial, una parte de la población no era sujeto de derecho, siendo su única función el trabajo en régimen de esclavitud y bajo la propiedad del esclavista. Es decir, seres inferiores a los que dominar.

En cambio, la esclavitud moderna es un término, a priori, indeterminado, que carece de características claras y precisas. Así, la po-

---

11. Véase: https://www.ohchr.org/es/instruments-mechanisms/instruments/slavery-convention

demos encontrar en una amplia variedad de apariencias y tras «cortinas de humo legales» de diversa índole (Bales, 2000:6), es decir, se reconoce difícilmente. Esa es una de las principales diferencias que encontramos respecto a la esclavitud tradicional o las formas legales de esclavitud ilegal. Al ser ilegal ésta aflora en la clandestinidad y, por tanto, a pesar de la multitud de instrumentos jurídicos internacionales surgidos en las últimas décadas contra la esclavitud moderna, sigue suponiendo un reto a la hora de identificarla y, en consecuencia, a la hora de sancionarla y suprimirla. Algunas prácticas son más fáciles de identificar y medir, pero hay otras que suponen un desafío por las diferentes interpretaciones de las definiciones internacionales y su posterior aplicación a nivel nacional. Por lo tanto, es posible que los datos disponibles sean solo la punta del iceberg.

Beate Andrees, del Programa Especial de Acción para Combatir el Trabajo Forzoso de la OIT[12] ejemplifica dicha dificultad haciendo mención a que la Corte Suprema de la India había establecido que todas las personas que no reciben el salario mínimo estaban en servidumbre. ¿Podemos extrapolar entonces que todas esas personas son esclavas? se pregunta Andrees.

En un esfuerzo por delimitar el concepto de esclavitud podemos diferenciar dos corrientes principales: una basada en las formas que generan la esclavitud y, la otra, basada en el fondo de la relación de esclavitud.

En el primer caso, se propone limitar las formas de esclavitud como un intento de delimitar y universalizar su definición e interpretación para intentar no caer en absolutismos que nieguen de sentido el propio concepto (Weissbrodt & la Liga contra la Esclavitud, 2002). En ese sentido, se argumenta que la forma de hacerlo es mediante la definición sobre las prácticas que abarcan el concepto de esclavitud moderna. Según esta corriente se englobaría la servidumbre por deudas, la servidumbre de la gleba, el trabajo forzoso, la trata de personas, la prostitución forzada, el matrimonio forzoso, la venta de esposas, el trabajo infantil y la servidumbre infantil.

---

12. Véase: https://www.ilo.org/global/about-the-ilo/newsroom/news/WCMS_234932/lang--es/index.htm

La otra corriente, contrapuesta a la anterior, se centra en la propiedad como fondo, es decir, en la condición común de las situaciones de esclavitud, independientemente de la forma que tomen. Jean Allain, entre otros investigadores sobre los parámetros jurídicos de esclavitud, elaboraron en 2012 las Directrices Bellagio-Harvard en las que se define la esclavitud centrada en los atributos del derecho de propiedad. En ella se define que el derecho de propiedad debe ser entendido como «la manifestación de un control sobre una persona de tal manera que se le prive significativamente de su libertad individual, con intención de explotación mediante el uso, la gestión, el beneficio, la transferencia o el despojarse, de esa persona» (Red de investigadores sobre los Parámetros Jurídicos de Esclavitud, 2012: 2). El elemento principal que destacan es la posesión, entendida como la capacidad de ejercer un control sobre la persona, ya sea ejercido de forma física o mediante otras prácticas como es la retención de documentos de identidad, la restricción de la libertad de movimiento, la limitación al acceso a las autoridades estatales o a la justicia, o la imposición de una nueva religión, idioma, lugar de residencia o de un matrimonio forzado.

Desde otra perspectiva, Bales (2000) hace mención a que la diferencia principal entre la esclavitud tradicional y la esclavitud moderna está en que ésta última resta importancia a la cuestión de la propiedad legal de la persona, aspecto que hemos visto esencial en la primera definición de la esclavitud. En ese sentido, lo que cambia radicalmente es la relación existente entre esclavistas y esclavizados. Mientras que en la esclavitud tradicional la compra de un esclavo era una inversión importante que debía salvaguardarse mediante una propiedad clara y legalmente documentada, que valía la pena perseguir el/la esclavo/a en caso de huida y que existía un fuerte incentivo para mantenerlos con vida muchos años y, así, sacar rentabilidad (a pesar del trato inhumano al que estaban sometidos); en la esclavitud moderna los esclavos son *desechables*. A pesar de que el afán de lucro se mantiene, Bales argumenta que actualmente los esclavos cuestan tan poco que el derecho de propiedad, aparte de ser ilegal, es circunstancial y que se articula bajo un sometimiento a la víctima mediante la creación de una relación de dependencia. Asimismo, ya no existe el objetivo de sacar rentabilidad a largo plazo, si no de exprimir a la víctima en todos los sentidos sacando el máximo dinero posible a corto plazo hasta que, por alguna razón se acabe esa posibilidad. En tal sentido, hace una analogía y considera a las personas como un mero producto dentro de la economía de mercado, y argumenta que, según las leyes de la oferta y la demanda, el aumento de la población y de su vulnerabilidad hace que se produzca un exceso de esclavos potenciales, que su valor se haya desplomado, y que sean muy rentables para muchos trabajos, convirtiéndose en desechables y sustituibles si ya no interesan. Incluso resulta más rentable el hecho de reemplazarlos o dejarlos morir, igual que hacemos con los productos que ya no queremos o no sirven: son *desechables*.

Magnitud y alcance del fenómeno

En las últimas estimaciones sobre la esclavitud moderna, las cifras son abrumadoras. El último informe 'Estimaciones mundiales sobre la esclavitud moderna' de la Organización Internacional del Trabajo (OIT), Walk Free y la Organización Internacional para las Migraciones (OIM) (2020), revela que 50 millones de personas son víctimas de esclavitud moderna. Esta cifra no ha parado de crecer si la comparamos con el último informe publicado hace cinco años, siendo ahora 10 millones más las personas en situación de esclavitud.

Según la OIT la esclavitud moderna se define como «situaciones de explotación en las que una persona se encuentra y no puede rechazar o abandonar debido a amenazas, violencia, coerción, engaño y/o abuso de poder» (OIT, 2022:2). A pesar de no estar definida legalmente, el término se usa de forma general con dos componentes principales: las prácticas del trabajo forzoso y el matrimonio forzado. La esclavitud moderna se encuentra en casi todos los países del mundo y viene atravesada por aspectos culturales, étnicos y religiosos. Entre sus víctimas, 28 millones son obligadas a trabajar contra su voluntad y 22 millones a contraer y vivir en un matrimonio sin su consentimiento. Las mujeres y las niñas representan más de la mitad de las personas sometidas a esclavitud moderna (54%), siendo los colectivos más vulnerables.

A nivel global la esclavitud moderna representa el 6,4 de cada 1.000 personas y afecta a todas las regiones del mundo, siendo significativamente interesante la comparativa del reciente informe con el último publicado en 2017 (OIT, 2017). Mientras que África, en términos absolutos, era la región con mayor porcentaje de esclavitud moderna en 2017 con 7,6 de cada 1.000 personas, en el reciente informe los Estados Árabes encabezan la lista, pasando del 3,3 en 2017 al 10,1 por cada 1.000 personas en 2021. Un incremento alarmante, aún teniendo en cuenta que en el último informe se advertía de la dificultad acaecida en la obtención de datos de algunas regiones, haciendo mención específica a los Estados Árabes y las Américas. A la lista le sigue Europa y Asia central, con un incremento también significativo, con el 6,9 por cada 1.000 personas (siendo en 2017 el 3,9), Asia y el Pacífico con el 6,8 por cada 1.000 personas (siendo en 2017 el 6,1), África con el 5,2 por cada 1.000 personas (siendo en 2017 el 7,6) y las Américas con el 5,0 por cada 1.000 personas (siendo en 2017 el 1,9).

En términos absolutos son Asia y el Pacífico donde hay un mayor número de personas sometidas a esclavitud moderna, 29.3 millones de personas, lo que representa más de la mitad del total mundial y más de cuatro veces el de la región que le sigue, África. Aunque hay que tener en cuenta que estos datos están determinados por el tamaño de la población de cada región, es significativo a la hora de conocer dónde se concentra la esclavitud.

El trabajo forzoso se define como «todo trabajo o servicio exigido a un individuo bajo la amenaza de una pena cualquiera y para el cual dicho individuo no se ofrece voluntariamente» (OIT, Convenio sobre el trabajo forzoso, 1930). En el informe de la OIT (2022) distingue entre el impuesto por los Estados o el impuesto por el sector privado, ya sean particulares, grupos o empresas de cualquier actividad económica, incluyendo actividades que van más allá de la producción de bienes y servicios, como es la mendicidad. A la vez, el trabajo forzoso impuesto por el sector privado se divide entre la explotación laboral forzosa y la explotación sexual comercial forzada, incluyendo la de menores y la utilización, el reclutamiento o la oferta de niños para la producción de material de abuso sexual infantil.

Las cifras muestran un incremento en la prevalencia del trabajo forzoso en 2.7 millones de personas y concentradas en la economía privada, siendo el 86% de los casos, en comparación con el 14% impuesto por los estados. Los datos actuales sobre la trata de personas indican que el 63% de los casi 28 millones de personas en situación de trabajo forzoso, lo son con fines de explotación laboral (ILO, 2022). Está presente en todas las regiones del mundo, siendo la región de Asia y el Pacífico la que ostenta más de la mitad del total mundial (15,1 millones), seguida de Europa y Asia Central (4,1 millones), África (3,8 millones), las Américas (3,6 millones) y los Estados Árabes (0,9 millones). Como hemos visto anteriormente, esta clasificación cambia significativamente si la expresamos como proporción de la población, ocupando entonces la primera posición la región de los Estados Árabes (5,3 por cada mil personas). Un aspecto que sorprende es que más de la mitad de todo el trabajo forzoso se produce en los países de renta media-alta o alta. Estos resultados vienen determinados porque el trabajo forzoso se identifica con los países de renta alta y, específicamente, a sectores como la agricultura, el trabajo doméstico, la construcción, la pesca, la industria de la explotación sexual, y en la producción de materias primas en las cadenas de suministro globales y en la manufactura de bienes de consumo que están destinadas a los mercados del Norte Global.

Los niños y niñas representan el 12% de las personas que se encuentran atrapadas en el tráfico y explotación (3,3 millones de niños y niñas) debido a su especial vulnerabilidad. Los fines pueden ser diversos, como la explotación con fines sexuales, la explotación laboral, para la mendicidad, la utilización de los niños soldados en conflictos armados o para la extracción de órganos. No es hasta la convención suplementaria sobre la abolición de la esclavitud de 1956 que se incluye a los menores como víctimas de prácticas vinculadas a la esclavitud, complementada posteriormente por la Convención de los Derechos del Niño de 1989, que obliga a los Estados a proteger a la infancia frente a todas las formas de explotación económica y la realización de trabajos que puedan comprometer la salud o el desarrollo psíquico o intelectual del menor. En ella se contempla también la explotación sexual y el secuestro, venta o trata para fines de explotación, tanto sexuales como laborales, a nivel nacional y transnacional, y posteriormente es reforzada por otros protocolos específicos. Por parte de la OIT, destaca el Convenio para eliminar las peores formas de trabajo infantil aprobado en 1999 que cuenta con una ratificación casi universal. Si nos centramos únicamente en la explotación laboral, las estimaciones indican que 17,3 millones de personas son explotadas, de los cuales 1,3 millones son niños/as.

El trabajo forzoso está presente en prácticamente todos los sectores de la economía privada, siendo cinco sectores lo que acumulan el 87% del total: los servicios (32%) (excluyendo el trabajo doméstico), la industria manufacturera (18,7%), la construcción (16,3%), la agricultura (12,3%) (excluida la pesca) y el trabajo doméstico (8,2%). El sector de los servicios comprende un amplio abanico de actividades como el comercio, el transporte, la hostelería y los servicios sociales no comerciales, entre otros. El sector manufacturero implica desde la transformación de materias primas procedentes de la agricultura, la silvicultura, la pesca y la minería o la explotación de canteras, a la transformación de productos manufacturados para la elaboración de otro producto final, siendo los niveles inferiores de las cadenas de suministro donde se concentran la mayor parte de los casos de trabajo forzoso. En el sector de la agricultura encontramos también una amplia variedad de actividades, siendo los trabajos relacionados con los peldaños más bajos de las cadenas de suministro donde se concentra el trabajo forzoso, como la recolección de frutas y hortalizas, y este aumenta en caso de contratos realizados a través de intermediarios. El sector de la construcción y del trabajo doméstico son dos sectores con una importante dimensión racial y de género. La mayoría de casos de trabajo forzoso en el sector de la construcción son trabajadores migrantes con condiciones denigrantes y prácticas de contratación fraudulentas, mientras que las mujeres y mujeres migrantes representan una inmensa mayoría de casos de trabajo forzoso en el sector del trabajo doméstico, muchas veces debido a su aislamiento, al hecho de no estar cubiertas por leyes laborales o de seguridad social en los países donde ejercen o por estar vinculado su visado al contrato con un empleador, hecho que aumenta su vulnerabilidad a sufrir abusos.

En relación a este último punto, es importante remarcar que según el informe actual sobre las estimaciones de esclavitud moderna (OIT: 2022), la prevalencia del trabajo forzoso entre las personas migrantes trabajadoras es de más de tres veces superior a la de las personas trabajadoras no migrantes. Estos datos ponen de manifiesto que la migración puede crear situaciones de mayor vulnerabilidad al trabajo forzoso en los casos en los que las personas migrantes no están protegidas por la ley o se aplican prácticas y regulaciones discriminatorias que hace que no puedan ejercer sus derechos.

El trabajo forzoso, como hemos visto en su definición, implica que se den dos situaciones interrelacionadas: la falta de consentimiento libre e informado sobre el trabajo y las condiciones de trabajo, y la aplicación de alguna forma de coacción para obligar a la persona a trabajar o para que no abandone esa situación de abuso. Estas situaciones pueden darse en el momento de la contratación o durante el ejercicio del trabajo siendo «la retención sistemática y deliberada del salario la práctica más utilizada por los empleadores (experimentada por el 36% de las personas) para obligar a las personas trabajadoras a permanecer en su puesto de trabajo por miedo a perder los salarios acumulados» (ILO, 2022: 41). La coacción mediante el abuso de la vulnerabilidad afecta aproximadamente a una de cada cinco personas trabajadoras. Esta forma de coacción se basa en aprovechar la falta de oportunidades alternativas de ingresos para sobrevivir o para pagar deudas pendientes (1 de cada 5 casos en el sector de servicios y trabajo doméstico), para obligar bajo amenaza de despido, a trabajar más horas o a realizar trabajos o estar en unas condiciones que no querrían hacer. También se encuentran otras formas de coacción más nocivas como la violencia física y sexual, el confinamiento forzoso y la privación de la satisfacción de las necesidades básicas.

Trabajo forzoso en el sector manufacturero: radiografía de las cadenas globales de suministro en la industria del textil

Uno de los sectores que ilustra más claramente la nueva «anatomía del poder»[13] que hemos comentado anteriormente, es la industria textil. Vamos a analizar con un poco más de detalle esta industria para ejemplificar cómo funcionan las cadenas globales de suministro.

---

13. Término utilizado por Llistar (2015)

Pensemos en la ropa que llevamos o la que vemos expuesta en los aparadores comerciales. Hace 40 años la ropa era un bien durable y preciado que se heredaba y compartía entre hermanos, hermanas y familias próximas. El precio era moderado-alto y había dos temporadas, la de verano y la de invierno, momento en el que se compraba aquella pieza de ropa necesaria. Hoy en día, encontramos camisetas que se venden a un euro, rebajas continuas y ropa nueva cada semana. La ropa se ha convertido en un bien caduco, desechable, con una demanda continua y creciente impulsada por la sociedad de consumo y reforzada por la publicidad. Esto supuso un cambio radical en el sistema de producción y en el tiempo de entrega de los pedidos, transformando el consumo por necesidad al consumo de masas y globalizando el modelo *fast fashion*. El coste de producción de la ropa sigue siendo el mismo, ¿cómo puede haber disminuido tanto el precio de venta?

La industria textil es uno de los sectores más productivos del mundo, uno de los que más beneficio neto obtiene y da trabajo a más de 75 millones de personas, en su mayoría, mujeres. Desde sus inicios se ha caracterizado por ser una industria con unas condiciones laborales extremadamente duras y actualmente sigue siendo líder en violaciones de los derechos humanos, con pruebas de esclavitud moderna y trabajo infantil. La deslocalización, subcontratación y la presión por conseguir precios más bajos y en un plazo cada vez más reducido, son las principales causas de la violencia sistémica de esta industria en la que encontramos salarios de miseria, jornadas laborales excesivas, falta de higiene y seguridad laboral, represión sindical, dificultades para la negociación colectiva, acoso y violencia verbal, física y sexual, retención de documentos, restricciones a la movilidad, así como diferentes formas de coacción (Domínguez & Solé, 2019). Los incendios e incidentes en las fábricas son constantes causando numerosas víctimas mortales y heridas graves, siendo la tragedia del Rana Plaza la más conocida, lamentable e injusta. El 24 de abril de 2013 murieron 1.134 personas y más de 2.300 resultaron heridas al desplomarse el edificio Rana Plaza que albergaba cinco talleres que producían ropa para marcas europeas y norteamericanas. En el momento de pedir responsabilidades, parecía que a nadie le incumbía. No había ningún registro público que pudiera verificar la relación comercial entre las marcas internacionales y las fábricas (entre dominadores y dominados), siendo necesario rebuscar entre los escombros las etiquetas y otros documentos probatorios de dicha relación. Benetton, Walmart, El Corte Inglés y Mango son algunas de las más de veinte marcas que reconocieron finalmente tener encargos en el Rana Plaza, aunque la asunción de responsabilidades, para la indemnización a las víctimas y familiares de la tragedia, fue mucho más costosa.

El riesgo de la inversión se traslada hacia los peldaños más bajos de la cadena de producción, siendo las fábricas y las trabajadoras quienes soportan los costes reales de este modelo de mercado. La alta competitividad, hace que las marcas puedan imponer sus condiciones y cesar las relaciones comerciales con las fábricas al gusto y sin pérdidas, siendo el cierre o el desmantelamiento de las fábricas sin previo aviso, una práctica habitual, junto con el impago de salarios, pagas extra o indemnizaciones pendientes[14]. La empresa transnacional se enriquece de una producción a destajo y a bajo coste y las personas trabajadoras con escasos recursos son explotadas y, en ocasiones, sienten como aumenta su vulnerabilidad.

Por otro lado, es una industria ampliamente feminizada en la que la incorporación de la mujer al mercado de trabajo en muchos de los países que actualmente producen la ropa (principalmente el sudeste asiático para el mercado de la Unión Europea) ha estado promovida y aprovechada por las empresas locales e, indirectamente, por las grandes firmas de moda, al disponer de personal más joven, sumiso y que cobra menos respecto a los hombres, por entenderse que el salario de la mujer es un complemento al aportado por el hombre. Estas condiciones se ven favorecidas por criterios internos claramente desiguales que propician que la mayoría de mujeres no continúen con su trabajo cuando son madres, que no formen parte de sindicatos en los que trasladar sus quejas y que sean más susceptibles a las coacciones y acoso por parte de sus supervisores. Las desigualdades de género se interseccionan con la condición de mujeres migrantes. Muchas de ellas emprenden el viaje desde las zonas rurales a las grandes ciudades, dentro de su país o al extranjero, buscando un trabajo en las industrias

---

14. Campaña Ropa Limpia. Véase: https://ropalimpia.org/

globales de la manufactura. En la India se calcula que aproximadamente el 30% de las trabajadoras de la ciudad de Bangalore son migrantes y esta tendencia va acompañada de unas condiciones laborales aún peores, con indicadores de trabajo forzoso como el abuso de la vulnerabilidad, el engaño, la restricción de movimiento, el aislamiento y la intimidación y amenazas (Peepercamp, 2018). Muchas de ellas están desesperadas por conseguir mejoras salariales para poder subsistir y para pagar deudas pendientes con sus familiares, agencias de contratación, intermediarios laborales o traficantes. Muchas no pueden trabajar legalmente a causa de las estrictas políticas de migración y asilo en los países de acogida y las trabajadoras contratadas suelen correr el riesgo de perder su estatus legal en caso de cesar el contrato o de despido.

Éste es un ejemplo de las dinámicas que suceden en la industria textil, pero podemos ver muchas similitudes en relación a las relaciones de poder en otras industrias como la electrónica y el calzado, o en otros sectores como el de la agricultura, la construcción o los servicios, incluido el trabajo doméstico. Siendo extrapolable la premisa de que el estilo de vida occidental basado en la generación de múltiples necesidades de consumo de bienes, productos y servicios a bajo coste, sólo es posible con la explotación de millones de personas (Arcos, 2015).

PROPUESTAS HACIA LA COHERENCIA DE POLÍTICAS Y LA TRANSNACIONALIZACIÓN DE LOS DERECHOS HUMANOS

En un mundo cada vez más transnacionalizado no es suficiente con impulsar políticas nacionales coherentes. Vivimos en un mundo interconectado en el que las personas somos seres interdependientes y ecodependientes (Herrero, 2013) y eso supone asumir la necesidad de una visión global y conjunta de los retos actuales para elaborar propuestas de transformación y de transición hacia un mundo justo, equitativo y sostenible para todas. La cooperación al desarrollo, llevada a cabo mediante los programas específicos que forman la tradicional Ayuda Oficial al Desarrollo (AOD), desde hace años se sabe insuficiente para hacer frente a los retos globales en comparación con «el papel negativo desempeñado por muchas de las políticas de desarrollo que han contribuido a neutralizar de manera sistemática los potenciales efectos positivos de aquella» (Unceta et al., 2021: 42). Como las aplicadas en los ámbitos económicos, financieros, migratorios, de derechos humanos, medioambientales, entre otras. Es decir, aquellas políticas que generan contradicciones e interferencias transnacionales negativas con los programas de ayuda, llamadas también de anticooperación (Llistar, 2009). La AOD se ha visto insuficiente por lo comentado y por su pérdida constante de representación en los presupuestos estatales y en comparación con los otros flujos de capital Norte/Sur como las inversiones y las remesas.

La construcción de la Agenda 2030 y los Objetivos de Desarrollo Sostenible (ODS) implicaron un esfuerzo colectivo y compartido, convirtiéndose en una oportunidad crucial para avanzar hacia la coherencia de políticas para el desarrollo (CPD). La Agenda 2030 para el Desarrollo Sostenible se presentó como una agenda de cooperación más ambiciosa e integral para la erradicación de la pobreza, la desigualdad, la degradación ambiental, la paz y la justicia, desde tres dimensiones complementarias e interrelacionadas: la económica, la social y la medioambiental. Si bien, el resultado no deja de ser una propuesta más amplia de metas y objetivos, la mayoría poco concisos y de difícil cumplimento, que no aborda aspectos tan cruciales como la redistribución equitativa de la riqueza, la asimetría del orden económico o la defensa de los derechos humanos.

Aun siendo conscientes de la ausencia de una propuesta radical de cambio y del relativismo cultural que implica la Agenda 2030, ésta nos sirve de marco de referencia universal -como universal es el impacto de la globalización- para el impulso de políticas que promuevan la defensa y exigibilidad de los derechos humanos. Propuestas de regulación que promuevan «mecanismos de control y de redistribución que, en el marco del actual modelo socioeconómico, sirvan para poner los derechos de las personas y los pueblos, como mínimo, al mismo nivel que esa *lex mercatoria* que protege con fuerza los negocios de las grandes empresas» (Hernández & Ramiro, 2015: 87). Propuestas que irán al unísono con la necesidad de una visión global y un análisis sistémico de la *macroesclavitud* (Arcos, 2015), aquella realizada a gran escala y amparada por el sistema económico mundial. En este sentido, Hernández & Ramiro (2015) proponen mecanismos de control y propuestas alternativas a los Estados dirigidas tanto a la mejora de las legislaciones nacionales, como a la creación de nuevos procedimientos internacionales y, entre ellas, destaco las siguientes: las obligaciones extraterritoriales de los estados, la coherencia de políticas en la internacionalización empresarial y la inclusión de cláusulas sociales, ecológicas y sobre derechos laborales en la compra pública.

Las dos primeras propuestas quedarían recogidas actualmente en los Principios Rectores sobre Empresas y Derechos Humanos de Naciones Unidas (NNUU) aprobados en 2011, que junto a los ODS, suponen un marco de referencia global, en el que se establece que tanto las empresas como los estados e instituciones públicas, tienen la obligación y responsabilidad de prevenir y hacer frente a las violaciones de los derechos humanos y cumplir con la diligencia debida a fin de identificar, prevenir, mitigar y reparar esos abusos mediante políticas adecuadas, actividades de reglamentación y sometimiento a la justicia. Asimismo, se ven complementadas con otras propuestas internacionales e independientes que llevan décadas en marcha como la apuesta por un tratado internacional vinculante de empresas y derechos humanos o un centro observador de las empresas transnacionales, ambos con capacidad sancionadora. En esta línea, destacar, por un lado, la Campaña Global para Reivindicar la Soberanía de los Pueblos, Desmantelar el Poder de las Transnacionales y poner Fin a la Impunidad, iniciativa lanzada en 2012 que une 250 movimientos sociales, comunidades afectadas, campañas, redes y organizaciones de múltiples países y que propone un Tratado Internacional de los Pueblos que visibilice y apoye los movimientos y las comunidades en sus resistencias y en la propuesta de alternativas al poder de las transnacionales, así como el establecimiento de un Tratado Vinculante en las Naciones Unidas que regule las operaciones de las Empresas Transnacionales y sancionen las prácticas que vulneran los derechos humanos[15]. Por otro lado, a nivel estatal, se encuentra la iniciativa catalana para la creación del Centro Catalán de Empresas y Derechos Humanos con capacidad sancionadora orientado a evaluar el impacto de las empresas transna-

---

15. Véase https://www.stopcorporateimpunity.org/

cionales catalanas en el exterior. Su creación, actualmente en período de negociación final de la propuesta de Ley, supondría una iniciativa pionera en la defensa de los derechos humanos en el mundo[16].

La tercera propuesta, la inclusión de cláusulas sociales, ecológicas y de derechos laborales en la compra pública por parte de administraciones y organismos públicos, es sobre la que reflexionaremos a continuación como herramienta estratégica para promover la debida diligencia al instar a que las empresas identifiquen los principales riesgos en materia de derechos humanos a lo largo de toda la cadena de suministro y tomen las medidas necesarias para prevenir y mitigar esos riesgos. La universidad, como institución pública, es un actor clave en la consecución de la Agenda 2030, así como ha sido ampliamente reconocida su labor en la nueva Ley de Cooperación para el Desarrollo Sostenible y la Solidaridad Global del 20 de febrero de 2023. Es necesario una revisión y redefinición de la universidad en su conjunto, su misión, marco institucional, políticas y acciones para convertirse en universidades críticas y emancipadoras, libres de esclavitud moderna y para que incorporen el desarrollo sostenible e inclusivo, la justicia, los derechos humanos, la dignidad e igualdad de las personas, en el núcleo de sus decisiones institucionales y en su actividad (CRUE, 2018). En esa línea, la Universidad de Nottingham es un referente al liderar un plan de acción universitaria contra la esclavitud moderna amparado bajo la Ley de Esclavitud Moderna del Reino Unido (MSA) de 2015, que exige a las empresas, con facturación igual o superior a 36 millones de libras esterlinas, que informen sobre las medidas que toman para asegurarse de que no hay esclavitud moderna en sus cadenas globales de suministro. En su plan de acción para la consecución del ODS 8.7 vinculado a poner fin a la esclavitud moderna (University of Nottingham, 2021), se identifican tres ámbitos principales de vulnerabilidad en los que las universidades se ven directamente afectadas por la esclavitud moderna: el personal contratado en situación de riesgo, el estudiantado en situación de riesgo y en la adquisición de bienes y servicios a empresas externas.

---

16. Véase: https://alertadh.org/centre-empresa-i-dh/

LA COMPRA PÚBLICA SOCIALMENTE RESPONSABLE: CONCEPTUALIZACIÓN Y PROPUESTAS DE ACCIÓN HACIA UNA UNIVERSIDAD LIBRE DE ESCLAVITUD MODERNA

¿Os imagináis a una universidad comprometida férreamente con la defensa y exigibilidad de los derechos humanos y los derechos de la naturaleza? Una universidad que pudiera garantizar que en sus equipos informáticos no existe mano de obra esclava. Que, en sus cafeterías, comedores y máquinas de venta pudiéramos encontrar productos agroecológicos, de proximidad, sin pesticidas o de comercio y comercialización justa. Que el estudiantado pudiera acceder a alternativas bancarias libres en inversión armamentística. Que el vestuario del personal y los productos textiles de venta o uso, no se utilizaran productos tóxicos que dañan el medio ambiente y la salud de las personas que trabajan en su producción. Que el personal contratado para la realización de servicios tuviera unas condiciones dignas, en las que se fomentara el trabajo estable y la inserción de personas excluidas del mercado. Algunas de estas premisas son más fáciles de conseguir que otras. Algunas pueden parecer obvias y otras utópicas, pero el conjunto de ellas, así como de otras propuestas necesarias, sería una apuesta por mitigar los riesgos en la vulneración de derechos humanos y de esclavitud moderna en las cadenas de suministro. En ese sentido, la compra pública socialmente responsable es una herramienta poderosa para conseguirlo.

¿Qué entendemos por Compra Pública Socialmente Responsable?

La compra o contratación pública se refiere a la compra por parte del gobierno, las administraciones e instituciones públicas de obras, bienes o servicios a empresas que requieren para su funcionamiento, mantenimiento o para cumplir con su misión y objetivos. Dado que la compra pública representa una parte sustancial del pago que aportan las personas contribuyentes, su gestión y eficiencia resulta importante de cara a garantizar la calidad de la prestación del servicio. Sin embargo, su gestión ha sido interpretada principalmente como un gasto y, en consecuencia, orientada en general a conseguir que sea una operación con la máxima eficiencia económica. Desde esa visión de gasto, las ofertas más económicas resultan ser más aceptadas, sin que en la elección se considere lo que conlleva la alta competitividad resultante y los precios a la baja. Es decir, que mediante contratos se premiaba y se premia, siendo o no conscientes de ello, a las empresas que vulneran los derechos humanos y de la naturaleza a nivel extraterritorial e incluso aquellas vinculadas con casos de esclavitud moderna[17].

Si la compra pública se reinterpreta y recontextualiza como una inversión social y ambiental, ésta se convierte en una política estratégica con gran potencial para promover el respeto de los derechos humanos por parte de las empresas transnacionales, a la vez que un mecanismo de coherencia de políticas para el desarrollo sostenible por parte de las administraciones. Siendo, de ese modo, compra pública socialmente responsable (CPSR). Como vemos, la compra pública realizada por las administraciones y organismos públicos promueve procesos políticos, sociales y ambientales concretos: la dinamización de la agricultura ecológica local o, por el contrario, la importación de productos alimentarios kilométricos; la promoción de la economía social y solidaria o el impulso de las empresas transnacionales; la apuesta por el respeto de los derechos humanos o por el precio más bajo; el fomento de una contratación estable y justa o por la precariedad la-

---

17. Véase respecto a eso la página web 99,3 Responsable: http://993responsable.org En ella se detalla que Indra, «es una empresa que ofrece soluciones tecnológicas que se aplican en ámbitos como el transporte, la gestión de tráfico aéreo, defensa y seguridad, ciber-seguridad, energía, industria y consumo, procesos electorales, telecomunicaciones, Media y plataformas digitales, sanidad servicios financieros y sector público, y transformación digital a través de la unidad de negocio Minsait. Indra es un socio estratégico de la empresa israelí «Israel Aerospace Industries (IAI)», una corporación pionera en la tecnología de drones y la primera en producir un dron de vigilancia, una de las empresas que más se ha beneficiado de la ocupación. Determinadas innovaciones tecnológicas de Indra se han desarrollado en el marco de cadenas de valor donde participan empresas que registran amplias vulneraciones de derechos humanos, específicamente contra el derecho a la vida, integridad física y psicológica, y el derecho a la libre autodeterminación de la población palestina». En el estudio anual de Contratación Pública en España 2022, INDRA es la segunda empresa que ha recibido mayor importe por la Administración General del Estado, siendo un total de 326 millones de euros. Véase en: http://gobierno.es

boral, entre otros. Siendo su posicionamiento y estímulo, una vía de
dos caminos. La Agenda 2030 también está orientada a este fin. En ella se
identifica la contratación pública como pieza clave para el impulso
hacia una producción y un consumo sostenibles y una economía más
inclusiva (ODS 12.7). Al igual que la ley 9/2017 de Contratos del
Sector Público (LCSP), que recoge la Directiva Europea 2014/24/UE,
y regula el sistema de selección de propuestas dejando atrás la valoración de la oferta con el precio más bajo, y que incorpora criterios que
pueden generar impactos positivos a nivel local y sobre las condiciones laborales de las personas que trabajan en las cadenas globales de
suministros, así como mitigar y prevenir las vulneraciones de derechos
humanos que se comenten.

La Directiva Europea 2014/24/UE, de obligado cumplimiento
por parte de los Estados, fue la culminación de décadas de trabajo, que
inicialmente empezó con normativas vinculadas a la protección del
medio ambiente y a la reducción de los efectos de nuestro consumo
sobre el planeta. Por ello, al inicio se denominaba compra pública verde o se hacía mención al libro verde de la contratación pública cuando
se hablaba de imponer criterios ambientales y sociales en la ejecución
de contratos públicos adjudicados (Comisión Europea, 1996). Por
ello, también pensamos que la inclusión de criterios ambientales en
los contratos públicos es una práctica más habitual que la de criterios
sociales. La directiva europea establece los cimientos para la utilización de la contratación pública como una herramienta estratégica para
promover la normativa que cada país establece y anima a los Estados a
sacarle el máximo partido, recogiendo expresamente que:

> (…) la contratación pública desempeña un papel clave en la Estrate-
> gia Europa 2020, siendo uno de los instrumentos basados en el mer-
> cado que deben utilizarse para conseguir un crecimiento inteligente,
> sostenible e integrador, garantizando al mismo tiempo un uso más
> eficiente de los fondos públicos, facilitando la participación de las
> pequeñas y medianas empresas en la contratación pública y permi-
> tiendo que los contratantes utilicen mejor la contratación pública en
> apoyo de objetivos sociales comunes (Directiva Europea 2014/24/
> UE).

La ley 9/2017 de Contratos del Sector Público (LCSP) que rige actualmente la contratación pública en España, regula todos los contratos del sector público. La ley insiste en la inclusión de manera transversal de los criterios sociales, medioambientales y éticos, introduce el concepto de 'mejor relación calidad-precio' en el que debe basarse la adjudicación de los contratos, y otros criterios de valoración, como la calidad y el ciclo de vida del bien. Asimismo, se hace mención a tres dimensiones o grupo de criterios que la compra pública socialmente responsable debe incluir mediante cláusulas específicas: los criterios ambientales, los criterios sociales y los criterios éticos. Los criterios ambientales están enfocados a la minimización del impacto sobre el medio ambiente y los riesgos para la salud de las personas que manipulan y producen los productos o ejecutan los servicios u obras. En este caso se tienen en cuenta requisitos sobre la limitación de la presencia de sustancias tóxicas, el uso de materias primas de producción ecológica o de material reciclado y/o reutilizable, la eficiencia energética y que los productos sean fabricados mediante procesos respetuosos con el medio ambiente, entre otros factores. Los criterios sociales hacen referencia a medidas de facilitación para la adjudicación de contratos a pequeñas y medianas empresas y empresas de Economía Social y Solidaria que realizan servicios o producen localmente. En este caso es importante acreditar que las empresas aplican medidas de igualdad de género, promueven la reinserción de personas desfavorecidas o excluidas del mercado laboral, aplican acciones positivas contra el paro o contra la exclusión social y fomentan la contratación laboral estable y digna. Y, por último, los criterios éticos, que hacen alusión a asegurar que las empresas, productores, fábricas y entidades subcontratadas que operan en otros países, principalmente en países empobrecidos, ofrezcan garantías sobre condiciones laborales dignas y exentas de esclavitud. Los criterios deben tratar de garantizar, como mínimo, el cumplimiento de las normas básicas de la OIT y la Declaración Universal de los Derechos Humanos, eligiendo alternativas como el Comercio Justo para aquellos productos que exista dicha opción en el mercado.

Desde nuestra perspectiva, la distinción entre los criterios sociales y los criterios éticos no es relevante, siendo incluso pernicioso establecer diferencias entre criterios según si es de aplicación local o transnacional. Ambos son criterios sociales vinculados de manera directa o indirectamente, a la promoción y protección de los derechos humanos, ya sea para el cumplimento de normas de la política nacional como de la política comunitaria. Por no decir que la palabra 'ética', alude a una voluntariedad moral según valores individuales, en vez de interpretarse como un acto de justicia, obligación y responsabilidad global. En caso de querer diferenciarlos optamos por: criterios sociales, ambientales y de derechos humanos.

Propuestas de acción hacia una universidad libre de esclavitud moderna en la adquisición de bienes

La compra pública no es una cuestión menor. Se estima que el gasto público en obras, suministros y servicios de la Unión Europea es de 2.448.000 millones de euros al año[18], cifra que representa el 19% del Producto Interior Bruto (PIB) europeo. Según el Observatorio de Contratación Pública Española, la compra pública representa aproximadamente el 20% del PIB del país, siendo en 2021 el 22,71% del total del gasto público, casi 97 mil millones de euros[19]. Por lo que las compras de los gobiernos representan una parte importante de la economía global total.

La compra pública ha sido objeto de interés de las empresas transnacionales desde su origen, incluso podríamos decir que fue una política que facilitó el ascenso y estabilización del poder corporativo, ya que ha estado vinculada al ideal de modernización capitalista siendo la competitividad por el precio más bajo el único criterio a valorar, estando suprimido cualquier fin social o político por el bien común. Frente a eso, «desde los años noventa el movimiento de la Economía Social y Solidaria ha estado presionando para la incorporación de criterios sociales a la compra pública en el Estado español» (Fernández,

---

18. Véase: https://www.europarl.europa.eu/factsheets/es/sheet/34/los-contratos-publicos

19. Véase Informe anual de supervisión de la contratación pública: https://www.hacienda.gob.es/RSC/OIReScon/informe-anual-supervision-2022/ias2022-modulo1.pdf

2016: 150). Primero, con la defensa de la inclusión de personas con diversidad funcional y después con criterios de igualdad de género, de sostenibilidad medioambiental o sobre los paraísos fiscales. Este hecho hizo que aparecieran nuevos y diversos actores, como los movimientos sociales, las entidades de justicia global, empresas de economía social y solidaria, sindicatos y administraciones locales, entre otros, que impulsan la reflexión, el análisis y prácticas piloto sobre cómo el consumo del sector público puede ser una herramienta de transformación local y global. A la vez que, cuestionan y denuncian los contratos adjudicados a empresas que están vinculadas con violaciones de los derechos humanos a nivel extraterritorial[20].

La universidad adquiere anualmente muchos bienes que se producen fuera del estado español, como son ordenadores, móviles, textil, alimentos, material técnico y sanitario, plásticos, entre otros, y que tradicionalmente se han comprado a las empresas que ofrecían el precio más bajo. Con la inclusión de los criterios sociales y de protección de los derechos humanos, y los criterios para la minimización de los impactos sobre el medio ambiente, la universidad asumiría su obligación y responsabilidad, y se convertiría en un ejemplo y motor de transformación para un mercado libre de explotación e injusticias. A nivel institucional existe una voluntad declarada por parte de la Conferencia de Rectores de las Universidades Españolas (CRUE) a favor del Comercio Justo y el Consumo Responsable desde 2012[21], así como

20. Véase la página web http://993responsable.org/es/
21. En 2012 se firmó la Declaración de las Universidades españolas a favor del Comercio Justo y en 2017 la Declaración de las Universidades españolas a favor del Comercio Justo y el Consumo Responsable, con la aprobación de la Comisión Ejecutiva de CRUE-Internacionalización y Cooperación: «Entendemos así mismo como beneficioso para el bien común una mayor autosuficiencia a nivel local y el consumo responsable de productos de proximidad que reúnan los criterios de sostenibilidad y equidad social, reduciendo los costes ambientales y económicos del transporte a largas distancias y favoreciendo el empoderamiento de las comunidades locales. Hemos de prestar igualmente atención a los procesos productivos cuando no es posible el consumo de proximidad, como en el caso por ejemplo de las tecnologías, muchas veces unidas a situaciones de conflicto grave en sus cadenas de producción, o del sector del textil y el calzado». Disponible en: http://www.ocud.es/es/files/doc913/declaracion-universidades-a-favor-del-comercio-justo-y-el-consumo-responsable.pdf

las universidades han publicado las respectivas Estrategia de Desarrollo
Sostenible para la consecución de la Agenda 2030, en la que se hace
mención específica sobre promover la compra y el consumo responsable con la introducción de cláusulas en las licitaciones que incluyan criterios sociales, éticos y medioambientales[22]. Algunas también
cuentan con un plan específico sobre contratación pública sostenible,
como es el caso de la Universidad de Córdoba[23], o un Código Ético,
como es el caso de la Universidad de Granada, en el que se hace mención a que «se aplicarán en las decisiones que afecten tanto a las personas proveedoras como usuarias de los servicios y de las instalaciones
universitarias cláusulas de responsabilidad social y medioambiental»
(Universidad de Granada, 2020: 19). Por no nombrar las numerosas
guías, manuales y folletos sobre cómo realizar una contratación pública socialmente responsable desde las universidades.

La multitud de declaraciones dan a pensar que la voluntad está,
aunque existe un abismo respecto a la puesta en práctica. No es una
acción que se pueda realizar de un día para otro sino que exige, por un
lado, formación específica para: primero, conocer las vulneraciones y
riesgos por producto; y segundo, para saber qué medidas se pueden
introducir en el proceso de contratación (preparación del contrato,
en la admisión de las empresas contratistas, en la adjudicación, la ejecución, el seguimiento y el control del contrato) que obliguen a los
proveedores a cumplir con la debida diligencia en derechos humanos, incluyendo los casos en que exista la subcontratación. Por otro
lado, requiere impulsar la división en lotes del contrato, como obliga
la nueva ley, para que empresas de economía social y solidaria y pequeñas y medianas empresas que aplican medidas de justicia social,
puedan actuar como proveedores. Finalmente, exige un riguroso procedimiento de seguimiento y control durante la ejecución del contrato

---

22. Véase por ejemplo la Estrategia de Desarrollo Sostenible de la UGR: https://
viis.ugr.es/sites/vic/viis/public/ficheros/Estrategias/Estrategia%20ODS-UGR.pdf

23. Véase Plan de sostenibilidad en contratación pública UCO: https://www.
uco.es/gestion/contratacion/images/doc/perfil%20del%20contratante%20-%20con-
tratacion%20publica%20sostenible/2020-02-03th_-_PlanSostenibilidadContrata-
cion_BOUCO.pdf

que garantice el conocimiento sobre la trazabilidad del producto y las condiciones en las que se produce. Todo esto requiere voluntad, así como la promoción de sinergias y el trabajo en red con proveedores locales e iniciar procesos de investigación que ayuden a identificar qué se está haciendo, conocer las buenas prácticas y fomentar la búsqueda de soluciones conjuntas a los obstáculos encontrados.

Uno de los frenos anticipados en la compra pública socialmente responsable es pensar, o incluso asumir, que no existen alternativas a los productos que actualmente se adquieren. Pero cada vez existen más propuestas, tanto en la industria global como en la producción de proximidad, que cumplen con los estándares sociales y ambientales que hemos comentado. Cómo asegurarnos de que los cumplan es otro asunto. Cada producto requerirá unas medidas específicas que puedan garantizar el respeto por los derechos humanos y de la naturaleza.

En el caso de industrias globales como la del textil, del calzado o el de la electrónica, es preciso introducir, por ejemplo, que las empresas proveedoras aporten el Código de Conducta y puntuar el nivel de exigencia respecto a las normas básicas de la OIT y sus sistemas de verificación, preferiblemente realizado por auditorías independientes que, en caso de detectar violaciones, reporten las medidas implementadas. Así como existen sellos y sistemas de certificación sociales y ambientales específicos (sobre derechos laborales, impactos del producto sobre el medio ambiente, limitación de sustancias tóxicas, utilización de materiales de producción ecológica o materiales reciclados, entre otros) que pueden garantizar el cumplimiento de las garantías que deseamos y dar información posterior al consumidor.

El Certificado de Comercio Justo, por ejemplo, garantiza que en la elaboración de cada producto se han cumplido los diez principios del Comercio Justo: crear oportunidades para organizaciones productoras económicamente excluidas; transparencia y responsabilidad; prácticas comerciales justas; pago justo; garantizar la ausencia de trabajo infantil y de trabajo forzoso; compromiso con la no discriminación, equidad de género y el empoderamiento económico de las mujeres y la libertad de asociación; garantizar buenas condiciones de trabajo; favorecer el desarrollo de capacidades; promoción del Comercio Justo; y una acción climática y protección del medio ambiente[24]. En relación con eso, es de destacar la iniciativa coordinada por la cooperativa IDEAS 'Universidades por el Comercio Justo', una distinción sobre un modelo de universidad que tiene como objetivo acercar la realidad de los pequeños productores y los productores de Comercio justo a su comunidad universitaria y a la ciudadanía en general mediante la transversalización del Comerio Justo en su actividad académica, investigadora y de gestión interna. Para obtener dicho título, la universidad debe cumplir con seis criterios: «aprobar una declaración favorable al Comercio Justo en la que se incluya el compromiso de realizar al menos dos compras y una contratación con criterios de Comercio Justo; que existan al menos tres cafeterías y comedores universitarios que oferten como mínimo, tres productos de Comercio Justo y que, en caso de que exista una tienda universitaria, que oferte al menos, un producto de Comercio Justo; que se lleven a cabo dos acciones de comunicación y dos de sensibilización al año para acercar la realidad de los pequeños productores a la comunidad universitaria, principalmente en torno a la celebración del Día Mundial del Comercio Justo; apoyar los productores locales mediante ferias u otras actividades que faciliten las relaciones directas entre consumidores y productores y se promueva una economía local, social, solidaria y sostenible; que exista, al menos, una actividad de carácter académico, de investigación o de promoción que apoye la producción local, agroecológica y a las iniciativas de Economía Social y Solidaria; y que exista un grupo de trabajo formado por los agentes implicados y que coordine y dinamice las actividades vinculadas con el modelo de Universidad por el Comercio Justo» (Iniciativas de Economía Alternativa y Solidaria [IDEAS], s.f.). En el estado español, 13 universidades tienen el título de 'Universidad por el Comercio Justo', en las que podemos encontrar ejemplos de contratos en los que se exigen o se valoran la venta o el uso de productos de Comercio Justo y productos ecológicos, y otras están trabajando para conseguirlo[25] (Comet, 2020).

24. Coordinadora Estatal de Comercio Justo. Véase: https://comerciojusto.org/
25. Entre ellas se encuentran las universidades de: Alcalá, Burgos, Cantabria, Córdoba, Jaén, Jaume I, León, Málaga, Oviedo, País Vasco, Politécnica de Valencia, Valencia y Valladolid.

Que las empresas proveedoras formen parte de iniciativas *multi-stakeholder* en las que participen sindicatos, ONG y personas trabajadoras de la industria, es una apuesta importante para establecer mecanismos de credibilidad en la verificación de las políticas de responsabilidad social de las empresas transnacionales. A ese respecto existe la Fair Wear Fundation en el caso del textil, una organización holandesa formada por empresas del sector textil, sindicatos y ONG que llevan a cabo auditorías independientes en las fábricas proveedoras, principalmente en los países productores del Sur. O Electronics Watch en los productos electrónicos, una organización que ofrece al sector público un monitoreo independiente para asegurar el cumplimento de los derechos laborales y las normas de seguridad en las cadenas de suministro de la electrónica. Entre sus afiliados encontramos la Universidad de Durham en Reino Unido, la Universidad de Groningen en Holanda o la Universidad de Gent en Bélgica, entre otras 11 universidades más.

Respecto a las pequeñas y medianas empresas, y empresas de Economía Social y Solidaria que producen localmente, es importante solicitar el Balance Social en el que aparezca la relación de categorías profesionales y conceptos salariales del personal vinculado al contrato desagregado por sexo, que la empresa promueva el salario por encima del convenio de referencia, considerar la estabilidad en la plantilla o que las empresas contraten personas en paro o con dificultades de inserción laboral o en riesgo de exclusión social. Un ejemplo, en ese sentido, es la reserva de un contrato para la realización de servicios de atención telefónica de la Universidad de Córdoba a Centros Especiales de Empleo.

Estos ejemplos hacen pensar que es posible un cambio en las políticas de compra pública de la universidad, que incluya criterios vinculados a los derechos humanos y a la sostenibilidad ambiental. Convertiría a las universidades en un ejemplo y motor de transformación del mercado actual, con un enorme impacto en las entidades de economía social y solidaria de sus territorios, así como en la sensibilización de la comunidad universitaria y la ciudadanía en general, en la necesidad y la urgencia de promover relaciones comerciales globales y locales diferentes que se sustenten en la justicia, la sostenibilidad, la equidad y el bien común.

BIBLIOGRAFÍA

Andrés-Gallego, José (dir.)(2005). *Tres grandes cuestiones de la historia de Ibe-roamérica: Derecho u justicia en la historia de Iberoamérica, Afroamé-rica, la tercera raíz, impacto en América de la expulsión de los jesuitas.* Fundación Ignacio Laramendi

Arcos, Federico (2015). Esclavitud contemporánea y Justicia en un mundo globalizado. En Arcos (dir.) *La justicia y los derechos humanos en un mundo globalizado.* Dykinson.

Bales, Kevin (2000). *Disposable People. New slavery in the Global Economy.* University of Californa Press

Bassiouni, M. Cherif (2001). Universal Jurisdiction for International Crimes: Historical Perspectives and Contemporary Practice. *Virgina Journal of International Law Association.* Otoño, 2001, 42 Va. J. Int'l.L.81.

Calduch, Rafael (1991). Relaciones Internacionales, *Ediciones Ciencias Socia-les*, Madrid, p 29.

Casadei, Thomas (2018). Modos y formas de esclavitud contemporánea. *Derechos y libertades,* nº39, 2018, pp.35-61.

Comet, David (mayo, 2020). *El comercio justo en las políticas y prácticas insti-tucionales de las universidades españolas* [Comunicación]. 2020 V Congreso Internacional de Estudios del Desarrollo. Desafíos al desarrollo: procesos de cambio hacia la justicia global. Hegoa y Red Española de Estudios del Desarrollo. https://vcied.org/downloads/V-CIED-Libro Actas-AktenLiburua-ConferenceProceedings.pdf (29/05/2023)

Comisión Europea. 27 de noviembre de 1996. Libro Verde. La contrata-ción pública en la Unión Europea. Reflexiones para el futuro. https://europa.eu/documents/comm/green_papers/pdf/com-96-583_es.pdf (29/05/2023)

Domínguez, Xènia & Solé, Laura (2019). Exploració del sector tèxtil amb mira-da d'Economia Social i Solidaria a Barcelona. Ajuntament de Barcelona. https://www.slideshare.net/EconomiaSocialSolidaria/exploraci-del-sector-txtil-amb-mirada-deconomia-social-i-solidria-a-barcelona-133191388 (27/05/2023)

Fernández, Gonzalo (2016). *Alternativas al poder corporativo. 20 propuestas para una agenda de transición en disputa con las empresas transnaciona-les.* Barcelona: Icaria.

García, Miguel Ángel (2008) El problema de la esclavitud en Aristóteles. *Pensamiento*, vol. 64. Núm. 239, pp. 151-165.

Hernández, Juan. & Ramiro, Pedro (2015). *Contra la lex mercatoria. Propuestas y alternativas para desmantelar el poder de las empresas transnacionales.* Barcelona: Icaria.

Hernández, Juan (2008). La Responsabilidad Social Corporativa y las empresas transnacionales: de la ética de la empresa a las relaciones de poder. Lan harremanak: *Revista de relaciones laborales*, ISSN 1575-7048, Nº 19, 2008, págs. 17-50

Hernández, Juan (2009). *Las empresas transnacionales frente a los Derechos Humanos: Historia de una asimetría normativa. De la responsabilidad social corporativa a las redes contrahegemónicas transnacionales.* Hegoa. https://publicaciones.hegoa.ehu.eus/uploads/pdfs/79/Empresas_transnacionales_frente_a_los_derechos_humanos.pdf?1488539221 (15/04/2023)

Hernández, María Eugenia (2017). *Empresas transnacionales y esclavitud moderna en la cadena de suministro textil: implementación de la debida diligencia en derechos humanos y sus efectos en el acceso a mecanismos de reparación judicial.* [Tesis doctoral, Universidad de Valencia]. https://www.educacion.gob.es/teseo/imprimirFicheroTesis.do?idFichero=WdZG2xOp0f8%3D (27/04/2023)

Herrero, Yayo (2013). Miradas ecofeministas para transitar a un mundo justo y sostenible. *Revista de Economía Crítica*, nº16, 278-307

Iniciativas de Economía Alternativa y Solidaria [IDEAS] (s.f). *Ciudad por el Comercio Justo. Universidades.* https://ideas.coop/ciudades-comercio-justo/universidades/#adhesiones

International Labour Organization (ILO), Walk Free, and International Organization for Migration (IOM), (2022). *Global Estimates of Modern Slavery: Forced Labour and Forced Marriage.* Geneva. https://www.ilo.org/wcmsp5/groups/public/---ed_norm/---ipec/documents/publication/wcms_854733.pdf

Llistar, David (2015). *Anticooperación Norte Sur. Cuando la coherencia es más importante que la ayuda. El caso de Ecuador y la «cooperación» española.* [Tesis doctoral, Universitat Politècnica de Catalunya]. https://www.tdx.cat/bitstream/handle/10803/384633/TDLB1de1.pdf?sequence=1 (30/04/2023)

Llistar, David (2009). *Anticooperación.* Barcelona: Icaria

Millan, Natalia (2012) Coherencias de políticas para una gobernanza global. En Pablo Martínez (Coord.), *Políticas coherentes para una ciudadanía global. IX Informe Anual de la Plataforma 2015 y Más*. Social Watch 2011. Edición Española. pp. 39-46

Naciones Unidas (2011). Principios Rectores de Empresas y Derechos Humanos: puesta en práctica del marco de las Naciones Unidas para 'proteger, respetar y remediar'. Resolución: 17/4, de 16 de junio de 2011. https://www.ohchr.org/sites/default/files/documents/publications/guidingprinciplesbusinesshr_sp.pdf

Naciones Unidas. Oficina del Alto Comisionado de Derechos Humanos. 7 de septiembre de 1956. Convención suplementaria sobre la abolición de la esclavitud, la trata de esclavos y las instituciones y prácticas análogas a la esclavitud. https://www.ohchr.org/en/instruments-mechanisms/instruments/supplementary-convention-abolition-slavery-slave-trade-and

Naciones Unidas. Oficina del Alto Comisionado de Derechos Humanos. 25 de septiembre de 1926. Convención sobre la esclavitud. https://www.ohchr.org/es/instruments-mechanisms/instruments/slavery-convention

Oficina Internacional del Trabajo (2017). *Estimaciones mundiales sobre la esclavitud moderna: Trabajo forzoso y matrimonio forzoso*. Ginebra. https://www.ilo.org/wcmsp5/groups/public/---dgreports/---dcomm/documents/publication/wcms_651915.pdf

Organización Internacional del Trabajo (1930). Convenio sobre el trabajo forzoso. (núm.29). https://www.ilo.org/dyn/normlex/es/f?p=NORMLEXPUB:12100:0::NO::P12100_ILO_CODE:C029

Organización Internacional del Trabajo (2007). Forced labour, slavery and poverty reduction: challenges for development agencies https://www.ilo.org/global/topics/forced-labour/news/WCMS_096992/lang--en/index.htm

Peepercamp, Marijin (2018). *Treball sense Llibertat. Treballadores migrades a la indústria tèxtil de Bangalore*. Garmen Labour Union. https://robaneta.org/wp-content/uploads/2018/09/Treball-sense-llibertat.pdf (15/05/2023)

Pogge, Thomas (2008) ¿Qué es la justicia global? *Revista de economía institucional*, ISSN-e 0124-5996, Vol. 10, Nº. 19, 2008, págs. 99-114

Pogge, Thomas (2006). *La pobreza en el mundo y los derechos humanos*. Paidós

Red de investigadores sobre los Parámetros Jurídicos de Esclavitud (2012). Directrices Bellagio-Harvard de 2012 sobre los parámetros jurídicos de la esclavitud. https://www.monash.edu/__data/assets/pdf_file/0007/2263678/Bellagio-Harvard-Guidelines-Spanish.pdf (15/05/2023)

Sanahuja, José Antonio (2009) Desequilibrios globales: el impacto de la crisis en los países en desarrollo en Manuela Mesa (Coord.), *Crisis y cambio en la sociedad global.* Anuario 2009-2010, CEIPAZ, Madrid, pp.27-62.

Teitelbaum, Alejandro (2012). Empresa transnacional. En Hernández, González y Ramiro (Eds.), *Diccionario crítico de empresas transnacionales. Claves para enfrentar el poder de las grandes corporaciones.* Icaria, pp. 113-116.

Unceta, Koldo; Martínez, Ignacio & Gutiérrez, Jorge (2021). *De la cooperación para el desarrollo a la cooperación para la convivencia global. Un análisis de la crisis de la cooperación desde la crisis del desarrollo.* Cuadernos de trabajo. Instituto de Estudios sobre Desarrollo y Cooperación Internacional. Hegoa, 1vol, nº 86, 88pp.

Unceta, Koldo. Dir. (2014). Coherencia de Políticas para el Desarrollo en Euskadi: diagnóstico y propuestas. Hegoa. Universidad del País Vasco Universidad de Granada (2020). Código ético. https://institucional.ugr.es/sites/vic/institucional/public/ficheros/Comisi%C3%B3n%20%C3%89tica/20220225/CODIGO%20ETICO%20UGR_defi.pdf (15/05/2023)

University of Nottingham (2021) The Slavery-Free Campus: A blueprint for university action against modern slavery. https://www.nottingham.ac.uk/research/beacons-of-excellence/rights-lab/resources/reports-and-briefings/2021/july/the-slavery-free-campus.pdf (20/05/2023)

Verger, Antoni., & Llistar, David (2005). La jerarquía global-local en el sistema de estratificación mundial. Nuevas estrategias ante nuevos escenarios. Politika: Revista de Ciencias Sociales, Gizarte Zientzien Aldizkaria, (1), 129-146

Weissbrodt, David. & la Liga contra la Esclavitud (2002). La Abolición de La Esclavitud y Sus Formas Contemporáneas, Oficina del Alto Comisionado de las Naciones Unidas para los Derechos Humanos, Ginebra/Nueva York, HR/PUB/02/4. http://www.ohchr.org/Documents/Publications/slaverysp.pdf (15/05/2023)

EJE 3

Compromiso y Justicia social
Construyendo alianzas desde la diversidad

CAPÍTULO 7
TERRITORIOS DE MUJERES INDÍGENAS DEL ISTMO DE TEHUANTEPEC Y FEMINISTAS UNIVERSITARIAS EN MÉXICO

JOSEFA SÁNCHEZ CONTRERA
(Universidad de Granada)

INTRODUCCIÓN

Mujeres organizadas de diversas latitudes del mundo se están levantando en este siglo XXI. Mujeres indígenas, universitarias, madres, trabajadoras y mujeres de todas las edades han conjurado una marea que está fisurando el oneroso y violento orden patriarcal. La fuerza con la que se manifiestan no es menor frente a los altos índices de feminicidios. En México durante el primer mes del año 2020 el Secretariado Ejecutivo del Sistema Nacional de Seguridad Pública reportó el asesinato de 320 mujeres, es decir, aproximadamente 10 mujeres fueron asesinadas cada día. De estos asesinatos, 73 fueron clasificados como feminicidio (Magdaleno, 2020). Desde entonces hasta los primeros meses del 2023 no ha variado sustancialmente, tal como se puede constatar en la página oficial del Secretariado Ejecutivo del Sistema Nacional de Seguridad Pública. El feminicidio refiere a la muerte violenta de las mujeres por razones de género, está tipificado en el sistema penal mexicano, específicamente en el artículo 325 del Código Penal Federal (Comisión nacional para Prevenir y erradicar la Violencia Contra las Mujeres, 2023)

Los niveles de violencia marcados en los cuerpos de las mujeres que habitan las grandes urbes, las ciudades maquilas (Segato, 2016) y los barrios periféricos hacen eco y son parte del mismo correlato del devastador mundo extractivo que atesta a la tierra. Estas formas violentas de cercenar los cuerpos y la tierra anuncian la distopía de nuestro siglo. Concesiones de minería a cielo abierto, contaminación de ríos, desmantelamiento de los bienes comunales, desaparición de niñas, violaciones sexuales sistemáticas, feminicidios en los hogares, deforestación de las selvas y bosques, agotamiento de los recursos fósiles, la crisis energética y la crisis sanitaria provocada por un virus que enferma al mundo de la humanidad, son manifestaciones de un mismo proceso y de una misma crisis civilizatoria que caracteriza nuestro tiempo.

La tesis del antecedente histórico patriarcal, colonial y capitalista que inauguró una guerra frontal contra las mujeres y contra la tierra no es nueva ni pertenece a una sola autora (Federici, 2010), por el contrario es una reflexión que ha nacido en colectivo compartiendo análisis en encuentros feministas y en talleres de mujeres indígenas organizadas como fue el encuentro taller *La comunalidad y la defensa territorial desde la perspectiva de los saberes de las mujeres indígenas* realizado en ciudad Ixtepec, Istmo de Tehuantepec en marzo de 2020. De ellos también refieren los encuentros de mujeres que luchan convocados por las zapatistas en los años de 2018 y 2020. En una historia de larga duración las luchas de las mujeres de Mesoamérica, de América[1], de medio oriente[2],de occidente[3], de África[4] y de Asia[5] tienen raíces

---

1. En la década de 1990 en Estados Unidos las mujeres nativas protestaron contra la minería de uranio vinculada al aumento de casos de cáncer en las reservas (Merchant, 2020). En el Love Canal, un barrio de Niagara Falls construido sobre un cementerio de residuos químicos, las mujeres exigieron que la oficina estatal de Nueva York interviniera ante un brote de abortos espontáneos y anomalías congénitas (*Ibid.*).
2. En kurditas las mujeres sostienen una lucha, cuyo lema es Mujer, vida y libertad (Instituto Andrea Wolf, 2020).
3. Durante la última década de 1990, las activistas ambientales han extendido su mensaje por todo el planeta. En Suecia, han protestado por el uso de herbicidas en los bosques con acciones que incluían ofrecer mermelada de bayas contaminadas a los miembros del Parlamento. En Inglaterra, acamparon durante años en Greenham Common para protestar por el despliegue de misiles nucleares que ponía en peligro la continuidad de la vida en la Tierra (Merchant, 2020)
4. En Kenia la organización no gubernamental Green Belt Movement, plantaron millones de árboles para revertir la desertificación (*Ibid.*).
5. En la India, en protesta contra la industria maderera y para preservar la leña para cocinar, se han unido al movimiento ecologista Chipco o <<abraza árboles>> (*Ibid.*).

profundas. Su larga data es tan vieja como las relaciones de dominación. En ese caso hay que advertir que no se trata de una sola historia
ni de una sola lucha sino de múltiples bifurcaciones de civilizaciones
milenarias y por tanto de diversas formas de impugnar el orden del
poder. Para fines de este artículo me propongo los objetivos de:

- Analizar el vínculo entre los movimientos feministas universitarios y las luchas de las mujeres indígenas del Istmo de Tehuantepec, Oaxaca, ambos comparten la lucha por la vida y
los dos han acontecido en México durante los años del 2000
al 2021.

- Analizar el vínculo entre el incremento de los feminicidios y
las renovadas formas de despojo extractivista desplegadas en
los territorios de los pueblos indígenas.

Es el orden patriarcal, capitalista y colonial el hilo conductor que
aquí enlazo entre los álgidos feminicidios y las renovadas formas de
despojo extractivista. El escrito busca poner en diálogo las luchas de
las mujeres indígenas con los feminismos críticos, lo cual es necesario
si de impugnar el orden patriarcal se trata, advirtiendo que en nuestra diversidad se requiere de no universalizar el término feminismo
a aquellas luchas de mujeres que no necesariamente se reconocen en
esta categoría. Esto nos remite a una discusión que bien puede ser
pantanosa y hasta desmovilizadora o bien puede ser prolífica y fértil
si partimos desde la potencia de las prácticas antes que de la abstracta
teorización de las categorías. Éste último apartado es un debate que
aplica a otros contextos.

Por tanto, lo aquí escrito deviene de las experiencias y de las acciones que miles de mujeres están ejerciendo de facto ante la aguda
violencia que se vive tanto en los pueblos como en las ciudades. Desde
ahí disertaré sobre las intersecciones y las asimetrías entre las luchas de
las mujeres indígenas y feministas, pero sobre todo desde las fisuras
que están logrando cada una de ellas desde sus posiciones y ubicaciones geográficas, políticas, culturales e históricas.

Enfocar la mirada en las manifestaciones feministas, las tomas
universitarias de las mujeres organizadas y las defensas territoriales que
están ejerciendo mujeres indígenas, significa analizar la intersección

que supone la defensa de la vida en este siglo XXI. Este punto revela la profunda imbricación que sostienen los sistemáticos feminicidios con el violento despliegue del extractivismo. Desde ahí, es posible entender la potencia de la lucha por la vida en su más amplia expresión, puesto que las manifestaciones que exigen el cese a la violencia dirigida contra los cuerpos de las mujeres que habitan las urbes encuentra eco con la defensa de los territorios que las mujeres indígenas están ejerciendo en sus pueblos. A ello le denomino el derecho a la vida, es decir al derecho de existir de las mujeres, el derecho a decidir sobre su propio cuerpo entendido como su primer territorio bien decidan reproducirse o abortar, esto también supone lograr una justicia de género en los casos de feminicidio y de violaciones. Dentro de este planteamiento también podemos considerar que el derecho a la vida que señalan principalmente las defensoras del territorio corresponde a la existencia de ríos limpios, de bosques libres de aserraderos, de montes y cerros libres de minería y llanuras de cultivos sin parques eólicos.

Desde ahí la lucha por la vida traza territorialidades que van desde los cuerpos de las mujeres en las universidades y en las comunidades hasta los seres no humanos que constituyen la naturaleza y la Tierra. Es así como cuando más parece agudizarse la devastación de ecosistemas, el genocidio de los pueblos y los feminicidios en las urbes es cuando más enérgico se rebela el antagonismo a los sistemas de dominación patriarcal, capitalista y colonial. Las luchas por la vida que ejercen actualmente las mujeres feministas e indígenas están descolocando el antropocentrismo del que se mantuvo impregnada la izquierda del siglo pasado, además identifican que fue la raíz patriarcal y colonial que inauguró la escisión entre humanidad y naturaleza, la misma que ha valido para intentar dominar la tierra y los cuerpos de las mujeres en tanto fueron considerados como zonas de conquista.

Desde ahí se ve necesario reflexionar sobre las manifestaciones feministas acontecidas en las calles y las universidades de la Ciudad de México, al mismo tiempo que las mujeres indígenas del sur de México defienden sus territorios frente al extractivismo. Este paralelismo de eventos con intersecciones coyunturales nos está interpelando para avanzar en los objetivos de la ODS en cuanto a igualdad de género y combate a la emergencia climática refiere.

LA MAREA FEMINISTA

A finales del año 2019 comenzó una pandemia denominada SARS COVID-19, esta se fue propagando rápidamente en el transcurso de meses. Al tiempo que esto ocurría a principios del 2020 la marea feminista comenzó a ocupar las calles de la Ciudad de México una de las ciudades más grandes del mundo habitada por aproximadamente 21 millones de personas. El 8 de marzo de 2020 miles de mujeres tomaron las avenidas principales del centro histórico de dicha ciudad. Las jacarandas moradas, preludio de la primavera, entonaron con los colores feministas que inundaron el paisaje urbano. Madres y familiares de jóvenes asesinadas y desaparecidas encabezaron la marcha suscitada en el corazón de la metrópolis que partió desde el monumento a la revolución con dirección al Zócalo. El mitin se hizo aquelarre. En Nezahualcóyotl, Estado de México, la plaza del Ayuntamiento también fue ocupada por la rabia de las manifestantes. Todo comenzó a ser desbordante y catártico. Fotografías de desaparecidas y asesinadas dejaron de ser una cifra exorbitante para convertirse en un rostro y en un cuerpo. El de todas aquellas que gritaron ¡todas somos ¡Ingrid! ¡Fátima! ¡Lesvy! cada una con un nombre y una vida.

Como parte de la álgida manifestación, una colectiva de Veracruz llamada «Brujas del Mar» convocó por primera vez en el 2020 a un paro de mujeres el día 9 de marzo. Ausentarse de los trabajos y de los espacios transitados cotidianamente fue el objetivo. <<Un día sin mujeres>> puso de manifiesto la ausencia de miles de ellas que han sido desaparecidas y asesinadas. El llamamiento advirtió a la sociedad las posibilidades que existen de que, a tu hija, a tu madre, a tu hermana o a tu compañera de vida, de trabajo o de barrio se le anule la existencia. Cabe precisar también, que la potencia del paro se ha situado como histórica herramienta de lucha y fue retomada como tal el 9 de marzo a nivel nacional. La convocatoria «un día sin mujeres» sostuvo el sentido crítico y autónomo a *contrapelo* de las acusaciones de ser golpistas o de hacerle el juego a la derecha.

El paro del 9 de marzo nació como una iniciativa anticapitalista. La ausencia de las mujeres en las labores reproductivas (generalmente no remuneradas) visibiliza el trabajo que miles de ellas ejercen en sus hogares, pone en el centro la importancia de los procesos de reproducción de vida que en su mayoría sostienen las mujeres.

Las desbordantes manifestaciones del 8M y su continuidad en la huelga el 9 de marzo, son las expresiones más visibles de la marea feminista que incluso desde el 2017 comenzó a ganar las calles ante el incremento de las violencias y con las exigencias del derecho al aborto. Todas las manifestaciones se han caracterizado por una crítica a la prensa y a la impunidad de Estado. Eventos concretos han detonado las manifestaciones, como el suscitado en la alcaldía de Azcapotzalco el 3 de agosto de 2019, cuando cuatro policías de la Ciudad de México violaron a una joven de 17 años (Redacción Infobae, 2019). Otro suceso fue el 9 de agosto cuando una joven de 16 años fue violada por un policía en el Museo Archivo de la Fotografía, ello desencadenó la jornada #NoMeCuidanMeViolan, pues las manifestaciones se han ido ampliando en a través de lo que Giomar Rovira (2018) denomina «tecnopolítica», es decir el uso de las redes sociales en las movilizaciones, de ahí han surgido los hashtags #Vivasnosqueremos y #24A convocadas por un pequeño grupo de amigas, las jóvenes salieron a marchar en 42 ciudades. Las convocantes invitaron a la marcha a todas las mujeres y a usar los hashtags #24AMx #MareaVioleta #PrimaveraVioleta y #VivasNosQueremos. Con rabia manifestaban un Ya basta a la violencia contra las mujeres (Millán, 2023)

En el marco de las manifestaciones las feministas emprendieron acciones directas, el 16 de agosto prendieron fuego al módulo de policía ubicado en la calle Florencia de la Colonia Juárez (González, 2019) poniendo en evidencia los límites de las instituciones de Estado y la onerosa red de impunidad que priva en las instancias de Justicia. Frente a las aludidas manifestaciones, las reacciones gubernamentales y partidistas no se hicieron esperar y utilizaron las imágenes de las pintas en los muros del centro histórico y las fotografías de los incendios del módulo de policías, de la puerta de la Cámara de Comercio y de la puerta principal de Palacio Nacional, para acusar a las feministas de violentas y mal portadas. Estos linchamientos han intentado desvirtuar las manifestaciones que exigen justicia y el cese a la violencia contra los cuerpos y la vida de las mujeres.

Las mujeres organizadas están ejerciendo formas políticas no partidistas que ponen en el centro la lucha por la vida y el cese de asesinatos impunes ¡te prefiero violenta que violada o muerta! ha sido la consigna entonada para combatir este linchamiento y seguir enfocando la mirada en uno de los puntos más dolorosos que se vive en el país. Las feministas que se manifiestan en las calles pertenecen a sindicatos, organizaciones, colectivos y son parte de la sociedad civil. En este escenario las mujeres universitarias también se han visto implicadas, cientos de ellas han hecho presencia en las manifestaciones. Esa agitación y efervescencia en las calles contra la violencia de género fue lo que despertó la inconformidad de las mujeres en las universidades, en términos de Margara Millán (2023), las estudiantes comenzaron a territorializar las universidades con una postura de que las violencias que ellas vivían afuera, no las iban a permitir dentro de su casa universitaria, siendo justamente ese el terreno que iban transformar. Además, su crítica al feminismo académico, que reproducía las estructuras jerárquicas, al cual empezaron a denominar colonial, las hizo denominarse mujeres organizadas, atendiendo también al llamado zapatistas: ¡organícense! Y ¡luchen desde sus trincheras! (Millán, 2023) De tal suerte que la lucha contra la violencia de género se ha vuelto un punto de intersección entre los movimientos sociales de las calles con las movilizaciones universitarias.

Los movimientos de mujeres y feministas contemporáneos se han caracterizado no solo por tomar las calles sino por marcar esas calles y sus monumentos como su territorio (Millán, 2023). Desde entonces los monumentos coloniales del centro histórico de la Ciudad de México se han convertido en un punto de intervención de pintas feministas. Las fuentes de la Avenida Reforma y de Bellas Artes se tiñen de rojo. Cada año los contingentes de mujeres encapuchadas se aseguran de rayar posicionamientos en los edificios coloniales y mediante la acción directa procuran cumplir aquella consigna que dice ¡si mañana no regreso, quémalo todo!

Las Feministas Territorializan Las Universidades

Los orígenes de los paros universitarios se fincan en la primera toma que se realizó en el 2016 en la Facultad de Filofosía y Letras como respuesta al feminicidio de Lucía Pérez, una joven argentina de

16 años, pero las manifestaciones detonaron con el caso de Lesvy Berlín Osorio, quien fue asesinada por Jorge Luis González Hernández el
3 de mayo de 2017 en las instalaciones de ciudad universitaria de la
UNAM. Este último caso confirmó que en ese país «nunca estamos
seguras en ningún espacio» (Millán, 2023) y que peor aún la impunidad es cómplice de los feminicidas, pues la reacción de las autoridades criminalizó a la occisa y además se intentaron deslindar del caso
arguyendo que Lesvy Berlín no era estudiante. Frente a estos típicos
protocolos de impunidad se detonaron una serie de manifestaciones
e indignación entre el sector estudiantil y reactivó a los colectivos feministas quienes emprendieron jornadas de movilizaciones y marchas
encabezadas por Araceli Osorio la madre de Lesvy Berlín Osorio.

La marea feminista cobró auge en las universidades. Aquí las
manifestaciones se expresaron contra las prácticas de acoso sexual.
Decenas de estudiantes colgaron los nombres de sus agresores en
tendederos y en los muros de las cafeterías. Nombres y fotografías
de académicos, profesores y estudiantes, señalados como acosadores,
violadores y potenciales feminicidas, comenzaron a ser exhibidos en
las paredes de la Escuela Nacional de Antropología e Historia, de la
Universidad Autónoma Metropolitana, del Instituto Politécnico Nacional y de la Universidad Nacional Autónoma de México. Los acosos,
la violencia de género y el ejercicio del poder patriarcal comenzaron a
ser denunciados.

El 17 de octubre de 2019 se declaró el primer paro de mujeres se-
paratistas en el Colegio de Ciencia y Humanidades Sur.[6] Esta protesta
fue detonada por la violación de una estudiante, una violencia ejercida
al interior del mismo Colegio de Ciencias. Las manifestaciones continuaron. El 23 de octubre las feministas colgaron un *Tendedero del
acoso* en la Facultad de Estudios Superiores (FES) Cuautitlán perte-
neciente a la UNAM. Estas acciones derivaron en una serie de paros

---

6. Un sistema de educación media superior que pertenece a la Universidad
Nacional Autónoma de México. El proyecto del Colegio de Ciencias y Humanidades
(CCH) fue aprobado por el Consejo Universitario de la UNAM el 26 de enero de
1971, durante el rectorado de Pablo González Casanova.

que se extendieron hacia otras instituciones educativas de la ciudad.[7] Los paros continuaron hasta el mes de noviembre y se extendieron a otros planteles educativos, incluso se propagaron hasta principios del año 2020.[8]

Esta suma de paros no es menor, implicó la manifestación de más de la mitad de los planteles educativos y facultades que integran la UNAM. Entre 23 facultades, preparatorias y escuelas ejercieron acciones de protesta frente a la violencia de género y los acosos. El levantamiento de las mujeres en los espacios universitarios comenzó a fisurar la rígida estructura patriarcal de la UNAM. Denunciaron el encubrimiento de los acosadores, violadores y feminicidas. El paro de la Facultad de Filosofía y Letras comenzó indefinidamente el 5 de noviembre de 2019 y terminó con la entrega de las instalaciones el 14 de marzo de 2020, debido a la emergencia sanitaria de la pandemia SARS COVID 19. Se trató del paro de mujeres más largo de la historia de la UNAM, hecho nada menor considerando que la fundación de esta institución data del año de 1551.

Las demandas de los paros dependían de las condiciones de sus centros universitarios y ubicaciones geográficas. Todos los paros compartían la manifestación abierta contra la violencia de género. Esto se sintetizaba en la demanda de la modificación de los artículos 95, 98 y 99 del Estatuto General de la UNAM para reconocer la violencia de género como una falta grave. Fue una demanda central y fue una de las 11 demandas que puso sobre la mesa la asamblea separatista de

---

7. Tales como la escuela Nacional Preparatoria (ENP) en los planteles 5, José José Vasconcelos (López, 2019) y 4, Vidal Cañeda, en el Colegio de Ciencias y humanidades (CCH) Vallejo y en los campus 1 y 4 de la FES Cuautitlán.

8. El 5 de noviembre se sumó al paro la Facultad de Filosofía y Letras de Ciudad Universitaria, tres semanas después se unieron la ENP 7, ENP 8 y la Escuela Nacional de Estudios Superiores (ENES) de Morelia y el 14 y 15 de noviembre la Facultad de Psicología realizó un paro. Para febrero de 2020 acudieron al llamado 23 planteles mediante movilizaciones y actividades. Paros, huelgas y protestas. El 30 de enero la Facultad de Ciencias Políticas y Sociales se declaró en paro. Posteriormente se sumó la facultad de Artes y Diseño y a finales del mismo mes, la Facultad de Medicina Veterinaria y Zootecnia se declaró en paro indefinido. A principios de marzo le siguió la Facultad de Economía.

la Facultad de Filosofía y Letras, respaldada por todas las escuelas y facultades de la UNAM.

- La modificación del artículo 95 exigía que se reconociera y se sancionara la violencia de género y la discriminación.
- Modificar el artículo 98 buscaba garantizar que los agresores —incluidos violadores sexuales— no regresaran a las aulas tras ser sancionados con amonestaciones verbales o la separación temporal del cargo.
- La modificación del artículo 99 proponia la paridad de género en el Tribunal Universitario. (González, 2020)

En una larga sesión del Consejo Técnico Universitario de la UNAM en el 2020 se aprobó la reforma a los artículos 95 y 99 del Estatuto General Universitario. Mientras el artículo 98 continuó en discusión. Estos logros podrían leerse como avances para el fortalecimiento de políticas para la igualdad de género y para la eliminación de la violencia contra las mujeres, tal como lo promueve la ODS. Se trata de exigencias que cada vez más permean en las universidades, de tal forma que sírvase esta experiencia para inspirar la agenda de la Universidad de Granada y otras que también atraviesan violencias de género.

INTERSECCIÓN: EL LLAMAMIENTO DE LAS ZAPATISTAS

La respuesta al feminicidio de Lesvy Berlin articuló las luchas de las mujeres indígenas y feministas en una marcha inédita realizada el 28 de noviembre de 2017 en Ciudad Universitaria de la UNAM encabezada por las mujeres del Concejo Indígena de Gobierno (CIG)[9] y su vocera María de Jesús Patricio al lado de Araceli Osorio y de colectivas e individualidades feministas. ¡La lucha por la vida! Y ¡el acuerdo de

9. El Concejo Indígena de Gobierno es una instancia de autogobierno nacida de una iniciativa del Quinto Congreso Nacional Indígena realizado en octubre de 2016 en San Cristóbal de las Casas, Chiapas. http://www.congresonacionalindigena. org/concejo-indigena-de-gobierno/

vivir! se convirtieron en la intersección.más adelante esto se potenció en el Primer Encuentro Internacional, político, artístico, deportivo y cultural de Mujeres que Luchan, convocado y organizado por las mujeres zapatistas el 8 de marzo de 2018 en el Caracol de Morelia, zona de Tzotz Choj, Chiapas, México. Más de seis mil mujeres de 38 países reunidas «acordaron seguir vivas y luchando»[10]. De ahí se desplegaron como corrientes imparables convocatorias internacionales, nacionales, barriales y comunitarias de encuentros y talleres de mujeres, quienes ubicaron en el centro del debate y como lucha impostergable la vida: ¡vivas nos queremos!

A finales de julio de 2018 el Congreso Nacional Indígena (CNI)[11] y el Concejo Indígena de Gobierno (CIG) convocaron al primer Encuentro Nacional de Mujeres en la comunidad indígena Otomí de San Lorenzo Nenamicoyan, Estado de México. Más de mil mujeres de los pueblos, de las ciudades y de distintos países se declararon «en lucha contra el patriarcado, el capitalismo neoliberal y el neocolonialismo, con la convicción, de que, si las mujeres no nos liberamos de la esclavitud, la sociedad nunca será libre» (Redacción Desinformémonos, 2018).

En el 2019 el pueblo nahua popoluca de San Juan Volador fue sede del Segundo Encuentro Nacional de Mujeres, convocado por el CNI y el CIG. Entre 625 asistentes de los pueblos, ciudades y países dialogaron en torno a «¿cómo construimos desde nuestras realidades y nuestras herramientas un tejido común que nos permita fortalecer la organización en y entre nosotras, nuestros pueblos, colectivos, barrios y organizaciones?».

A finales del 2019 se realizó el Segundo Encuentro Internacional de Mujeres que Luchan en el Semillero «Huellas del caminar de la Comandanta Ramona» del Caracol Torbellino de Nuestra Palabra, ubicado en la zona Tzotz Choj en la comunidad de Morelia, Chiapas.

---

10. Consultar en este enlace: https://enlacezapatista.ezln.org.mx/2018/03/10/palabras-de-las-mujeres-zapatistas-en-la-clausura-del-primer-encuentro-internacional/
11. Es una red de pueblos indígenas que luchan por su derecho a la libre autodeterminación. Se funda en 1996 a la luz de los diálogos entre el Ejército Zapatista de Liberación Nacional y el Gobierno mexicano.

Estos espacios se han construido por mujeres de distintas latitudes, luchas, oficios, profesiones y edades, pues como dicen las zapatistas «lo más peligroso en el mundo es ser mujer». El llamamiento de las mujeres indígenas zapatistas fue la bisagra que terminó de vincular al movimiento social con la universidad, en todo ello fue central la lucha por la vida, entendida como la necesidad de transformar las instituciones para erradicar la impunidad que permite la violencia y los feminicidios tanto en las calles, en los hogares como en los espacios universitarios. El derecho a la vida se exige en un escenario de álgida violencia patriarcal, por lo que los encuentros masivos de diversas mujeres han logrado un análisis y un acuerdo común sin suprimir las diferencias de origen étnico y de clase.

El movimiento de mujeres indígenas

El aumento del extractivismo ha despertado una sublevación de mujeres indígenas, quienes se oponen a la contaminación de los ríos, a la privatización de las tierras, a la minería a cielo abierto, a los megaproyectos energéticos que amenazan con destruir el modo de vida comunal. Las mujeres Ikoots, zoques, zapotecas, chontales, chinantecas y tzotziles confrontan el despojo de megaproyectos desplegados en el Istmo de Tehuantepec, Oaxaca.

El Istmo de Tehuantepec, se ubica en el sur de México y geográficamente forma parte de la franja de tierra más estrecha que comunica el Océano Pacífico con el Atlántico. El área que aquí nos ocupa, administrativamente se delimita en el estado de Oaxaca, y es una región que se constituye de dos distritos, Juchitán y Tehuantepec que comprenden 46 municipios y cuentan con una población total de 683 mil habitantes (INEGI, 2015) de la cual aproximadamente el 57% es población indígena, principalmente pueblos ikoots (huaves), angpøn (zoques), chontales, binnizá (zapotecos), chinantecos y tzotziles.

El contexto refiere a territorios que son de tenencia comunal o ejidal. Sus formas de gobierno son municipales, de bienes comunales y autoridades tradicionales en algunos casos. La organización política tiene como órgano central a la asamblea, las hay de carácter agrario donde asisten los comuneros y ejidatarios legalmente certificados y otras de carácter general en la que puede asistir todo el pueblo. Es de reconocer que estas instancias agrarias e indígenas que producen consensos y decisiones comunes se encuentran jurídicamente constituidas en su mayoría por hombres. Son espacios de disputas políticas y de constante reconstitución, pues no en todos los pueblos se mantienen sólidas: en algunos casos se encuentran divididas y en otros hasta desmanteladas.

El trabajo colectivo (el tequio, la faena o la ayuda) es parte de la organización comunitaria. Se expresa muchas veces en las construcciones de casas y en las festividades. En la fiesta se hace el trabajo colectivo para el disfrute común cuyas fechas coinciden con los calendarios agrícolas (Sánchez, 2021).

La base alimentaria es la milpa y la pesca. Es característico de los pueblos indígenas zapotecos (en las localidades de Xadani, Alvaro Obregon, ejido Zapata, Unión Hidalgo, San Blas Atempa, Santa Rosa de Lima, ejido Charis y barrios de Juchitán) el cultivo del maíz zapalote chico (xuba huini en zapoteco). La siembra está en manos de los hombres pero la transformación y circulación en los mercados regionales depende de las mujeres, son ellas las que convierten el maíz en una gran variedad de alimentos, cuyos nombres están en zapoteco: guetabingui' (totopo), guetabicuni (memelita), guetahuana (tortillas blandas), guetabizá (tamalito de frijol), guetagu' (tamales de res), guetabadxi (tamalito de maíz), guetagu gucha'chi (tamales de iguana), guetabingui (tortilla de camarón), guetaze' (tamales de elote) entre otras formas culinarias (Olhovich, 2013)

Los pueblos ikoots asentados en las lagunas y en el mar que desemboca en el Océano Pacífico siembran maíz y practican la pesca. Sus tecnologías son: la atarraya, el chinchorro y los veleros que aprovechan el viento para pescar camarón, zavalote, jaiba, abulones, huachinangos y alrededor de otras 50 especies, dirigidos para el autoconsumo familiar, comunitario y para sostener la alimentación regional, son comercializados por las mujeres en los mercados de Juchitán, Salina Cruz y Unión Hidalgo, Oaxaca.

En Chimalapas los pueblos zoques, tzotziles y chinantecos que ahí habitan tienen como base alimentaria el frijol negro, blanco, el ejote, el maíz zapalote chico y el maíz grande que crece en la montaña. Se practica la cacería de jabalí, venado, armadillo, iguana, tejón, tepezcuintle, chachalaca, entre otros. En algunas comunidades de Chimalapa se pesca todo el año, mientras en otras más auto reguladas se pesca únicamente en el mes de abril mojarras, sardinas, camarones, chacales y pez bobo.

Los mercados locales son los territorios de las mujeres. Ahí se encuentran todos los productos antes mencionados que sostienen la alimentación de la región. Se practica el intercambio de alimentos (trueque) y fluye la información política de los pueblos. La preparación de alimentos a grandes cantidades para las fiestas se hace a partir de las relaciones de apoyo mutuo entre mujeres. Son las que alimentan a casi todo el pueblo en tiempos de fiestas y en tiempos de acciones políticas para recuperar tierras.

Este entramado de relaciones comunales nos muestra el estrecho vínculo entre territorio, vida y mujeres indígenas. De ahí que el despliegue del extractivismo y el despojo se den a la par de la violencia directa contra las mujeres indígenas, donde la devastación de los paisajes agro-bioculturales, las sistemáticas violaciones sexuales y los feminicidios son parte de la guerra contra la Tierra, los cuerpos y la desarticulación de los sistemas comunales que se encuentran profundamente imbricados con la vida del territorio.

Las mujeres zoques, tzotziles y chinantecas de la selva de los Chimalapas, están recuperando tierras comunales y están exigiendo la cancelación de una concesión minera que la Secretaría de Economía del Estado mexicano otorgó a la empresa canadiense Minaurum Gold Inc. Las mujeres de la sierra chontal están obteniendo su reconocimiento como comuneras en el Registro Agrario Nacional al mismo tiempo que impugnan jurídicamente las concesiones mineras que fueron otorgadas en sus territorios a la misma empresa canadiense (Mapa 1).

Las mujeres zapotecas e ikoots desde hace más de una década se oponen a la instalación del corredor de parques eólicos más grande de América Latina. Cinco mil aerogeneradores se pretenden instalar sobre la planicie del Istmo de Tehuantepec, Oaxaca (García Torres, 2018). Actualmente operan 29 parques eólicos los cuales suman 1,564 aerogeneradores, se han desarrollado sobre una superficie total de 31 mil ha, repartida entre los municipios de Asunción Ixtaltepec, El Espinal, Juchitán de Zaragoza, Santo Domingo Ingenio y Unión Hidalgo (GeoComunes, 2022) (Mapa 2).

Mapa 1. Feminicidio y extractivismo en el Istmo, México

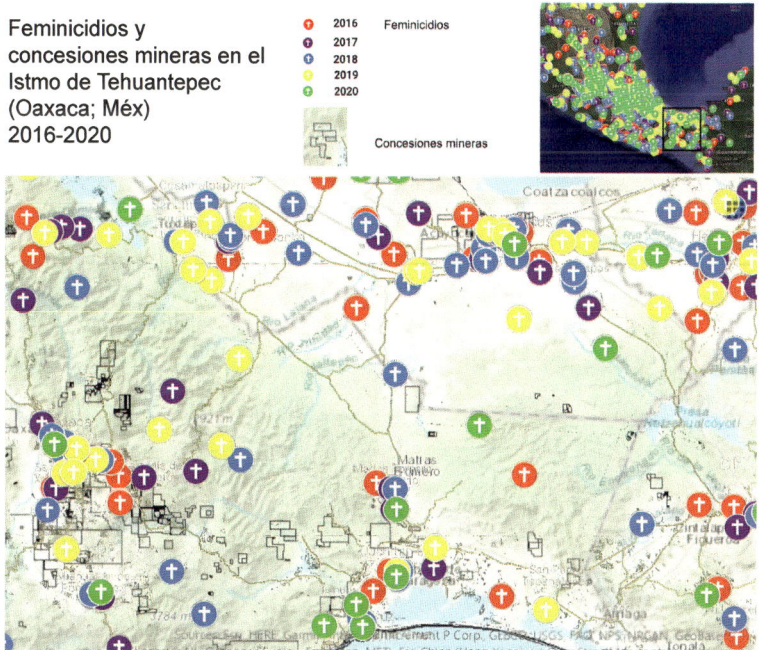

Fuente: Elaboración propia con base en el mapa interactivo de María Salguero y la cartografía oficial de proyectos mineros de la Secretaría de Economía en México CartoMinMex.

Mientras, en las lagunas de los pueblos ikoots de San Dionisio, San Mateo y San Francisco del Mar han logrado expulsar a las empresas eólicas y han sido principalmente las mujeres quienes en sus asambleas han decidido no aceptar la instalación de los parques eólicos. El argumento ha sido la defensa de la laguna y la defensa de la base alimentaria que es la pesca y el maíz.

Las acciones de las mujeres indígenas en la defensa de los territorios trascienden las regulaciones del Estado. Es decir, pese a que en su mayoría no poseen la atribución jurídica para decidir sobre sus territorios, ellas están participando en sus asambleas para defender los ríos, los árboles, los animales y todo ser vivo que ahí habita.

Mapa 2. Parques eólicos en el sur del Istmo de Tehuantepec, Oaxaca

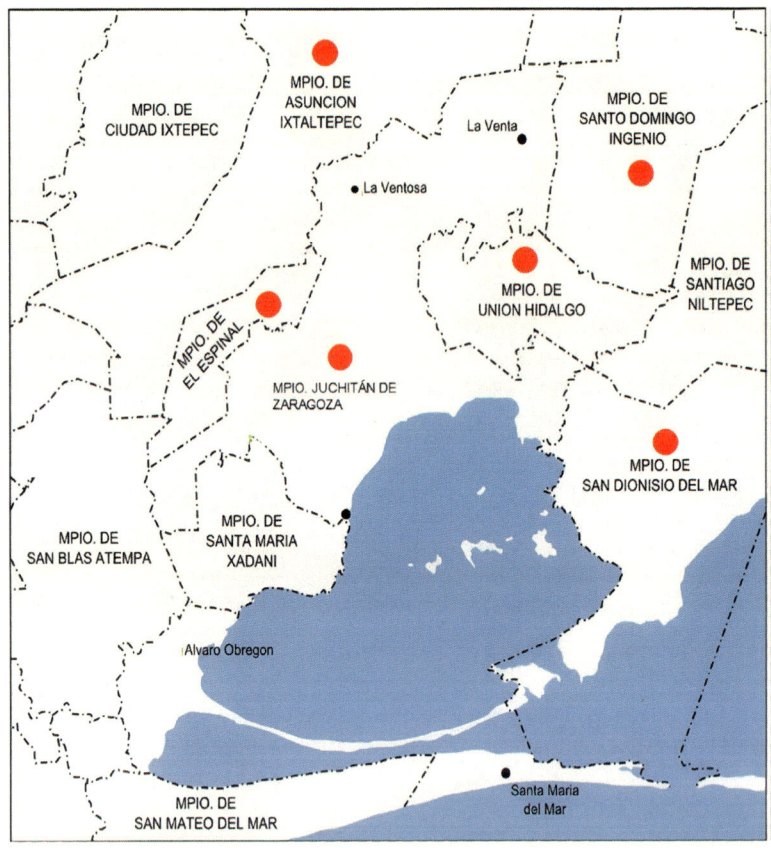

Fuente: https://www.grieta.org.mx/index.php/parques-eolicos/corredor-eolico-del-
istmo-de-tehuantepec/

Las mujeres indígenas de diversos pueblos han identificado
que la falta de atribución jurídica como posesionarias de la tierra se
vuelve más peligroso en un contexto de despojo extractivista.[12] Pues

<hr/>

12. Mujeres mixes, zapotecas, zoques y chontales se reunieron en el *Encuen-
tro-Taller La comunalidad y la defensa territorial desde la perspectiva de los saberes de las
mujeres indígenas*, realizado y convocado en Ixtepec, Istmo de Tehuantepec, Oaxaca el
15 de marzo de 2020, por el colectivo «La meña» del Comité Ixtepecano en Defensa

las empresas mineras y eólicas solo convocan a las autoridades comunales, ejidales y municipales para promover la aceptación del proyecto, sin información y sin cumplir los protocolos del Convenio 169 de la Organización Internacional del Trabajo. Otro de los megaproyectos industriales identificados en esta región es el Corredor Interoceánico. Consiste en un enclave industrial que se pretende instalar a lo largo de todo el Istmo desde el Océano Pacífico hasta el Golfo de México. Proyecta la remodelación de los puertos de Coatzacoalcos (en el Golfo de México) y de Salina Cruz (en el Océano Pacífico); la modernización del ferrocarril; la construcción de un gasoducto, la ampliación de la carretera transístmica; la construcción de 11 parques industriales. Un enclave energético-industrial para intensificar la manufactura y el potencial exportador». El corredor interoceánico abarca 79 municipios (33 en Veracruz y 46 en Oaxaca), dentro de éstos existen 1, 245 ejidos y 35 comunidades. Esto implica cambios de uso de suelo y un ordenamiento territorial que amenaza la tenencia comunal y ejidal de los pueblos indígenas que ahí habitan (GeoComunes, 2020). En este marco las mujeres zoques, ikoots, mixes y zapotecas generan sus propias estrategias para defender el territorio. Identifican sus propias formas de relación con el territorio y de participación comunitaria que no necesariamente se encuentran reguladas por el Estado. Las mujeres ejercen prácticas milenarias de cuidado y reproducción de la vida del territorio, mediante la huerta, la milpa, la limpieza del río, el conocimiento de las hierbas, la elaboración de las comidas en las fiestas y su protagonismo en los rituales festivos de sus comunidades.

Las mujeres istmeñas ejercen prácticas que reproducen la vida y el territorio, tales como: el trabajo colectivo, el mercado regional, las relaciones de apoyo mutuo y las fiestas. Todas estas les permiten defender y mantener sus territorios libres de minería. Al mismo tiempo aplican estrategias jurídicas que impugnan los marcos económicos extractivos. Utilizan resquicios jurídicos en materia de derechos agrarios,

---

de la Vida y el Territorio, el colectivo Matza de San Miguel Chimalapas, Mujeres del Frente por la Defensa del Territorio de Comitancillo y Coldiba A.C. «Mujeres Tejiendo Realidades» de Tehuantepec.

indígenas y convenios internacionales. Son herramientas coyunturales para asegurar sus territorios comunales.

Las mujeres señalan que «es necesario la revisión de cada uno de los estatutos comunales para poder incidir en las tomas de decisiones asamblearias, ya que ante el despojo y la implementación de los proyectos extractivos (eólicos, mineros, gasoductos, líneas de transmisión, hidroeléctricas, fábrica de aspas, etc.) vemos que la toma de decisión se concentra en unos pocos que son beneficiarios del derecho agrario y que generalmente no toman en cuenta la opinión de toda la comunidad» (Encuentro de mujeres indígenas, 2020).

En algunos casos el reconocimiento de las mujeres indígenas como comuneras (como es el caso de las chontales) en estos tiempos de extractivismo funge como estrategia de defensa de las tierras comunales y no como la exigencia de derechos individuales. Por otro lado, hay mujeres indígenas que no ven necesario apelar a estos marcos jurídicos ya que desde sus propios procesos han desarrollado otras estrategias políticas que las mantienen activas en las decisiones y consensos asamblearios y que incluso han logrado detener megaproyectos extractivos, tal como es el caso de las mujeres ikoots.

ASIMETRÍA Y DIÁLOGO

Feminismos de corte liberal y colonial sostienen distancias con las diversas luchas de mujeres negras e indígenas entre otras que impugnan no sólo el orden patriarcal sino también el racista y el capitalista. Este hecho es criticable, pero necesario discutir, seguramente a este punto se refiere Aura Cumes (2012) cuando critica a un feminismo hegemónico o cuando Gladys Tzul Tzul (2019) afirma que «el feminismo es hijo del liberalismo y está pensado en procesos de emancipación en términos individuales» a diferencia de las luchas comunales de las mujeres indígenas.

Esta asimetría fue enunciada en el octavo encuentro Continental de las Mujeres Indígenas de las Américas realizado en la Ciudad de México del 26 al 29 de febrero de 2020. Ahí se señaló que «los feminismos urbano-centrados, que no confrontan la violencia racista y la continuidad del despojo colonial de los pueblos, no incluyen las voces indígenas, ni sus experiencias y por tanto no las representan» (Hernández, 2020). Algunas cuestiones que están en juego son horizontes emancipatorios, formas de existencia y modos de vida. Donde los nacionalismos hegemónicos, el privilegio de una clase, la forma política Estatal y el proyecto civilizatorio capitalista han sido determinantes para imposibilitar un puente entre las diversas luchas de las mujeres. En esta escalada jerárquica y desigual no se trata de señalar cuál es la lucha más legítima sino de no olvidar que esta guerra contra las mujeres se atraviesa de forma diferenciada.

Tal como lo señala con lucidez Aura Cumes cuando identifica que «la subordinación de las mujeres indígenas en contextos coloniales no solo favorece a los hombres indígenas, sino en una escala que va en ascenso, beneficia a las mujeres y hombres no indígenas debido a la cadena de subordinación que el sistema establece» (Cumes, 2012)

La cuestión, es que de no impugnar el orden colonial el patriarcado no va a caer y lo mismo aplica para el sistema capitalista, pues la aparente separación de estos tres órdenes de dominación oculta que «todas las mujeres, también las mujeres blancas / occidentales, han quedado racializadas, si una mujer se piensa como no racializada es porque quedo racializada en la categoría privilegiada» (Cumes, 2012)

Por lo tanto, se vuelve necesario pensar desde la profunda imbricación del orden capitalista, patriarcal y colonial. Desde ahí la lucha por la vida que se rebela de distintas formas y latitudes encarna una de las críticas más profundas al proyecto civilizatorio en crisis. Desde las acciones de mujeres indígenas en defensa de los territorios, pasando por las tomas universitarias de las mujeres organizadas, hasta las manifestaciones feministas, se están tejiendo territorialidades que se enfrentan a los crímenes feminicidas que cercenan los cuerpos de mujeres y también desafían los extractivismos que devastan a la tierra.

Si bien hay distancias entre las genealogías históricas, políticas y culturales de las diversas luchas de las mujeres, hay también en este siglo XXI puentes que trascienden el antropocentrismo, el individualismo y revelan la potencia de la defensa de la vida en tiempos de catástrofes.

CONCLUSIONES

Las feministas como las mujeres comunales territorializan sus cuerpos, las universidades y los bienes comunales. Dichos procesos se rebelan contra la guerra que el capitalismo, el colonialismo y el patriarcado le declaro a las mujeres y a la tierra tanto en las ciudades como en los pueblos indígenas. Por ello resulta en suma relevante enfocar en ese vínculo que han generado las manifestaciones feministas en las calles, las mujeres universitarias organizadas y las mujeres indígenas cuyo punto de intersección es la lucha por la vida.

El derecho a la vida es central para hablar de la igualdad de género y del combate a la emergencia climática que se proponen los ODS, pues los casos aquí presentados nos muestran que no se trata de exigencias de derechos individuales sino de colectividades y de mujeres situadas en dinámicas comunales cuya apuesta también es ambiental en tanto defienden los ríos y los territorios para evitar la contaminación minera y eólica. En este debate la universidad ocupa un papel importante, cuya forma de producción de conocimiento debería sacudirse del conocimiento androcéntrico e instrumental para generar nuevo conocimiento nacido desde las prácticas sociales que apuestan por un horizonte de relaciones simétricas en materia de género.

Finalmente, otro punto importante es la denuncia colonial que atraviesa tanto a las universidades como en los territorios indígenas. Las feministas, las mujeres universitarias y las mujeres indígenas han coincidido es que este antecedente de dominación está profundamente imbricado con el patriarcado y por tanto una exigencia de igualdad de género tiene que pasar por un cuestionamiento tajante a las relaciones coloniales. Estamos ante uno de los fenómenos más contestarios a la crisis civilizatoria que atravesamos donde una de sus expresiones es el vínculo entre los álgidos feminicidios y el incremento del extractivismo. En ese escenario las mujeres indígenas del Istmo de Tehuantepec y las feministas organizadas de las universidades están apostando por horizontes de justicia de género y de la vida digna de las mujeres, de sus pueblos y de la tierra.

BIBLIOGRAFÍA

Federici Silvia, (2010), *Calibán y la bruja. Mujeres, cuerpo y acumulación originaria*. Ed. Traficantes de sueño: España

Millán, Margara, (2023), *Territorializar la Universidad: experiencia desde el movimiento de mujeres organizadas de la Universidad Nacional Autónoma de México 1919-2021*, en Collados, Antonio, Muntadas About Academia. Ed. Universidad de Granada

Merchant Carolyn, (2020), *La muerte de la naturaleza. Mujeres, ecología y revolución científica*, ed. Comares: España.

Segato Rita, (2016), *La guerra contra las mujeres*. Ed. Traficantes de sueño: Madrid, España

Tzul Tzul, Gladys, (2019), *Sistemas de gobierno comunal indígena. Mujeres y tramas de parentescos en Chuimeq´ena*, ed. Instituto Amaq, Guatemala.

FUENTES ELECTRÓNICAS

Olhovich Sofia, (2013), *La lucha contra los eólicos es una lucha por la soberanía alimentaria*. https://www.youtube.com/watch?v=NXYx1lubeHA

Redacción Desinformémonos, (2018), *Si las mujeres no nos liberamos de la esclavitud, la sociedad nunca será libre*: Encuentro de Mujeres del CNI y CIG. https://desinformemonos.org/las-mujeres-no-nos-liberamos-la-esclavitud-la-sociedad-nunca-sera-libre-encuentro-mujeres-del-cni-cig/

Colectivo Geocomunes, (2020). *Análisis General del Proyecto de Corredor Interoceánico del Istmo de Tehuantepec*http://geocomunes.org/Analisis_PDF/GeoComunes_Trans%C3%ADstmico_22Abril2020.pdf

García Torres, Miriam, *El Ibex 35 en guerra contra la vida, Transnacionales españolas y conflictos socio ecológicos en América Latina*. Un análisis ecofeminista, Ecologistas en acción. https://www.ecologistasenaccion.org/wp-content/uploads/adjuntos-spip/pdf/informe-ibex35.pdf

Magdaleno, Natalia, (2020), Miradas del 8M: documentar nuestra historia. Agencia de Comunicación Autónoma *Subversiones* en https://subversiones.org/archivos/136410

Secretariado Ejecutivo del Sistema Nacional de Seguridad Pública. https://www.gob.mx/sesnsp/articulos/informacion-sobre-violencia-contralas-mujeres-incidencia-delictiva-y-llamadas-de-emergencia-9-1-1-febrero-2019.

Las Brujas del Mar (@brujasdelmarver), Si paramos nosotras para el mundo, 18 de febrero de 2020. https://www.instagram.com/p/B8ui-VzSp-q9/?utm_source=ig_embed

Redacción Infobae (2019), Al grito de «violadores», cientos de mujeres estallaron contra la policía en la Ciudad de México, Infobae, 13 de agosto de 2019. Consultado en: https://www.infobae.com/america/mexico/2019/08/12/al-grito-de-violadores-cientos-de-mujeres-estallaron-contra-la-policia-en-la-ciudad-de-mexico/

González María, Itandehui Ramírez Aurea y Esparza María F., (2019)No me cuida la policía, me cuidan mis amigas, Agencia *SubVersiones*, 19 de agosto de 2019, https://subversiones.org/archivos/135641

López Ixtlicóchitl (2019) Prepa 5: en paro ante falta de respuesta a denuncias de violencia de género, *Proceso*, 22 de noviembre de 2019, https://www.proceso.com.mx/607851/prepa-5-en-paro-ante-falta-de-respuesta-a-denuncias-de-violencia-de-genero

Hernández Castillo R. Aída (2020), El «¡ya basta!» de mujeres diversas ante violencias múltiples, *La Jornada* 2 de marzo de 2020, https://www.jornada.com.mx/2020/03/02/opinion/015a2pol

Mejía Lisbeth (2019), Gladys Tzul Tzul: Las indígenas no queremos ser llamadas feministas, 24 de octubre de 2019, El Imparcial, consultado en: https://imparcialoaxaca.mx/arte-y-cultura/367609/gladys-tzul-tzul-las-indigenas-no-queremos-ser-llamadas-feministas

Cumes Aura, Estela, (2012), Mujeres indígenas, patriarcado y colonialismo: un desafío a la segregación comprensiva de las formas de dominio, en Lola González Guardiola et al., *Anuario Hojas de Warmi* no. 17, 2012, Murcia, p. 10, https://revistas.um.es/hojasdewarmi/article/view/180291

Palabras de las mujeres zapatistas en la inauguración del segundo encuentro internacional de mujeres que luchan. Enlace zapatista https://enlacezapatista.ezln.org.mx/2019/12/27/palabras-de-las-mujeres-zapatistas-en-la-inauguracion-del-segundo-encuentro-internacional-de-mujeres-que-luchan/

Declaratoria final del Primer Encuentro Nacional de Mujeres del CNI y el CIG. https://www.congresonacionalindigena.org/2018/07/30/declaratoria-final-del-primer-encuentro-nacional-de-mujeres-del-cni-y-el-cig/

Sánchez Contreras Josefa, (2021), «Xen Kotzonkuy y rebelión», *Revista de la Universidad de México*. https://www.revistadelauniversidad.mx/articles/f02e8b0a-5129-47b9-9bc0-aa859fe20ddc/xen-kotzonkuy-y-rebelion

Cartografía de Minería de la Secretaría de Economía de México, CartoMinMex. https://portalags1.economia.gob.mx/arcgis/apps/webappviewer/index.html?id=1f22ba130b0e40d888bfc3b7fb5d3b1b

Salguero, María, Yo te nombro: el mapa de los feminicidios en México. http://mapafeminicidios.blogspot.com/p/inicio.html

Jordana González y Karen Ballesteros, (2020), UNAM reforma Estatuto General, pero omite sanciones para agresores sexuales y de género, *Contra línea* *https://contralinea.com.mx/interno/featured/unam-reforma-estatuto-general-pero-omite-sanciones-para-agresores-sexuales-y-de-genero/*

Comisión Nacional para Prevenir y Erradicar la Violencia Contra las Mujeres https://www.gob.mx/conavim/articulos/que-es-el-feminicidio-y-como-identificarlo?idiom=es

CAPÍTULO 8
EXPERIENCIAS DE RACISMO SEXISTAS Y SEXISMO RACISTA: PROPUESTAS PARA LA REFLEXIÓN SOBRE LOS OBJETIVOS DE LA AGENDA 2030

Gemma M. González García
(Universidad de Granada)

INTRODUCCIÓN

El racismo sexista y el sexismo racista son dos formas de discriminación interconectadas entre sí que afectan a millones de personas en todo el mundo. Estas formas de discriminación son especialmente perjudiciales para las mujeres y para las personas racializadas, quienes enfrentan desigualdades estructurales en su vida diaria. La Agenda 2030 para el Desarrollo Sostenible de las Naciones Unidas busca abordar estas disparidades y promover la igualdad de género y la no discriminación como objetivos fundamentales para el crecimiento global. El desarrollo sostenible atiende a la inclusión de poblaciones vulnerables ya que las desigualdades por ingresos, género, edad, discapacidad, orientación sexual, raza, clase, origen étnico, religión y oportunidad persisten a nivel mundial y son una amenaza a los Objetivos (Naciones Unidas, s. f.).

El impacto de la COVID-19 sobre el incremento de las disparidades ha sido más moderado que en la crisis del 2008, pero se trata de una diferencia explicable de forma parcial por la consolidación de la población migrante en España (Muñoz-Comet, 2021). Las crisis sanitarias tienen efectos sobre las desigualdades no solo en el corto o medio plazo, como todavía hoy apreciamos con la COVID-19, sino también en el largo plazo, como sucedió con pandemias como la gripe española, el VIH/SIDA, la gripe aviar o el Ébola. Todas ellas tienen varios elementos en común. El más destacado en relación al actual escenario post-pandemia es el incremento de las desigualdades sanitarias. Se ha mostrado la discriminación racial en el acceso a la sanidad durante la pandemia del COVID 19 (Kemei, Tulli, Olanlesi-Aliu, Tunde-Byass, & Salami, 2023), pero también la represión de cuerpos racializados en base a su estigmatización (Ravindran, 2020). Además, las desigualdades de la población migrante frente a la población autóctona se reflejan en su posición laboral. Es decir, se observa una prevalencia excesiva de personas migrantes en empleos temporales de baja cualificación y en sectores estrechamente vinculados a la variación del ciclo económico (Muñoz-Comet, 2021). La tasa de desempleo es mayor para poblaciones afrodescendientes o latinoamericanas en comparación con la población blanca. Además, son estas personas quienes ocupan puestos de trabajo más precarizados (Canales y Castillo Fernández, 2020).

En lo referido al género, la crisis sanitaria ha tenido impactos directos considerables sobre la población masculina, pero efectos indirectos desproporcionados sobre las mujeres (Flor et al., 2022), entre ellos, el aumento de la violencia de género como consecuencia del confinamiento. A nivel económico, las mujeres han sufrido los peores perjuicios ya que tienden a ocupar puestos precarios o informales en el trabajo doméstico, sector que ha jugado un papel fundamental durante esta crisis debido a dos razones. La primera, durante el confinamiento, la vida se desenvolvió en el espacio privado. La segunda, el trabajo reproductivo y de cuidados ha sostenido la crisis productiva. En el caso de las mujeres racializadas, su vulnerabilidad se ha incrementado por el racismo estructural en conjunción con el sexismo estructural. Las mujeres racializadas han soportado el trabajo de cuidados, imprescindible en una crisis sanitaria de esta magnitud, lo que tiene impactos no solo para su estatus socioeconómico, sino para su propia salud (Laster Pirtle & Wright, 2021). Concretamente, el empleo de las mujeres racializadas se ha visto comprometido en mayor grado que para los hombres como consecuencia del coronavirus (Morgan et al., 2021; Ruprecht et al., 2021).

En definitiva, la pandemia ha sido un hecho social que ha afectado en mayor medida a las personas más pobres y a las mujeres, a personas negras y afrodescendientes, entre otras poblaciones excluidas en el mundo.

Otra de las dificultades en el acceso a recursos lo ha constituido la brecha digital, que se acentuó enormemente como consecuencia del confinamiento. Se trata de un obstáculo añadido para aquellas personas y colectivos socialmente excluidos y empobrecidos en un contexto de digitalización del empleo y la educación. Además, la digitalización jugó un papel fundamental en el desarrollo de las relaciones sociales y la cohesión comunitaria en tiempos de pandemia (Organización Internacional para las Migraciones, s. f.). Actualmente, mantiene una gran relevancia entre la población más joven. No obstante, debido a la trascendencia que en las últimas décadas ha adquirido el uso de internet, de plataformas digitales y redes sociales, el mundo virtual se ha convertido en un nuevo escenario en el que se efectúan violencias en forma de ciberagresiones o ciberacoso. La web también ha adquirido una gran relevancia para las personas migrantes ya que constituye un medio de comunicación y contacto con familiares de sus territorios de origen. El cierre de las fronteras entre países desde 2020 ha restringido los desplazamientos internacionales, con consecuencias a nivel de salud mental.

Todos estos acontecimientos se enmarcan en las dinámicas y lógicas del Norte-Sur Global. Los territorios y países del Sur Global se han visto relegados a un segundo plano en el acceso a recursos sanitarios y en múltiples esferas de la vida, como consecuencia de la crisis internacional y sus impactos en la economía y en la sociedad. Aquellas personas procedentes del Sur Global han sufrido una serie de dinámicas excluyentes en las ciudades del Norte Global, especialmente significativas en el ámbito de los cuidados, así como del acceso a recursos sociosanitarios, económicos, vivienda o, en muchos casos, sufriendo segregación espacial. E. Tendayi Achiume habla del concepto de «zonas de sacrificio» y «zonas de sacrificio racial» para referirse, entre otros lugares del mundo, a los barrios racialmente segregados del Norte Global. El efecto de la influencia del Norte Global provoca que la riqueza del Sur se trasvase hacia las zonas privilegiadas del mundo (Achiume, 2022). Según esta autora, Relatora Especial de las Naciones Unidas, la Agenda 2030 no mantiene un compromiso profundo contra el racismo y la xenofobia sistémicos, lo que resulta problemático para conseguir los Objetivos de Desarrollo Sostenible. No obstante, resalta el potencial de la Agenda para conseguirlo.

Achiume recalca que la discriminación racial opera en dos niveles. El primero es contra las personas que la viven, mientras que el segundo es contra los países y territorios colonizados en base a teorías y creencias racistas. La política sanitaria mundial ha sido decidida por instituciones del Norte Global, lo que muestra desigualdades sanitarias racializadas según se trate de países de altos o bajos ingresos. Varias instituciones globales como el FMI o el Banco Mundial adoptan las grandes decisiones a nivel económico, lo que tiene repercusiones sociales y en los derechos humanos. Por su parte, el Programa de las Naciones Unidas para el Desarrollo entiende que «las personas migrantes son actores clave para la recuperación del desarrollo mundial post COVID-19» (Naciones Unidas, 2020b). Esta convicción desarrollista parece chocar con los intereses económicos y políticos que rigen el mundo.

Las desigualdades estructurales se reproducen en forma de discriminaciones cotidianas. Podemos hablar hasta de cuatro maneras en las que suceden en la vida de las mujeres racializadas. La primera se produce por los estereotipos negativos. Estos contribuyen a su marginación y a su percepción de inferioridad. La segunda es la discriminación en el acceso a oportunidades, ya sea de tipo educativo, laboral o de desarrollo. La tercera es relativa al racismo y al sexismo interseccional, a través de formas múltiples de opresión y/o exclusión. En cuarto lugar, existe un trato discriminatorio en el espacio público mediante actitudes hostiles, o discriminación directa asociándolas con delincuentes o prostitutas.

El panorama post-COVID ha albergado cambios en el racismo. El Observatorio español del racismo y la xenofobia (2020, p.10) señala elementos tensionadores de la sociedad, en detrimento de la inclusión, la igualdad de trato y la no discriminación. Se trata de tres: el incremento en el uso de Internet, el aumento de las desigualdades y la vulnerabilidad de poblaciones racializadas y mujeres como consecuencia de la crisis pandémica y la globalización.

El odio y la intolerancia han aumentado en los espacios virtuales, concretamente en las redes sociales. Además, el auge de los discursos xenófobos y racistas en Europa y España es un elemento que ha sustentado el discurso de odio hacia poblaciones africanas.

La COVID-19, tal y como se ha analizado previamente, ha tenido un impacto socioeconómico sobre las personas vulnerables. Pero, por otra parte, las personas afrodescendientes han sufrido acoso y diferencia de trato por su racialización por parte de las autoridades policiales. También, han estado sobrerrepresentadas en los centros de internamiento penal, así como en las multas por incumplimiento de las restricciones durante la pandemia (Naciones Unidas, 2020a).

Por su parte, la globalización ha impulsado movimientos migratorios mundiales por razones económicas o políticas, pero también por estudios, en el marco de la internacionalización cada vez mayor de las universidades europeas. En el caso de la Universidad de Granada, en el curso académico 2021/2022, el estudiantado extranjero representó un 8,37% en estudios de Grado. Este porcentaje aumenta progresiva y considerablemente en máster y doctorado. Los datos más actualizados disponibles sobre el país de origen en esta Universidad corresponden al curso 2015/2016. El país extranjero del que procedían el mayor número de estudiantes internacionales era Marruecos (635 en total, 353 mujeres y 282 hombres), pero también hubo presencia del resto del continente africano, si bien no fue el más representativo en su conjunto. Países como Guinea Ecuatorial (14 personas, 8 mujeres y 6 hombres), del Sáhara (9 estudiantes, 2 mujeres y 7 hombres) o Senegal (5 estudiantes, 2 mujeres y 3 hombres) suponen cifras bastante similares a los dos años anteriores.

En este capítulo se abordará el género y la racialización en el escenario post-pandemia a través de testimonios recabados en un grupo de mujeres jóvenes que residen en la ciudad de Granada, España, durante los años 2020 y 2022.

RACISMO, ESTEREOTIPOS Y PREJUICIOS

El racismo se expresa a través de un conjunto de ideas, discursos y prácticas de invisibilización, estigmatización, discriminación, exclusión, explotación, agresión y despojo. No se trata de un problema individual, sino de un grupo social que se desarrolla mediante tres procesos interdependientes entre sí: «la marginalización del otro racial», «la problematización de otras culturas e identidades» y, en

último lugar, «la represión simbólica o física de la resistencia mediante la humillación o la violencia» (Essed, 1991, 2008, p. 207). Tiene
varias dimensiones: interpersonal, institucional y cultural. Existen
nuevas formas de racismo que, lejos de ser muy distintas al antiguo,
mantienen una continuidad entre sí. En este sentido, Buraschi e Idáñez (2017, p. 174) subrayan cómo el concepto de raza se suprime
y, en su lugar, los términos cultura, identidad y etnia se racializan,
siendo empleados con una connotación menos negativa, pero con la
misma función. La producción de la alteridad, es decir, la producción
del «otro» o la «otra» racial, constituye una lógica racista de diferenciación. Esta alteridad es comparable con el proceso de construcción
del género. En la generización[1] y en la racialización se construye, se
define y se crea la realidad desde una posición dominante, bien sea
la masculina, o bien sea blanca. Los contextos en que suceden estas
formas renovadas de racismo son multifactoriales. Sin embargo, en
este monográfico se abordan sólo algunos de los cuatro que enmarcan
los testimonios recopilados. Dos de estos contextos son fenómenos
sociales recientes, pero ya existentes antes de la pandemia: los nuevos
movimientos migratorios desde África y la nueva organización y división mundial del trabajo (concretamente la división sexual, cuidados y
prostitución, y racial, trabajos precarizados en agricultura). Los otros
dos se refieren específicamente al escenario post-pandemia: el aumento de las desigualdades entre el Norte y el Sur Global y el desarrollo
de las tecnologías de la información y la comunicación (TICs) con
motivo del confinamiento.

Los estereotipos son mecanismos cognitivos que simplifican la
realidad. A pesar de que se trata de un fenómeno complejo y multidimensional, indican tendencias a asociar una categoría con una serie de
características (Buraschi e Idáñez, 2019). Las ideas racistas se muestran
desde el distanciamiento hacia los cuerpos racializados en un contexto
determinado (discriminación), hasta el acercamiento o el deseo hacia
los mismos (sexualización) (González García, 2021b; hooks, 1992).

---

1. El tesauro del Instituto Europeo de la Igualdad de Género (2016) emplea el
término generización para referirse al proceso de socialización de acuerdo a las normas
del género dominante. https://eige.europa.eu/es/taxonomy/term/1183

Estos parten del proceso de racialización, y se manifiestan en actitudes y conductas (Ibíd.).

Hablamos de estereotipos negativos cuando se refieren a atributos de un grupo identificados como no deseables, y que generan una actitud o conducta de alejamiento hacia el otro o la otra racial. Un ejemplo es la relación establecida entre personas migrantes y delincuencia (Jasso López, 2015), es decir, la racialización del delito. Patricia Hill Collins (2000) se refiere a la opresión hacia mujeres afroamericanas en EEUU en un plano ideológico, donde las ideas racistas y sexistas se convierten en hegemónicas hasta naturalizarse. En este contexto, se asignan estereotipos negativos a las mujeres negras para justificar su opresión.

Los estereotipos positivos se basan en cualidades entendidas como positivas. Por ejemplo, la exuberancia de los cuerpos de las mujeres negras o su disponibilidad sexual (hooks, 1992; Vigoya, 2016; Vigoya, 2017) son ideas que generan una fetichización de sus cuerpos (Wade, Giraldo y Vigoya, 2008). Esto se manifiesta en actitudes de acercamiento hacia estas mujeres, exotizadas y fetichizadas en cuanto a su racialización, y erotizadas en cuanto que son mujeres. En ocasiones, ambos tipos son paradójicos, pues en el caso concreto de la sexualidad de las mujeres negras, coexisten ideas de promiscuidad en un sentido negativo (cuando se les relaciona con el ejercicio de la prostitución) y positivo (cuando se les caracteriza como sexualmente disponibles). En cualquier caso, existe una tendencia a atribuir a los cuerpos blancos femeninos estereotipos positivos y, por el contrario, asociar a los cuerpos racializados estereotipos negativos.

El contexto y la posición social de los cuerpos determinará de qué forma se desdibuja o de qué forma se reproducen estas ideas socialmente construidas. De hecho, las experiencias de las mujeres jóvenes negras que han crecido rodeadas de personas blancas o no racializadas en un contexto específico, son muy distintas a las de mujeres jóvenes que sí han crecido rodeadas de iguales raciales. Concretamente, la percepción de haber sido víctima de racismo se reduce (González García, 2021a)

Los prejuicios son «la aprobación o aceptación del contenido de un estereotipo cultural negativo» (Devine, 1989, p. 6), dirigida hacia un grupo social o a una persona que se percibe como miembro de ese grupo (Ashmore, 1970). Si los estereotipos son ideas o creencias positivas o negativas, los prejuicios se basan en estas ideas, pero son una manifestación de ideas negativas. De modo que, esas creencias negativas sobre las mujeres racializadas, como la promiscuidad y la prostitución, se trata de prejuicios raciales que tienen su origen en el imaginario colonial (Vigoya, 2002, p. 61).

Sexismo Y Racismo: Sus Cruces

El sexismo, siguiendo al tesauro de las Naciones Unidas, es una forma de discriminación basada en el sexo, a lo que se añade una discriminación en base al género. De modo similar al racismo, existe un nuevo sexismo que se diferencia del clásico en que se manifiesta de forma sutil ya que no resulta socialmente correcto declararse sexista (Berges, 2008).

El sexismo racista o racismo sexista (Harding, 2016) nos permite entender cómo el racismo afecta de forma diferente a mujeres y hombres racializados, y cómo el sexismo afecta de forma diferente a todas las mujeres. Las formas de violencia y discriminación y, por tanto, las experiencias de las mujeres negras, no suelen encajar dentro de las categorías de «racismo» o «sexismo», sino en ambas (Crenshaw, 1989). De ahí que hablemos de interseccionalidad. En este sentido, las relaciones entre el sexismo y el racismo no generan dobles formas de discriminación, sino múltiples formas de discriminación (Davis, 2005; Manzanera-Ruiz, 2020).

Philomena Essed (1991) habla del racismo de género (gendered racism) para referirse a esta idea, a la forma en que el sexismo y el racismo se entrelazan entre sí en los procesos de discriminación. Marlene Kim (2020) muestra cómo esta desigualdad se reproduce a nivel económico en las mujeres de color, quienes reciben menores salarios y resultados económicos en su estudio analítico. El racismo de género para las mujeres afroamericanas se basa en los estereotipos específicos de carácter negativo. La mujer negra se concibe como «dependiente económicamente de los hombres» (Gemma M. González García, 2021, p. 169), por lo que se la asocia con escasez de recursos económicos y ausencia de independencia.

El sexismo racista se refiere a la opresión y discriminación que viven las personas que pertenecen a un grupo racial y que, al mismo tiempo, son mujeres. Por su parte, el racismo sexista alude a la opresión y discriminación que sufren las mujeres por el hecho de serlo y que, al mismo tiempo, son parte de un grupo racial. En ambos casos, tanto los estereotipos como los prejuicios son el fundamento para justificar la opresión y la discriminación hacia grupos concretos. Es esencial analizar y deconstruir las ideas sexistas y racistas que se interconectan y se manifiestan mediante los prejuicios. No solo lo es para reducir la discriminación en las interacciones sociales (a nivel microsocial), sino también en para contribuir a la reducción de las desigualdades estructurales (en el plano macrosocial).

TESTIMONIOS DE MUJERES JÓVENES RACIALIZADAS

Los testimonios revelan distintas formas de discriminación interseccional. Se señalan los más significativos respecto al racismo sexista y sexismo racista de un grupo de 7 mujeres universitarias de Granada.

Estas mujeres entrevistadas comparten unas características que empleo para el análisis del racismo sexista y el sexismo racista. Se trata de mujeres jóvenes, con edades comprendidas entre los 18 y los 25 años, africanas, afrodescendientes o negras. Todas ellas han formado parte de entrevistas realizadas para distintas investigaciones propias[2] y para proyectos de investigación[3] relacionados con la discriminación, acoso o sexualización de esta población en el espacio público. Las entrevistas fueron realizadas desde noviembre de 2020 hasta diciembre de 2022. En el transcurso de las mismas se identificaron vivencias comunes entre estas jóvenes de distinto origen étnico (autoidentificadas

---

2. Trabajo Fin de Máster «Problemas de las mujeres racializadas afrodescendientes de la UGR: una perspectiva interseccional» (2020), Universidad de Granada y tesis doctoral en curso.

3. Proyecto «Las experiencias de mujeres universitarias racializadas en los espacios públicos» (Vicerrectorado de Igualdad e Inclusión, Universidad de Granada) y Proyecto de I+D+i «Análisis multimetodológico de la movilidad peatonal y la percepción del miedo en el espacio público con enfoque de género» (MOMIGEN).

como fang o negra) y de lugares distintos (por una parte, migrantes de segunda generación afincadas en ciudades de España y, por otra parte, migrantes de origen senegalés, ecuato-guineana y marroquí).

Existe una percepción común de racismo implícito a través de las miradas de otras personas hacia ellas, por motivo de ser racializadas. La racialización es el proceso de producción de la raza. Es un proceso que define los cuerpos como el lugar de la racialización en sí, y que los produce como blancos o negros (Ahmed, 2002). Es decir, hablamos de estas mujeres como racializadas en un contexto occidental, España, y concretamente la ciudad de Granada como lugar de realización de estas entrevistas y en el que se enmarcan predominantemente las experiencias que se muestran.

Para varias de estas jóvenes ser «la única persona negra» o la única persona «diferente» es y ha sido una experiencia repetida en contextos educativos, sociales y laborales. Con los siguientes testimonios, vemos una percepción concreta: se atribuyen características negativas a un grupo racial, en este caso, racializado, cuerpos leídos desde la otredad. La manifestación que resulta son las miradas o las preguntas a estas jóvenes en lugares públicos. A su vez, las emociones son de incomodidad.

> A veces en algunos sitios notas que todo el mundo te mira, que eres la única persona diferente. Lo noto y no me siento cómoda y me voy. [...] Son experiencias distintas, las miradas, los comentarios o las preguntas que me hacen no se las hacen a una persona blanca. No pienso que lo vayan a vivir nunca. (Entrevistada 01, 21 años)

> Yo no hago frente a situaciones a las que hace frente un español. Noto miradas que no terminan y me siento un poco condicionada por eso. Hay cosas que puedo vivir por ser negra y que he vivido con mis hermanas, sobre todo si vamos en grupo es como un espectáculo en la calle. (Entrevistada 02, 25 años)

En este segundo verbatim, la joven habla de mujeres negras que van en grupo por el espacio público, lo que supone un espectáculo. De aquí interpretamos que generan una reacción de sorpresa, que son el centro de las miradas y de la atención de otras personas. Es decir, las miradas que reciben suceden estando solas y en grupo de iguales.

Además, quien mira son personas «españolas», dando cuenta de la comparativa que realiza esta mujer entre ella misma y una persona nacida en España.

> En Granada, una vez unos señores me hicieron comentarios como, negra, ¿quieres pasarte por aquí? Uno se me acercó y me dijo que si quiero ganar dinero fácil. ¿Cómo que dinero fácil? Es que por ser tú negra pensaba que necesitabas dinero. El otro día, se me acerca en el supermercado por la espalda un señor mayor. Yo le di las buenas tardes y le pregunté si necesitaba algo. Él me dijo, no, tus servicios. […] La gente piensa que los negros venimos aquí en patera. Si eres negra, piensan que eres prostituta o que te estás buscando la vida. (Entrevistada 03, 20 años)

Este testimonio señala de forma muy directa y concreta un estereotipo positivo (las mujeres negras están sexualmente disponibles) y de otro negativo (son prostitutas) al que se refieren hooks (1992) y Vigoya (2016; 2017). Los perfiles de personas que manifiestan esas ideas a esta joven son hombres adultos blancos, relevando una diferencia en términos de género, de racialización y de edad. La promiscuidad es entendida como algo socialmente indeseable en la prostitución y al mismo tiempo como algo atrayente al ser sexualmente disponibles. Sin embargo, ambos se conjugan en un sentido en el que generan una atracción o voluntad de acercamiento de hombres hacia ellas. Apreciamos otra dimensión del prejuicio (o estereotipo negativo) que atañe al estatus socioeconómico, y es asociar a las mujeres afrodescendientes, africanas o negras con la pobreza o con la falta de recursos, ausencia de independencia económica (González García, 2021b). En consecuencia, se construye una idea de que son prostitutas (Vigoya, 2002), en este caso, o ladronas, como señala Jasso López (Jasso López, 2015). Esto es parte de todo un ideario de racismo de género que, mediante los estereotipos negativos, reproduce a su vez la discriminación laboral, generando desigualdad económica, como señalaba Patricia Hill Collins (2000) o más actualmente, Marlene Kim (2020).

> Cuando intentamos alquilar otro piso, nos han tocado varias situaciones discriminatorias. Unas han sido directas y otras indirectas, otros, al ver que somos negras, no nos alquilan el piso, pero otros y

otras han sido directos y no alquilan a negros. [...] Hay veces que ya no vemos más opciones y contar con una o dos y que no se nos alquile el piso por eso sienta mal. (Entrevistada 02, 25 años)

Con las palabras de esta mujer apreciamos de forma más concreta las expresiones de ideas sobre pocos recursos económicos vinculadas a las personas racializadas. Esto supone un impedimento para acceder a un recurso esencial como es la vivienda que, además, es un derecho humano fundamental. A esta situación subyace un racismo, si bien de manera más o menos explícita.

En algunas ocasiones, las vivencias no solo quedan en comentarios racistas y sexistas, sino que llegan a agresiones. Se trata de invasiones del espacio personal, físico, del cuerpo o de alguna parte del mismo.

Alguna vez en algún trabajo en grupo de la universidad me han preguntado, ¿qué tipo de coches hay en Guinea? Un compañero de clase intentó tocarme el pelo. Si yo te toco la cabeza, tú te vas a sentir intimidada. Le dije que no me tocara el pelo y me puse nerviosa. A todo negro que le preguntes, no le gusta que le toquen el pelo. Le pedí disculpas porque sé que no lo hizo con mala intención, le aparté por acto reflejo, porque no me gusta que me toquen el pelo. (Entrevistada 03, 20 años)

La agresión descrita resulta violenta para esta joven no solo por el hecho de tocarle el pelo, sino por lo que significa el pelo afro. Es un atributo corporal que se construye desde la exotización de un tipo de pelo de textura rizada, de aspecto voluminoso y de gran densidad. Lo exótico resulta atractivo, por lo que la reacción de la persona no racializada es una atracción o acercamiento hacia la mujer racializada, en el sentido descrito por hooks (1992) y González García (2021b). En esta interacción subyace también una acción irrespetuosa que resulta «intimidante» entre personas con distinta racialización o de distinto género (destacar que es un hombre quien le toca el pelo a la joven), como vemos en las afirmaciones «Si yo te toco la cabeza, tú te vas a sentir intimidada» y «A todo negro que le preguntes, no le gusta que le toquen el pelo».

En el entorno educativo universitario suceden agresiones físicas y verbales, no sólo por parte de otros y otras estudiantes, sino también por profesorado. Así lo cuenta una de las participantes.

> En la facultad un profesor me mandó a mi país. Primero, le preguntó a una compañera y le dijo ¿tú de qué país eres? Ella dijo, yo soy de España. Él le dijo, no, pero ¿de dónde eres? Ella dijo, soy de España. ¿De dónde vienen tus padres, de España? Me refiero a de qué país eres, lo digo por tus rasgos. Ella le dijo que tenía origen boliviano. La siguiente semana le preguntó lo mismo, de la misma forma, la chica se rindió y le dijo soy de Bolivia, aunque ella es española. Luego me preguntó a mí y yo, sabiendo que ya había repetido ese error y que no iba a pedir perdón, directamente le dije, soy de Senegal y le dije que realmente yo he nacido en España. ¿Has ido alguna vez a tu país? No. Pues deberías irte a tu país. No sé si fue su intención, no sé si quería decir que debería visitar mis orígenes. Todo el mundo se quedó callado mirándome. (Entrevistada 04, 18 años)

Resulta especialmente grave conocer que suceden agresiones verbales «sutiles» pero con un mensaje claramente racista y sexista. Debemos tener en cuenta la figura de autoridad desigual de un profesor masculino sobre una alumna femenina de primer curso. De hecho, en el desarrollo de las entrevistas, es común que insistan a estas jóvenes en preguntar por su lugar de origen. Se trata de preguntas más insistentes todavía con aquellas chicas nacidas en España o afrodescendientes (bien sean adoptadas, mestizas o migrantes de segunda generación). Esta visión insiste en que ser española y no tener piel blanca (ser racializada como blanca o de etnia caucásica) no pueden coexistir. Vemos cómo se categoriza a las personas según su racialización en base a atributos asociados a quienes han nacido en España y a características ligadas a las personas extranjeras, que se consideran incompatibles entre sí. Una de las mujeres marroquís entrevistada, presenta como es racializada en función de su acento, no sólo por sus atributos físicos.

> Un día, trabajando, una mujer creo que entendió que por mi acento soy mora. Me preguntó si era de Marruecos, le dije que sí y me respondió, entonces te llamo Fátima. La gente me pregunta a menudo por mi acento si soy de Marruecos, y no me gusta. Mis compañeros son españoles, pero a mí me preguntan si soy de Marruecos. La

gente te juzga por tu origen. Físicamente, mucha gente me dice que soy latina. A veces otra gente me dice que por los ojos soy mora.
(Entrevistada 05, 19 años)

Aquí observamos también una conexión entre etnia y religión que se refleja en un término («mora», «moro») con frecuentes connotaciones peyorativas y racistas, donde se generaliza a «la otra racial». Es decir, se identifica ser árabe o magrebí con ser musulmana. Vemos también cómo los rasgos físicos son elementos inherentes en el proceso de producción de la raza o racialización definido por Sara Ahmed (2002). Identificar o atribuir estos rasgos a determinadas personas depende de la idea que se tenga sobre un grupo social, en este caso, mujeres latinas o mujeres musulmanas. Sin embargo, como se ha descrito, la religión musulmana no tiene por qué corresponderse con una corporalidad femenina[4] concreta.

En un sentido similar, esta joven expresa las atribuciones que sobre ella hacen y que tienen que ver con elementos religiosos.

A veces nadie se cree que sea marroquí, se creen que soy de otra parte o que soy de España. Si tienes unos rasgos más marcados y llevas el velo, vas a sentir mucha más discriminación que una persona que no lo lleve o que se ponga ropa corta o que tenga los rasgos tan marcados o que a simple vista no puedas decir de dónde es. Siento que hay más racismo en general pero que depende de si se te nota o no que eres extranjera. [...] Cuando voy por la calle con una persona que lleva velo siento que la gente la mira diferente o que el trato hacia ella es diferente. (Entrevistada 06, 22 años)

Resulta interesante la percepción «Siento que hay más racismo en general pero que depende de si se te nota o no que eres extranjera», ya que expresa el proceso de producción racial. Es decir, se puede ser racialmente diferente en lo que respecta no solo a la etnia, sino también a la cultura, pero ser racializada de una manera u otra, en función del contexto. Además, existen nociones de género, «Si tienes unos rasgos más marcados y llevas el velo, vas a sentir mucha más dis-

---

4. Por femenina me refiero al género femenino, a las mujeres.

criminación», en relación a las creencias religiosas. Esto configura un estereotipo específico sobre las mujeres musulmanas, en relación con lo anteriormente descrito.

Por otra parte, en el contexto del aumento de uso de las TICs y de las redes sociales, vemos cómo las agresiones racistas y sexistas se trasladan al plano virtual. Si bien pueden parecer menos directas, en realidad dan pie a un acoso constante, en muchos casos, que la propia víctima gestione individualmente, restringiendo su privacidad en redes, limitando o autocensurando el contenido que postea o bloqueando a otros usuarios.

> No he recibido agresiones físicas, pero sí verbales. He puesto privada mi cuenta de Instagram porque en cuanto la hago pública empiezan los insultos. ¿Qué haces que no vas tapada? ¿Qué haces qué vas enseñando? o los típicos piropos. […] Tristemente, los comentarios suelen ser de hombres de mi ciudad en Marruecos, de unos veinte o treinta años. (Entrevistada 07, 23 años)

Las vivencias en esta red social de esta mujer dan cuenta del tipo de agresiones que recibe y que provienen de ideas tanto sexistas como racistas, principalmente de hombres de su contexto de origen. Sin embargo, uno de los problemas que emerge es el anonimato, que en muchas circunstancias dificultan la denuncia de agresores en la red. La decisión de esta joven de restringir el acceso a su contenido y mantenerlo en un círculo selectivo es una actuación individual que condiciona su libertad para expresarse en un medio muy extendido entre la juventud. Este es un medio peligroso que puede propiciar la propagación de discursos de odio hacia personas racializadas, hacia las mujeres o, en definitiva, hacia otras personas vistas como diferentes, independientemente de que exista proximidad física o no.

En último lugar, si bien en los lugares con mayor afluencia de personas migrantes puede aumentar la tensión social y el racismo, la percepción de la siguiente mujer es diferente en contextos distintos.

> En Granada es más seguro ser negra que ser mujer y en Almería no es seguro ser ninguno de los dos. En Málaga, en mi caso, ha sido más seguro ser mujer que negra. […] En Almería me han pasado muchas situaciones, comentarios con una acción a continuación, me han perseguido. Me han gritado mora de mierda simplemente por ser

negra, o negra de mierda, negra que intenta ser blanca. (Entrevistada 04, 18 años)

Según su experiencia, ser mujer negra es diferente en función del contexto espacio-temporal. Es decir, sus vivencias de acoso callejero dependen de las ciudades en las que ha estado. Cabe añadir que en su percepción influye el hecho de ser mujer africana o afrodescendiente negra, en el sentido descrito por González García (2021a), si bien coincide con otras entrevistadas provenientes de pueblos de la provincia de Almería en que han vivido más racismo y sexismo que en Granada.

LA AGENDA 2030 Y EL RACISMO SEXISTA: IMPACTO, OBSTÁCULOS Y DERECHOS HUMANOS

El racismo sexista y el sexismo racista tienen grandes repercusiones en la sociedad actual. Se ha explorado en este escrito su naturaleza y manifestaciones a través de una contextualización de la crisis sanitaria y económica en las mujeres racializadas y un marco teórico que analiza los conceptos clave en relación a la discriminación: prejuicios y estereotipos.

Estas formas de discriminación tienen consecuencias en las propias vidas de las personas. A nivel psicológico, la discriminación puede afectar a la autoestima, en la identidad y en el bienestar emocional de quienes las experimentan. A nivel social, puede limitar las oportunidades de participación y contribución en la sociedad, al tiempo que genera exclusión y segregación de género y étnica. En un plano económico, el racismo sexista y el sexismo racista contribuyen a las desigualdades en el acceso a la educación, al empleo, a la vivienda y a otros recursos fundamentales. Respecto a algunos de ellos, como la vivienda, hablamos de derechos humanos. Concretamente, la vivienda se consagra como tal en la Declaración Universal de Derechos Humanos en 1948, en el Pacto Internacional de Derechos Económicos, Sociales y Culturales de 1966 y el Protocolo Facultativo del Pacto Internacional de Derechos Económicos, Sociales y Culturales de 2008. Si bien responsabiliza a los Estados de la garantía del acceso a una vivienda adecuada y de tomar medidas para su garantía y contra la discriminación en el acceso, en el caso de España, este derecho no cuenta con grandes garantías. A pesar de ello, es un «derecho llave», que permite o facilita acceder a otros derechos como el empleo. Todas estas repercusiones son una desventaja para estas poblaciones y limitan el desarrollo sostenible. Tal y como la Agenda 2030 reconoce, el racismo es un obstáculo para la consecución de sus objetivos. También lo es el sexismo, y ambos tienen una relación estrecha con los derechos humanos. Solo se puede avanzar en los Objetivos de Desarrollo Sostenible desde un enfoque basado en los derechos humanos que se lleve a cabo desde políticas globales y locales antirracistas y con perspectiva de género. Esto implica proteger los derechos fundamentales de todas las personas, con independencia de su etnia o racialización, o de su género.

Los testimonios han puesto luz sobre algunos de los problemas de las mujeres jóvenes racializadas en Andalucía, España. Se trata principalmente de nuevas formas de racismo (Buraschi y Aguilar-Idáñez, 2017) en el espacio público y en las redes sociales: comentarios, miradas, preguntas, agresiones físicas, agresiones verbales en la red, dificultad para encontrar una vivienda y acoso callejero.

PROPUESTAS PARA UN MODELO DE DESARROLLO SOSTENIBLE ANTIDISCRIMINATORIO

Las propuestas que se detallan se agrupan en función de los problemas analizados anteriormente y considerando las propias propuestas recabadas de este grupo de mujeres en el proceso de investigación antes descrito. Se trata de sugerencias realizadas de manera individual en el encuentro con cada una de las entrevistadas. Es destacable que algunas de esas propuestas coinciden entre sí. Por ejemplo, la educación como propuesta es compartida por varias de estas mujeres. La categorización y la elaboración final de las mismas se ha realizado a posteriori por la propia autora, tras detectar las necesidades estructurales en cada ámbito. Si bien no se realiza una clasificación de proposiciones exclusiva para el ámbito universitario, varias de estas son transversales y abarcan este espacio.

Los ámbitos de actuación son cuatro y se dividen en globales y locales. Las globales se trata de medidas dirigidas a instancias internacionales mientras que las locales se refieren a instituciones y actores de ámbito regional, comunitario o de ciudades.

Tabla 1. Propuestas

Sensibilización	Global	Campaña en redes sociales para concienciar sobre el racismo y el sexismo y fomentar la denuncia de agresiones virtuales.
	Local	Campaña de sensibilización en comunidades locales con la colaboración de asociaciones antirracistas, de migrantes y de mujeres. Campaña contra el acoso callejero con especial visibilidad de mujeres racializadas en los puntos críticos de agresiones y acoso callejero.
Educación	Global	Integración de contenidos relacionados con la diversidad cultural, los derechos humanos y la ciudadanía global en los programas educativos dirigidos a escolares. Formación de Cuerpos y Fuerzas de Seguridad del Estado en racismo y sexismo. Potenciación de las TICs como herramientas de conexión e intercambio entre jóvenes de distintos lugares del mundo.
	Local	Campaña de sensibilización contra el racismo y el sexismo en escuelas, institutos y Universidades, incorporando las TICs.
Vivienda	Global	Foros de cooperación internacional para intercambiar proposiciones y buenas prácticas en materia de vivienda inclusiva. Promoción y fortalecimiento de marco normativo internacional como el Pacto Internacional de Derechos Económicos, Sociales y culturales, que reconoce el derecho a una vivienda adecuada.
	Local	Políticas de vivienda inclusivas, que promuevan la igualdad de acceso a la misma. Promoción de vivienda social y asequible mediante programas específicos. Campaña de sensibilización sobre estereotipos racistas orientada a los y las propietarias de viviendas.
Cumplimiento de derechos humanos	Global	Análisis de los esfuerzos e impacto real de las organizaciones y comunidades para abordar el racismo en sus propios contextos.
	Local	Implementación de políticas locales que promuevan y protejan los derechos humanos de forma integral, respaldadas por marcos legales sólidos y contar con mecanismos efectivos de monitoreo y de rendición de cuentas. Licitaciones públicas para programas sociales específicos que exijan como eje de su acción el enfoque basado en los derechos humanos, en prácticas antirracistas y en enfoque de género.

BIBLIOGRAFÍA

Achiume, Emily Tendayi (2022). Formas contemporáneas de racismo, discriminación racial, xenofobia y formas conexas de intolerancia (N.o A/77/549). Asamblea General. Naciones Unidas. Recuperado de Asamblea General. Naciones Unidas. https://www.ohchr.org/es/documents/thematic-reports/a77549-report-special-rapporteur-contemporary-forms-racism-racial

Ahmed, Sara (2002). Racialized Bodies. M. Evans & E. Lee (Eds.), Real Bodies: A Sociological Introduction (pp. 46-63). London: Macmillan Education UK. https://doi.org/10.1007/978-0-230-62974-5_4

Ashmore, Richard D. (1970). Prejudice: Causes and cures. Social psychology: Social influence, attitude change, group processes, and prejudice (pp. 245-339).

Berges, Beatriz Montes (2008). Discriminación, prejuicio, estereotipos: Conceptos fundamentales, historia de su estudio y el sexismo como nueva forma de prejuicio. Iniciación a la Investigación, (3). https://revistaselectronicas.ujaen.es/index.php/ininv/article/view/202

Buraschi, Daniel, Aguilar-Idáñez, María-José (2017). Herramientas conceptuales para un antirracismo crítico-transformador. Tabula Rasa, (26), 171-191. https://doi.org/10.25058/20112742.193

Buraschi, Daniel, Idáñez, María José Aguilar (2019). Racismo y antirracismo: Comprender para transformar. Ediciones de la Universidad de Castilla La Mancha. http://hdl.handle.net/10578/22058

Canales, Alejandro I., Castillo Fernández, Dídimo (2020). Desigualdad social y étnico-racial frente a la covid-19 en Estados Unidos. Migración y Desarrollo, 18(35), 129-145.

Collins, Patricia Hill (2000). Black Feminist Thought: Knowledge, Consciousness, and the Politics of Empowerment (2.a ed.). New York: Routledge. https://doi.org/10.4324/9780203900055

Crenshaw, Kimberlé (1989). Demarginalizing the Intersection of Race and Sex: A Black Feminist Critique of Antidiscrimination Doctrine, Feminist Theory and Antiracist Politics. 139-168.

Davis, Angela Young (2005). Mujeres, raza y clase. Akal, Vol. 30.

Devine, Patricia G. (1989). Stereotypes and prejudice: Their automatic and controlled components. Journal of Personality and Social Psychology, 56(1), 5-18. https://doi.org/10.1037/0022-3514.56.1.5

Essed, Philomena (1991). Understanding everyday racism: An interdiscipli-
nary theory. Newbury Park, CA: Sage.

Essed, Philomena (2008). Everyday racism. En A companion to racial and
ethnic studies (pp. 202-216). David Theo Goldberg, John Solomos

Flor, Luisa S., Friedman, Joseph, Spencer, Cory N., Cagney, John, Arrie-
ta, Alejandra, Herbert, Molly E., ... Gakidou, Emmanuela (2022).
Quantifying the effects of the COVID-19 pandemic on gender
equality on health, social, and economic indicators: A comprehen-
sive review of data from March, 2020, to September, 2021. The
Lancet, 399(10344), 2381-2397. https://doi.org/10.1016/S0140-
6736(22)00008-3

González García, Gemma M. (2021). Problemas de las mujeres racializadas afrodescendientes en la universidad: Perspectivas interseccionales. En Investigación joven con perspectiva de género VI (Instituto
Universitario de Estudios de Género, pp. 163-172). Recuperado de
https://e-archivo.uc3m.es/handle/10016/34313

González García, Gemma María (2021). Mujeres racializadas universitarias
de Granada procesos de empoderamientos desde la interseccionalidad Revista Andaluza de Antropología, 1(20), 107-128. https://doi.
org/10.12795/RAA.2021.20.06

Harding, Sandra (2016). Ciencia y feminismo (5a ed.). Madrid: Ediciones
Morata.

Hooks, Bell (1992). Black looks: Race and representation. Boston, MA: South End Press. https://aboutabicycle.files.wordpress.com/2012/05/be-
ll-hooks-black-looks-race-and-representation.pdf

Jasso López, Lucía Carmina (2015). ¿Por qué la gente se siente insegura en
el espacio público?:La política pública de prevención situacional del
delito. http://repositorio-digital.cide.edu/handle/11651/363

Kemei, Janet, Tulli, Mia, Olanlesi-Aliu, Adedoyin, Tunde-Byass, Modupe, &
Salami, Bukola (2023). Impact of the COVID-19 Pandemic on Black
Communities in Canada. International Journal of Environmental
Research and Public Health, 20(2). Scopus. https://doi.org/10.3390/
ijerph20021580

Kim, Marlene (2020). Intersectionality and Gendered Racism in the United
States: A New Theoretical Framework. Review of Radical Political
Economics, 52(4), 616-625.
https://doi.org/10.1177/0486613420926299

Laster Pirtle, Whitney N., & Wright, Tashelle (2021). Structural Gende-red Racism Revealed in Pandemic Times: Intersectional Approa-ches to Understanding Race and Gender Health Inequities in COVID-19. Gender & Society, 35(2), 168-179. https://doi.org/10.1177/08912432211001302

Manzanera-Ruiz, Roser (2020). Sexismo racista y racismo sexista. En Breve Diccionario de Feminismo (Catarata). Madrid.

Morgan, Rosemary, Baker, Peter, Griffith, Derek M., Klein, Sabra L., Lo-gie, Carmen H., Mwiine, Amon. Ashaba, … White, Alan (2021). Beyond a Zero-Sum Game: How Does the Impact of COVID-19 Vary by Gender? Frontiers in Sociology, 6(650729), 1-11. https://doi.org/10.3389/fsoc.2021.650729

Muñoz-Comet, Jacobo (2021). La crisis de la covid-19 impacta sobre la desigualdad de empleo entre inmigrantes y autóctonos. Fundación La Caixa. https://elobservatoriosocial.fundacionlacaixa.org/-/la-cri-sis-de-la-covid-19-impacta-sobre-la-desigualdad-de-empleo-entre-in-migrantes-y-autoctonos

Naciones Unidas (2020a). La discriminación racial en el contexto de la cri-sis del COVID-19. https://www.ohchr.org/sites/default/files/Do-cuments/Issues/Racism/COVID-19_and_Racial_Discrimination_ES.pdf

Naciones Unidas (2020b, octubre 21). Migrantes son actores clave para la recuperación del desarrollo mundial post COVID-19 | Programa De Las Naciones Unidas Para El Desarrollo. https://www.undp.org/es/press-releases/migrantes-son-actores-clave-para-la-recupera-cion-del-desarrollo-mundial-post-covid-19

Naciones Unidas (s. f.). Igualdad: Por qué es importante. https://www.un.org/sustainabledevelopment/es/wp-content/uploads/si-tes/3/2016/10/10_Spanish_Why_it_Matters.pdf

Observatorio Español del Racismo y la Xenofobia (2020). Memoria Oberaxe 2020. Madrid. https://www.inclusion.gob.es/oberaxe/ficheros/docu-mentos/MEMORIA_OBERAXE_2020_3.pdf

Organización Internacional para las Migraciones (s. f.). Las personas mi-grantes y la brecha digital durante la COVID-19 | OIM Oficina Regional para Centroamérica, Norteamérica y el Caribe. https://rosanjose.iom.int/es/blogs/las-personas-migrantes-y-la-brecha-digi-tal-durante-la-covid-19

Ravindran, Tathagatan (2020). When a pandemic intensifies racial terror: The politics of COVID-19 control in Bolivia. City, 24(5-6), 778-792. Scopus. https://doi.org/10.1080/13604813.2020.1833541

Ruprecht, Megan M., Wang, Xinzi, Johnson, Amy K., Xu, Jiayi, Felt, Dylan, Ihenacho, Siobhan, ... Phillips II, Gregory (2021). Evidence of Social and Structural COVID-19 Disparities by Sexual Orientation, Gender Identity, and Race/Ethnicity in an Urban Environment. Journal of Urban Health: Bulletin of the New York Academy of Medicine, 98(1), 27-40. https://doi.org/10.1007/s11524-020-00497-9

Vigoya, Mara Viveros (2002). Dinoysian Blacks Sexuality, Body and Racial Order in Colombia. Latin American Perspectives, 29(2), 60-77.

Vigoya, Mara Viveros (2016). La interseccionalidad: Una aproximación situada a la dominación. Debate feminista, 52, 1-17.

Vigoya, Mara Viveros, (2017). LA SEXUALIZACIÓN DE LA RAZA Y LA RACIALIZACIÓN DE LA SEXUALIDAD EN EL CONTEXTO LATINOAMERICANO ACTUAL. En aportes de intelectuales negras y negros al pensamiento social colombiano. Descolonizando mundos (pp. 569-590). CLACSO. https://doi.org/10.2307/j.ctv253f4t7.22

Wade, Peter, Giraldo, Fernando Urea, Vigoya, Mara Viveros (2008). Debates contemporáneos sobre raza, etnicidad, género y sexualidad en las ciencias sociales. Raza, etnicidad y sexualidades: Ciudadanía y multiculturalismo en América Latina (Centro de Estudios Sociales (CES), Universidad Nacional de Colombia, pp. 41-66). https://www.research.manchester.ac.uk/portal/files/32297783/FULL_TEXT.PDF

Naciones Unidas (2016). Igualdad: Por qué es importante. https://www.un.org/sustainabledevelopment/es/wp-content/uploads/sites/3/2016/10/10_Spanish_Why_it_Matters.pdf

CAPÍTULO 9
ANTIRRACISMO DESDE LA UNIVERSIDAD. REFLEXIONES Y ACCIONES EN EL MARCO DEL PROYECTO FORUM-DIÁLOGO INTERCULTURAL Y PARTICIPACIÓN CIUDADANA CONTRA LA ESTIGMATIZACIÓN DE PERSONAS MIGRANTES Y REFUGIADAS

María Pilar Tudela-Vázquez
(Universidad de Granada)

Nacho Álvarez Lucena
(Centro de Iniciativas de Cooperación al Desarrollo –
CICODE - Universidad de Granada)

Isabel Miranda Fernández
(Centro de Iniciativas de Cooperación al Desarrollo –
CICODE -Universidad de Granada)

INTRODUCCIÓN

Entre marzo de 2021 y febrero de 2023 desde el Centro de Iniciativas de Cooperación al Desarrollo (CICODE) de la Universidad de Granada (UGR), en consorcio con la Red Europea de Mujeres Migrantes (European Network of Migrant Women -ENOMW) con sede en Bruselas (Bélgica), Akina Dada Wa Africa (AKIDWA) con sede en Dublín (Irlanda), el Centro de Estudios e Investigación sobre Mujeres (CEIM) con sede en Málaga, Forum Femmes Méditerranée (FFM) con sede en Marsella (Francia) y Le Fate Onlus con sede en Verona (Italia), desarrollamos e implementamos el proyecto europeo *FORUM-Diálogo intercultural y participación ciudadana contra la estigmatización de las personas migrantes y refugiadas (624837-CITIZ-1-2020-1-ES-CITIZ-CIV)*[1].

El proyecto FORUM, financiado por la Agencia Ejecutiva Europea de Educación y Cultura (EACEA) de la Unión Europea (UE) a través del programa *Europa con los Ciudadanos*, nació con vocación de generar espacios de reflexión sobre cómo construir sociedades realmente inclusivas donde se asegure la justicia social, la equidad y los derechos para todas y todos; de definir y visibilizar propuestas y alternativas realmente transformadoras que partan de las propias personas migrantes; y de fomentar la ciudadanía crítica y la participación activa contra el racismo y las violencias que lo atraviesan, como las violencias de género, la explotación laboral, la desigualdad o la exclusión social. Para ello se definieron como objetivos:

- Fomentar el diálogo intercultural, no solo como un intercambio de visiones desde diferentes culturas, sino como herramienta para el análisis de las políticas migratorias y de asilo en la UE y la identificación de propuestas para incidir sobre las instituciones europeas.
- Contribuir al desarrollo de una identidad europea comprometida con los derechos humanos, la libertad, la igualdad de género y la democracia.
- Promover la solidaridad y la participación activa de la población de la UE con el objetivo de crear cohesión que ayude a responder a grandes retos sociales como el acceso a derechos de las mujeres migrantes, la desigualdad o las recientes crisis migratorias y de personas refugiadas.
- Fortalecer la sociedad civil, los actores locales y las organizaciones formadas por, o comprometidas con, personas migrantes y refugiadas

El proyecto FORUM y las acciones definidas y desarrolladas en el marco del mismo, se alinearon claramente con la Agenda 2030 de

---

1. Véase: www.forumproject.eu

Naciones Unidas para el Desarrollo Sostenible (2015-2030) y los ODS relacionados directa e indirectamente con la lucha contra el racismo o la discriminación étnico-racial y por los derechos de las personas migrantes y refugiadas.

En lo que a la Agenda 2030 se refiere, esta señala la necesidad de empoderar a las personas refugiadas, desplazadas internas y migrantes (Agenda 2030: 8); reconoce la positiva contribución de las personas migrantes al crecimiento inclusivo y al desarrollo sostenible (Agenda 2030: 9); y adquiere el compromiso de cooperar en el plano internacional para garantizar la seguridad, el orden y la regularidad de las migraciones, respetando plenamente los derechos humanos y dispensando un trato humanitario a las personas migrantes, sea cual sea su estatus migratorio, así como a las personas refugiadas y desplazadas (Agenda 2030, par. 29). Por su parte, el ODS 8. Promover el crecimiento económico inclusivo y sostenible, el empleo y el trabajo decente para todos, contempla la meta 8.7 Esclavitud, trata y trabajo infantil que insta a *adoptar medidas inmediatas y eficaces para erradicar el trabajo forzoso, poner fin a las formas contemporáneas de esclavitud y la trata de personas*. Mientras que la meta 8.8 Derechos laborales y trabajo seguro hace mención explícita a proteger los derechos de los trabajadores migrantes, en particular de las mujeres migrantes y las personas con empleos precarios. Además, el ODS 10. Reducir la desigualdad en y entre los países, en su meta 10.2 Inclusión social, económica y política aboga por *potenciar y promover la inclusión social, económica y política de todas las personas, independientemente de su edad, sexo, discapacidad, raza, etnia, origen, religión o situación económica u otra condición*. Mientras que la meta 10.7 Migración y políticas migratorias señala la necesidad de *facilitar la migración y la movilidad ordenadas, seguras, regulares y responsables de las personas, incluso mediante la aplicación de políticas migratorias planificadas y bien gestionadas*.

A todo esto cabría añadir los ODS que mantienen una relación menos directa, o una mención no explícita, a las migraciones o la discriminación racial. Entre ellos, destacan el ODS 1. Poner fin a la pobreza en todas sus formas en todo el mundo, ya que su consecución no será posible mientras el racismo condicione el acceso a los recursos necesarios para garantizar una vida basada en el bienestar, comenzando por el acceso al empleo o la vivienda, entre otras cuestiones. El ODS 5. Lograr la igualdad entre los géneros y empoderar a todas las mujeres y las niñas, en concreto las metas 5.1 y 5.2 que buscan poner fin a todas las formas de discriminación contras las mujeres y niñas, así como eliminar todas las formas de violencias contra ellas en los ámbitos público y privado, incluidas la trata, la explotación sexual y otros tipos de explotación. Y finalmente, el ODS 16. Promover sociedades justas, pacíficas e inclusivas que plantea la necesidad de reducir los conflictos y las tasas de violencia. En concreto, su meta 16.3 propone promover el estado de derecho en los planos nacional e internacional, y garantizar la igualdad de acceso a la justicia para todos y todas.

Por otro lado, el proyecto FORUM, las acciones y los productos elaborados durante su ejecución, también estuvieron siempre en consonancia con instrumentos internacionales desarrollados y ratificados en el contexto europeo, como son la Convención Europea de los Derechos Humanos (1950); la Convención sobre el Estatuto de los Refugiados (1951) y su Protocolo; la Convención sobre la Eliminación de Todas las Formas de Discriminación contra la Mujer (CEDAW, 1981); la Convención Internacional sobre la Eliminación de todas las formas de Discriminación Racial (1965); Convención internacional sobre la protección de los derechos de todos los trabajadores migratorios y de sus familiares (1990); la Carta de los Derechos Fundamentales de la Unión Europea (2000); Protocolo de las Naciones Unidas para Prevenir, Reprimir y Sancionar la Trata de personas, especialmente Mujeres y Niños, que complementa la Convención de las Naciones Unidas contra la Delincuencia Organizada Transnacional (Convención de Palermo, 2000); Convenio del Consejo de Europa sobre prevención y lucha contra las mujeres y la violencia doméstica (Convenio de Estambul, 2011); Convenio de la Organización Internacional del Trabajo sobre las trabajadoras y trabajadores domésticos no. 189 (2011); el Plan de Acción de la UE contra el racismo (2020-2025); Estrategia de la Comisión Europea para la Igualdad de Género (2020-2025); Plan de Acción de la Comisión Europea sobre Integración e Inclusión (2021-2027); y la Recomendación CM/Rec(2022)17 del Comité de Ministros del Consejo de Europa para la protección de los derechos de las mujeres y niñas migrantes, refugiadas y solicitantes de asilo (2022).

¿Por qué un proyecto como este?

Intentar contestar a la pregunta de por qué un proyecto como este era necesario, pasa inevitablemente por contestar a la pregunta de por qué es necesario luchar contra el racismo desde Andalucía, como parte de la frontera sur de Europa, y de por qué es necesaria una Universidad comprometida con esta lucha.

Como señala Ángeles Castaño (2016), el acuerdo de Schengen, como uno de los tratados constitutivos de la Unión Europea, ha permitido difundir el imaginario de la UE como «espacio único de seguridad» sometido a lógicas de securitización. Desde la creación de la UE, hemos sido testigos de cómo las fronteras interiores entre los estados miembros se han abierto cada vez más y se ha asegurado la libre circulación de sus ciudadanas y ciudadanos. Por el contrario, las fronteras exteriores de la UE se han convertido en un grave peligro para las personas migrantes[2] debido, principalmente, a la creciente tendencia a priorizar los intereses de seguridad, control y fortificación por encima de los derechos humanos y las necesidades de las personas.

La articulación de este espacio Schengen de libre circulación (y de seguridad) ha profundizado los procesos de periferialización de los territorios fronterizos de la UE, como ha sido el caso de Andalucía. En estos territorios periféricos se instaura el imaginario de *frontera sur* de Europa, en el que se ejercen políticas de seguridad y control frente al «alto riesgo» que supone la inmigración, mientras que el imaginario de la Europa desarrollada social, cultural y económicamente se instaura en los estados de Europa central y del norte. Ambos territorios desarrollan roles económicos, geopolíticos y simbólicos diferenciados (Castaño 2016).

En este contexto, Andalucía como territorio fronterizo y periferia interna de la UE, se encuentra atravesada por las lógicas Norte-Sur a nivel global y local. Desde una mirada global, podemos afirmar que ha sido relegada al rol de férreo gendarme de la frontera norte del

---

2. OIM: 26.832 migrantes desaparecidos en el Mediterráneo desde 2014 (actualizado el día 11 de mayo de 2023. Los datos representan estimaciones mínimas) https://missingmigrants.iom.int/es/region/el-mediterraneo

sur global, ejerciéndose en su territorio diferentes formas de violencia contra los cuerpos de las personas migrantes a través de las políticas migratorias y de control de fronteras, en pos del reforzamiento de la idea de Europa fortaleza. Mientras que, desde una mirada local, Andalucía representa el sur del norte global, sometida a la explotación de sus recursos para el consumo de los ciudadanos y ciudadanas de la Europa central y del norte, a través del turismo y la agroindustria; a la precarización, desigualdad y empobrecimiento de su población[3]; y a procesos de exotización y homogeneización cultural que invisibilizan su histórica diversidad.

Por todo ello, nos encontramos en un territorio, el andaluz, donde los relatos hegemónicos se «rompen». Donde se produce una profunda fractura en el discurso de la Europa rica y desarrollada, y de la identidad homogénea blanca europea y española. Andalucía no es rica y es diversa. Desde esta subalternidad interna en el contexto europeo y diversidad amenazada, que es historia común con las poblaciones del norte de África, desde Andalucía vemos y analizamos con mucha preocupación que el racismo siga estructurando el sistema-mundo, como lo ha hecho desde hace siglos; que en toda Europa los incidentes racistas no hayan hecho más que aumentar en las últimas décadas; y su intersección con otras violencias, tristemente también «endémicas» en el contexto europeo, como las violencias de género o la falta de acceso a derechos, la explotación laboral y la exclusión social de la población migrante, hechos constatados que comentaremos más adelante.

Por su parte, y en lo que se refiere a la Universidad, esta debería ser, como señala el preámbulo de la reciente Ley Orgánica 2/2023 del Sistema Universitario, «fuente de conocimiento, de bienestar material, de justicia social, de inclusión, de oportunidades y de libertad cultural». Sin embargo, a su vez señala también que, «la cifra del estudiantado extranjero en España es, en términos relativos, inferior a la de muchos países de nuestro entorno europeo» y que «apenas el 3% del

---

3. El índice AROPE 2022 sitúa a Andalucía, junto a Extremadura, Canarias y las ciudades autónomas de Ceuta y Melilla, como los territorios del estado español con mayor nivel de pobreza y exclusión social. Más información en: https://www.eapn.es/estadodepobreza/descargas.php (consultado el 23 de mayo de 2023)

personal docente e investigador universitario posee una nacionalidad distinta a la española cuando, en cambio, cerca del 15% de los residentes en España han nacido fuera del país». Es decir, reconociendo su potencial como generadora de oportunidades para el bienestar, la inclusión y la justicia social, la propia ley señala la desigualdad en el acceso a la Universidad tanto para estudiantes como para su personal. Por lo que, en lugar de estar actuando como mecanismo igualador, sigue siendo y reproduciendo un sistema social discriminatorio y desigual (Arnoso, et al. 2022). De igual manera, mientras se reconoce el lugar privilegiado de formación y de conocimiento que son las universidades, desde donde poder abordar críticamente los retos a los que nos enfrentamos y generar puentes de colaboración y acción con el entorno social más cercano, muchos autores y autoras llevan tiempo alertando sobre el «epistemicidio» que ha supuesto históricamente erigir la ciencia y sus instituciones, principalmente occidentales, como las únicas capaces de generar conocimiento riguroso (Castro-Gómez y Grosfoguel, 2007; de Sousa, 2010) y como estas, tanto en el norte como del sur global[4], siguen reproduciendo una mirada del mundo desde la perspectiva hegemónica occidental (Lander, 2000). Intentar abrir la universidad a los conocimientos atesorados por las personas migrantes, racializadas y los colectivos sociales; utilizar el diálogo intercultural como herramienta de análisis de las políticas que atraviesan sus cuerpos y condicionan sus vidas; y que la institución universitaria pueda servir de altavoz para sus reivindicaciones y de espacio de visibilización de su trabajo y aportaciones a la sociedad, creemos que pueden ser palancas clave para transitar hacia una universidad realmente inclusiva y que trabaje por la justicia social.

Por todo esto, creemos que era más que necesario desarrollar un proyecto con los objetivos y acciones contempladas en FORUM, liderado por una institución asentada en Granada como el CICODE de la UGR, trabajando así desde un territorio fronterizo para romper las

---

4. Cuando hablamos de norte y sur global no nos referimos a regiones geográficas concretas, sino al espacio que los países ocupan en el Sistema-Mundo actual, desde donde se establecen y reproducen dinámicas de poder que afianzan unas relaciones Norte-Sur desiguales.

lógicas capitalistas, blancas, coloniales y patriarcales, globales y locales, que operan actualmente en y desde Europa, y para desde Andalucía y la Universidad, como afirma Carmen Borrego (2022), dejar de mirar al norte, no solo para salir de la subalternidad, sino para parar de ejercer dinámicas de opresión sobre otros territorios y colectivos.

AUGE DEL RACISMO EN EUROPA: UN HECHO CONSTATADO

El racismo, lejos de ser un problema del pasado o en retroceso, es un problema persistente que ha aumentado en las últimas décadas. Esto no es una opinión o un hecho que señalan solo los colectivos afectados o las organizaciones defensoras de derechos humanos. Que el racismo es un problema actual y en ascenso es un hecho constatado por las propias instituciones de la Unión Europea y Naciones Unidas.

En 2022 el Parlamento Europeo, en el documento *Legislación y políticas de la UE para abordar la discriminación racial y étnica*[5], señaló que las personas pertenecientes a minorías raciales y étnicas, especialmente las mujeres y niñas, se enfrentan diariamente a la discriminación en los ámbitos del empleo, la educación, la vivienda, el acceso a los servicios sociales, la salud física y mental, la seguridad, la libertad, etc. Por su parte, la Agencia de los Derechos Fundamentales de la Unión Europea (FRA), a pesar de la dificultad para conocer la magnitud exacta del problema debido a la ausencia de datos y a la falta de denuncias cuando se producen incidentes racistas, ha alertado sobre los altos niveles de discriminación racial existentes[6] y sobre el

---

5. Servicios de Estudios del Parlamento Europeo (EPRS) (2022). Legislación y políticas de la UE para abordar la discriminación racial y étnica. Disponible en: https://www.europarl.europa.eu/RegData/etudes/BRIE/2021/690525/EPRS_BRI(2021)690525_EN.pdf

6. Encuestas FRA: Delitos, seguridad y derechos de las víctimas (2021); Experiencias y percepciones del antisemitismo – Segunda encuesta sobre la discriminación y los delitos de odio contra los judíos en la UE (2018); Ser negro en la Unión Europea (2018); Segunda encuesta sobre las minorías y discriminación en la Unión Europea (2017) —resultados principales; Segunda encuesta sobre las minorías y discriminación en la Unión Europea. Musulmanes— algunas conclusiones (2017); Segunda

aumento de incidentes racistas y xenófobos en la UE[7]. Por su parte, Naciones Unidas, ha señalado que el racismo y la discriminación racial afectan diariamente a millones de personas en todo el mundo destruyendo vidas y comunidades[8]. Y la Alta Comisionada de Naciones Unidas para los Derechos Humanos, Michelle Bachelet, instó en febrero de 2021 a todas las naciones a «acabar con el racismo y todas las formas de discriminación relacionadas».

Por su parte, en el estado español, según el informe sobre la evolución de los delitos de odio[9] elaborado por el Ministerio de Interior, durante 2021 los delitos relacionados con el racismo y la xenofobia fueron los más representativos, alcanzando el 35,46% del total de los delitos de odio denunciados en ese año. De esta forma, los 639 delitos racistas y xenófobos registrados por los diferentes cuerpos y fuerzas de seguridad del Estado supusieron un aumento del 31,75% respecto al año anterior.

Podemos señalar así, sin lugar a dudas, que el racismo es un hecho constatado y en preocupante auge, tanto en España como en el resto de la Unión Europea.

MÁS ALLÁ DEL RACISMO CONSTATADO: EL RACISMO ESTRUCTURAL VERTEBRA EL SISTEMA-MUNDO

Esta visión individualista del racismo, que entiende este problema como la expresión de estereotipos y prejuicios que provocan discriminación por parte de unas personas sobre otras, es una visión

---

encuesta sobre las minorías y discriminación en la Unión Europea – La población romaní: resultados principales (2016).

7. Agencia de los Derechos Fundamentales de la UE (2020). La pandemia del Coronavirus y su implicación en los derechos fundamentales en la UE. Disponibile en: https://fra.europa.eu/sites/default/files/fra_uploads/fra-2020-coronavirus-pandemic-eu-bulletin_en.pdf

8. Ver en https://www.ohchr.org/es/racism

9. Disponible en https://www.interior.gob.es/opencms/pdf/servicios-al-ciudadano/delitos-de-odio/estadisticas/INFORME-EVOLUCION-DELITOS-DE-ODIO-VDEF.pdf

excesivamente reduccionista que no nos permite abordar la problemática en toda su dimensión. Siguiendo los planteamientos del grupo Modernidad/colonialidad[10], estas conductas deshumanizantes y discriminatorias son la expresión de un orden social, político y económico construido históricamente desde la Modernidad[11]: el racismo estructural. El racismo constituye así la estructura del actual sistema-mundo moderno/colonial (Guerra, 2019) y tiene en la racialización el proceso por el cual los cuerpos blancos son señalados como superiores y los cuerpos no blancos como inferiores.

Desde esta visión, es a partir de 1492 con la llegada de los españoles a Abya Yala[12], que se crea la raza como categoría social y con ella el racismo, basandose, por un lado, en la creación de identidades no existente previamente como son las de indio, negro, mestizo o blanco, entre muchas otras; Por otro lado, en la creación de nuevos conceptos de clasificación geográfica global como son Occidente, Oriente etc. cuyo eje central se fija en el continente europeo; y en el inicio del proceso de esclavización de las poblaciones africanas. Como señala Ramón Grosfoguel, las categorías raciales, epistémicas y territoriales impuesta a partir de 1492 continuaron vigentes tras los procesos de descolonización y terminaron siendo naturalizadas, a tal punto de

10. El grupo Modernidad/colonialidad es uno de los más importantes colectivos de pensamiento crítico activos en América Latina durante la primera década del siglo XXI. Se trata de una red multidisciplinar y multigeneracional de intelectuales entre los cuales se contaban los sociólogos Aníbal Quijano, Edgardo Lander, Ramón Grosfoguel y Agustín Lao-Montes, los semiólogos Walter Mignolo y Zulma Palermo, la pedagoga Catherine Walsh, los antropólogos Arturo Escobar y Fernando Coronil, el crítico literario Javier Sanjinés y los filósofos Enrique Dussel, Santiago Castro-Gómez, María Lugones y Nelson Maldonado-Torres. Más información en https://es.wikidat.com/info/grupo-modernidadcolonialidad
11. Los límites del presente capítulo nos impiden abordar de manera suficiente el surgimiento del racismo como categoría social y su establecimiento como estructura del sistema-mundo. Para ello recomendamos los trabajos, entre otros, de Frantz Fanon, Aníbal Quijano, Walter Mignolo, Ramón Grosfoguel o Santiago Castro-Gómez.
12. Utilizamos Abya Yala como alternativa al eurocéntrico «América», en muestra de respeto a las raíces y la identidad de los pueblos originarios. Abya Yala fue el término utilizado por los Kuna para designar el territorio por ellos conocido, fundamentalmente Colombia y Panamá.

que Europa ya no necesitó de sus colonias y ejércitos para seguir reproduciendo el patrón de dominación basado en esta jerarquía étnico-racial (Grosfoguel, 2011). En este sentido también, Frantz Fanon, señaló que en la sociedad existe una jerarquía étnico-racial en donde las personas consideradas humanas (personas blancas o racializadas en la superioridad) ocupan un lugar de superioridad en relación con las personas deshumanizadas (personas no blancas o racializadas en la inferioridad), y que esta estructura ha permitido a Occidente mantener su dominación sobre el resto del planeta (Fanon, 2009).

Este proceso de reproducción del sistema racial de dominación de los cuerpos para su explotación económica es lo que el sociólogo peruano Anibal Quijano denominó *colonialidad del poder*. Por su parte, la *colonialidad del saber*, hace referencia al modo en que la racionalidad tecno-científica se convierte desde el siglo XVIII en el único modelo válido de producción de conocimientos, dejando por fuera cualquier otro tipo de «epistemes» (tradicionales o ancestrales) generadas en las colonias (Castro-Gómez y Grosfoguel, 2007). Y la *colonialidad del ser*, señala que el «ser» es una propiedad que corresponde a los occidentales, mientras que las poblaciones coloniales se caracterizan por el «no-ser», siendo estos por tanto, y en palabras de Fanon, los *condenados de la tierra*. *Colonialidad del poder*, *Colonialidad del saber* y *Colonialidad del ser* representan los tres ejes fundamentales de reproducción del racismo como sistema mundo/colonial, los ejes sobre los que se ha construido el proyecto de civilización de la Modernidad, que llega hasta nuestros días en forma de capitalismo, en su fase neoliberal.

Como proyecto de civilización, el capitalismo debe ser entendido no solo como un sistema económico basado en la competitividad y la acumulación de riqueza, sino como un sistema social y cultural que impone un modelo único de ser, actuar y pensar en el mundo. Y para entender este modelo o sistema civilizatorio en toda su complejidad hay que hablar de racismo, colonialidad y patriarcado como dispositivos de opresión que se entrecruzan (Filigrana, 2020).

Evidentemente existe una dimensión individual y una dimensión social del racismo, pero es imprescindible visibilizar, señalar y analizar su dimensión estructural global, como principal mecanismo de reproducción, naturalización y perdurabilidad de este en el tiempo si se quiere abordar esta problemática en toda su complejidad.

OTRAS VIOLENCIAS ATRAVESADAS POR EL RACISMO: LA INTERSECCIONALIDAD

El concepto de interseccionalidad fue acuñado por la jurista estadounidense y especialista en teoría crítica de la raza Kimberlé Crenshaw en 1989[13]. Desde entonces, las aproximaciones a este concepto han sido muy heterogéneas (Viveros, 2016; Collins et al, 2019; Hancock, 2007; Davis, 2008), pero podríamos definirla, de manera general, como la forma de entender y analizar la situación de discriminación o privilegio que sufre o goza una persona, en base a su pertenencia a diferentes categorías sociales, principalmente la clase, el género y la raza, pero también a otras como la diversidad funcional, la edad, la identidad de género, etc. Sin embargo, antes de que el concepto fuera acuñado, movimientos sociales de diferentes lugares del planeta ya habían señalado claramente la persistente invisibilización del factor étnico-racial y la imbricación de sistemas de opresión como el sexismo, el clasismo, el racismo y la heteronormatividad en la construcción de las relaciones de poder. Las feministas negras y chicanas en los años 60 y 70 en los Estados Unidos, así como las feministas mestizas, indígenas y afrodescendientes en Abya Yala son ejemplo claro de ello[14]. Si queremos abordar la estigmatización y discriminación que sufren las personas racializadas en la inferioridad hoy día, debemos incorporar una mirada interseccional, que nos permita entender los diferentes ejes de opresión que atraviesan los cuerpos marcados como no-blancos en las sociedades europeas actuales.

Desde esta mirada interseccional, podemos ver que las mujeres y niñas migrantes en Europa, que representan un grupo especialmente vulnerable, se enfrentan a formas específicas de violencia[15]. Son víctimas de violencia en su país de origen, durante el proceso migratorio

---

13. Demarginalizing the Intersection of Race and Sex: A Black Feminist Critique of Antidiscrimination Doctrine, Feminist Theory, and Anti-racist Politics.

14. Para más información consultar Hill Collins, Patricia y Bilge, Sirma (2019). Interseccionalidad, concretamente *La interseccionalidad y el activismo del movimiento social* (pp. 68-78)

15. Recomendación CM/Rec(2022). Comité de Ministros del Consejo de Europa.

y a su llegada al país de acogida. Sumada a las violencias de género[16], estas soportan actitudes racistas y xenófobas en el país de acogida de la UE, lo que las pone en una situación de riesgo desproporcionado. Las mujeres migrantes sufren el machismo y el racismo, lo que afecta al ejercicio de su ciudadanía, a su capacidad para conseguir un trabajo digno y autonomía económica, y a su derecho a una vida libre de violencias.

Por otro lado, y en relación a la clase social, cabe señalar que el 45% de las personas migrantes está en riesgo de pobreza o exclusión social en la UE[17]. Incluso cuando tienen un empleo, el 20,8% de las mujeres migrantes y 19,7% de hombres migrantes sigue en riesgo de exclusión social en este territorio[18]. Particularmente, las barreras a las que las mujeres migrantes se enfrentan para acceder al empleo, debido a la degradación profesional, al no reconocimiento de sus competencias y cualificaciones profesionales o a la limitación a los trabajos más precarios e informales, emergen como un gran reto.

Las mujeres migrantes suelen estar relegadas a las profesiones más precarias, invisibilizadas y no valoradas socialmente. Por ejemplo, constituyen el mayor número de trabajadoras domésticas en la UE. En este sector, la mayoría de las veces, no se respetan los estándares mínimos de trabajo decente y dignificado, ni la legislación laboral, corriendo un alto riesgo de sufrir violencia y explotación.

Como consecuencia de una inclusión deficiente en el mercado laboral de la UE, las mujeres migrantes se ven limitadas, con demasiada frecuencia, a sectores informales como la agricultura o el trabajo doméstico y de cuidados, independientemente de su nivel de formación. En estos sectores no se garantizan plenamente los derechos fundamentales, lo que aumenta el riesgo existente de que las mujeres migrantes sean víctimas de discriminación racial, explotación laboral, sexismo y diferentes formas de violencia, como el acoso o la explotación sexual.

---

16. Siguiendo la definición del Artículo 3 del Convenio de Estambul, se entenderá por violencia contra las mujeres por razones de género toda violencia contra una mujer por ser mujer o que afecta a las mujeres de manera desproporcionada.

17. Eurostat (2021). Estadísticas sobre integración de las personas migrantes en riesgo de pobreza y exclusión social. UE-27.

18. Eurostat, 2018. Citado en: Voces contra la precariedad: Mujeres y pobreza laboral en Europa (Oxfam)

Por tanto, podemos afirmar que las personas migrantes sufren formas específicas de violencia y discriminación en la UE, por ser personas racializadas en la inferioridad, por encontrarse en situación de pobreza o exclusión social y, en su caso además, por ser mujeres o niñas.

POLÍTICAS QUE AVIVAN EL PROBLEMA: ¿EUROPA REALMENTE QUIERE ACABAR CON EL RACISMO?

Es cierto que en los últimos años la Unión Europea y España se han dotado de algunas herramientas e instrumentos para intentar enfrentar el problema del racismo en su territorio. En el caso de la Unión Europea podemos señalar la propia Carta de los Derechos Fundamentales de la Unión Europea (2000), que en su título III, artículo 21, prohíbe expresamente la discriminación por motivos, entre otros, de raza, color u origen étnico, así como por razón de nacionalidad; la Directiva 2000/43/CE del Consejo relativa a la aplicación del principio de igualdad de trato de las personas independientemente de su origen racial o étnico; la Decisión marco 2008/913/JAI del Consejo relativa a la lucha contra determinadas formas y manifestaciones de racismo y xenofobia mediante el Derecho penal; o el Plan de Acción de la UE contra el Racismo (2020-2025), que establece una serie de medidas para mejorar la aplicación del derecho de la UE; fortalecer la coordinación en la lucha contra el racismo; prevenir actitudes discriminatorias y asegurar una labor policial y judicial justas; e insta a los estados miembros a intensificar sus actuaciones, a través de la elaboración e implementación de planes nacionales contra el racismo y la discriminación racial que debían ser adoptados antes de finales del año 2022.

En España son ejemplo de ello la Ley 15/2022, de 12 de julio integral para la igualdad de trato y la no discriminación, que tiene como principio el establecer un marco legal para la prevención, atención y eliminación de todas las formas de discriminación; la Estrategia Integral contra el racismo, la discriminación racial, la xenofobia y otras formas conexas de intolerancia, aprobada en 2011 y que aún se mantiene en vigor, pero que es preciso actualizar para adecuarla al contexto actual, o que sus objetivos sean integrados en la estrategia estatal para la igualdad de trato y la no discriminación contemplada en el artículo 34 de la Ley 15/2022 pero aún no elaborada; o la creación en 2007 del Consejo para la Eliminación de la Discriminación Racial o Étnica, dependiente de la Dirección General para la Igualdad de trato y Diversidad Étnico Racial del Ministerio de Igualdad, creada por el actual gobierno de España.

Pero no es menos cierto que, a la vez que se diseñan, desarrollan e implementan estas herramientas, que tienen entre sus objetivos la lucha contra el racismo y la discriminación, su prevención e incluso la reparación de los daños sufridos por las víctimas, siguen operando un ingente grueso de políticas, planes, leyes y otros dispositivos jurídicos, legislativos, de gestión, etc. que no solo no apoyan o favorecen esta tarea, sino que van en la línea totalmente contraria, afianzando el racismo institucional y avivando el racismo social como partes fundamentales del racismo estructural. Una suerte de incoherencia de políticas que tiene como resultado la discriminación de las personas migrantes y racializadas, la violencia e incluso la muerte de muchas de ellas en las fronteras de la Unión Europea y del estado español.

Hay muchos ejemplos, y los límites de extensión de este artículo no permiten su análisis, ni tampoco una enumeración exhaustiva. Por ello, vamos a señalar, al menos, los que consideramos más significativos o importantes por sus consecuencias para las vidas de las personas migrantes y/o racializadas o por la violencia que ejercen sobre sus cuerpos.

Las agresivas políticas migratorias puestas en marcha por la Unión Europea y sus estados miembros, es uno de los dispositivos más importantes por varias razones. En primer lugar, por tratarse de parte fundamental del racismo institucional ejercido en toda la UE y, en segundo lugar, porque estas políticas articulan, a su vez, toda una serie de mecanismos, herramientas y prácticas que operan en lógicas racistas, como son: El aumento, tanto en kilómetros de extensión como en metros de altura, de vallas y muros en las fronteras de la UE, entre ellas en la frontera sur de España[19]; la ausencia de misiones de

---

19. Para más información consultar Levantando muros. La Europa Fortaleza del Centre Delàs en: https://www.centredelas.org/delas-map/

rescate en el Mediterráneo operadas por la UE o por alguno de los estados miembros con la consecuente y constante pérdida de vidas humanas[20] mientras, a su vez, se criminaliza la solidaridad y se hostiga a las organizaciones de la sociedad civil que están realizando las labores de rescate en el mar[21]; las devoluciones en caliente, que vulneran el principio de no-devolución, llevadas a cabo con total impunidad[22] o los violentos rechazos en frontera que ha provocado masacres como las de Melilla[23] y Tarajal[24]; la dejación de funciones y la negación de las condiciones mínimas de acogida a las personas que llegan a suelo europeo como ocurrió, por ejemplo, en Arguineguín[25]; la reclusión en

20. OIM: 26.832 migrantes desaparecidos en el Mediterráneo desde 2014 (actualizado el día 11 de mayo de 2023. Los datos representan estimaciones mínimas) https://missingmigrants.iom.int/es/region/el-mediterraneo

21. Ejemplos de ellos son, entre otras, la persecución sufrida por la defensora de derechos humanos Helena Maleno por parte de los gobiernos de Marruecos y España; la inmovilización durante un mes del barco de salvamento de la ONG Proactiva Open Arms por parte del gobierno italiano o la acusación de fomento de la migración irregular por parte de este mismo gobierno a la capitana del barco de Sea-Watch, Pia Klemp; o la petición por parte de la fiscalía griega de 25 años de cárcel para Sarah Mardini y Seán Binder en lo que, hasta el Parlamento Europeo ha definido como «el mayor caso de criminalización de la solidaridad en Europa».

22. Como señalan diversas organizaciones, esta es una práctica habitual en la frontera sur de Ceuta y Melilla, bajo el amparo de la Ley Orgánica de Protección de la Seguridad Ciudadana (Ley Mordaza) que las define como «rechazo en frontera» pero que en la práctica son devoluciones sumarias que no garantizan los derechos de las personas migrantes y contraviene la esencia misma del derecho de asilo. Más información en https://www.cear.es/wp-content/uploads/2021/02/Devoluciones-en-caliente.pdf

23. Ocurrida el 24 de junio de 2022, en ella murieron, al menos, 37 personas y desaparecieron 77 según Amnistía Internacional. Más información en https://doc.es.amnesty.org/ms-opac/doc?q=%28mssearch_fld13%3A%22M-DE29624922%22%29&start=0&rows=1&sort=fecha%20desc&fq=norm&fv=*&fo=and

24. Ocurrida el 6 de febrero de 2014, al menos 14 personas murieron ahogadas, una desapareció y 23 fueron devueltas en caliente. Más información en https://www.cear.es/caso-tarajal/

25. Más de 2700 personas permanecieron hacinadas en el muelle de Arguineguín en lo que se denominó el «campamento de la vergüenza», entre agosto y noviembre de 2020.

Centros de Internamiento de Extranjeros (CIEs) sin contemplar medidas alternativas que no conlleven la pérdida de libertad para personas que no han cometido delito alguno; los vuelos de la vergüenza y las deportaciones de activistas por los derechos humanos solicitantes de asilo[26]; la externalización de la gestión de fronteras[27]; la devolución de migrantes a terceros países no seguros[28]; o la ausencia de mecanismos accesibles para la búsqueda e identificación de las personas desaparecidas en las rutas migratorias[29].

En el ámbito español, también cabe señalar por su relevancia e impacto, la política de asilo restrictiva llevada a cabo por los sucesivos gobiernos del estado, tanto en lo que se refiere a las resoluciones afirmativas de los procedimientos, como en las dificultades para su solicitud (escasez de citas telemáticas para formalizar las solicitudes de protección internacional, retrasos en las citas, prácticas restrictivas y criterios dispares)[30]; la Ley de Extranjería que avoca a las personas migrantes a situaciones de gran vulnerabilidad, precariedad y peligro de explotación laboral o sexual; o prácticas abiertamente racistas ejercidas por funcionarios públicos, como los controles policiales por perfil racial, una práctica generalizada en el estado español[31], con un gran

---

26. Ejemplos de ello son las deportaciones a Marruecos, en junio de 2018, de 2 jóvenes rifeños miembros del movimiento Hirak que se encontraban en huelga de hambre en el CIE de Aluche; la deportación a Argelia del exmilitar y activista Mohamed Benhlima el 24 de marzo de 2022, el cual fue condenado a muerte en Argelia en mayo de 2022; o la deportación a Marruecos en enero de 2019 de Hussein Bachir, miembro de la Asociación de Estudiantes Saharauis, que posteriormente fue condenado a 12 años de prisión.

27. Más información en https://www.cear.es/externalizacion-de-fronteras/

28. El 26 de abril de 2021 la UE firmó un acuerdo migratorio con el gobierno de Afganistán que facilita la devolución de migrantes afganos. Igualmente en 2016, la UE firmó con Turquía el denominado «acuerdo de la vergüenza» para la expulsión de personas que huían del conflicto en Siria.

29. Informe «Familias de personas migrantes desaparecidas: su búsqueda de respuestas, el impacto de la pérdida y recomendaciones para mejorar las respuestas institucionales a sus necesidades. Caso España», OIM, 2021. Disponible en: https://publications.iom.int/es/node/2721

30. CEAR, 2022

31. Para más información consultar la *Encuesta sobre identificaciones policiales basadas en uso del perfilamiento étnico y racial* realizada por Rights International Spain.

impacto personal para las personas que lo sufren y un impacto social en cuanto a la generación y sostenimiento de estereotipos[32]. Todas estas expresiones de racismo institucional, además de violentar los cuerpos migrantes y racializados, avivan el racismo social e individual. Definen la otredad, lo bárbaro, las vidas que no son importantes. Reafirman, en definitiva, quién está aún lado y al otro de lo que Franz Fanon llamó «la línea del ser» (Fanon, 1999)[33].

¿Y ANTE TODO ESTO QUÉ? EL PROYECTO FORUM COMO FORMA DE ENFRENTAR EL RACISMO DESDE LA UNIVERSIDAD DE GRANADA

El contexto universitario supone una oportunidad a la hora de integrar una educación antirracista que permita promover una cultura universitaria diversa e inclusiva, que cuestione y desarticule de manera activa las ideologías y sistemas racistas. Para ello, es importante que las universidades vayan más allá de los gestos simbólicos y, entre otras cuestiones de fondo, adopten un papel de autocrítica en la aplicación de actitudes investigadoras extractivistas, que a menudo tienden a situar a las voces académicas por encima de las aquellas basadas en las experiencias vividas por las comunidades y colectivos racializados y precarizado. Las universidades están a la cabeza de la producción y divulgación de conocimiento, lo que las convierte en plataformas

---

Disponible en https://rightsinternationalspain.org/wp-content/uploads/2023/05/Encuesta-sobre-identificaciones-policiales-basadas-en-uso-del-perfilamiento-etnico-y-racial-4.pdf

32. Para más información consultar el Informe *Bajo Sospecha. Impacto de las prácticas policiales discriminatorias en España* realizado por Rights International Spain y Open Society Foundations. Disponible en https://www.justiceinitiative.org/uploads/9136fbe2-514d-4955-97dd-ba4a5d6b24f6/bajo-sospecha-impacto-de-las-practicas-policiales-discriminatorias-en-espana-20190924.pdf

33. Quienes habitan por encima de ella la «zona del ser», son seres humanos con acceso a los derechos reconocidos en declaraciones, constituciones y leyes, mientras bajo ella, en la «zona del no ser» se niega la existencia misma de los sujetos no occidentales históricamente oprimidos por el mundo colonial.

privilegiadas donde cuestionar las ideologías excluyentes, promover la diversidad y capacitar a estudiantes y profesorado para crear entornos antirracistas.

El Centro de iniciativas para la Cooperación al Desarrollo (CI-CODE) de la Universidad de Granada (UGR) ha servido de plataforma para la coordinación del proyecto FORUM. Como se presentaba al inicio del capítulo, la propuesta principal de este ha sido generar espacios de encuentro y reflexión conjunta acerca de cómo promover el cambio social y fomentar la participación para la construcción de una sociedad igualitaria basada en la justicia social.

A continuación, se presenta de manera más detallada la metodología del proyecto, haciendo hincapié en el papel pedagógico de las organizaciones de mujeres migrantes, así como en los significados que el término «participación» ha ido adoptando en su implementación. También se incluye lo que ha supuesto la implementación del proyecto, destacando las actividades desarrolladas al hilo de los objetivos propuestos y productos derivados del mismo, como materiales educativos y de incidencia política. Finalmente, este apartado se cierra mostrando los resultados más relevantes obtenidos a partir de la implementación, tanto a nivel europeo como a nivel del contexto de la universidad.

Metodología

FORUM atiende a la educación como una herramienta fundamental para promover el cambio social, desarrollada a través del diálogo y el trabajo colaborativo entre diferentes agentes sociales. Presta atención al papel fundamental de la educación en la lucha contra el racismo, analizando cómo puede desafiar los prejuicios, fomentar el pensamiento crítico y propiciar entornos de colaboración más abiertos a la diversidad.

La propuesta pedagógica de FORUM parte de la premisa de que el proyecto debe contribuir a potenciar el papel educativo que las asociaciones y colectivos de mujeres migrantes están desarrollando a la hora de ocupar espacios públicos y de representación política para visibilizar las problemáticas que les afectan en primera persona. Este principio de pedagogía para el cambio social se ha venido desarrollando en

el marco de los análisis y propuestas políticas que desde estos espacios
de organización social se están elaborando. De esta forma, el proyecto
se concibe como facilitador de procesos educativos y de incidencia política que ya están en marcha o que van a ser iniciados por las propias
organizaciones.

En base a la idea anteriormente expuesta, la metodología del proyecto se desarrolló atendiendo a la participación como principio articulador del proyecto FORUM, que a su vez se plasma en los niveles de
coordinación e implementación, entretejidos con cuidadas reflexiones
acerca de la representación de las mujeres migrantes viviendo en Europa y el protagonismo de sus voces y experiencias.

Esto fue a su vez determinante a la hora de crear el Consorcio
del proyecto, optando por que este estuviera conformado fundamentalmente por organizaciones de mujeres migrantes o comprometidas
en el trabajo por el acceso a derechos de este colectivo. Finalmente, el
consorcio contó con 6 organizaciones de 5 países europeos con diferentes perfiles y ámbitos de actuación, lo que confirió una heterogeneidad de posicionamientos y actuaciones que enriqueció evidentemente el proceso de definición e implementación del proyecto. Por
un lado, se pudo contar con una organización «paraguas» como es
la *Red Europea de Mujeres Migrantes (European Network of Migrant
Women -ENOMW)* que aglutina a 55 organizaciones de base y no
gubernamentales de 23 estados miembros de la UE y centra su trabajo en hacer lobby en el Parlamento Europeo en Bruselas (Bélgica).
Por otro lado, se encontraban organizaciones como *Akina Dada Wa
Africa (Akidwa)*, que desde la ciudad de Dublín (Irlanda) desarrolla
su trabajo con una importante proyección estatal en la lucha por los
derechos de las mujeres migrantes que residen en Irlanda; *Forum Femmes Méditerranée (FFM)* que desde Marsella (Francia) trabaja contra
el sexismo y el racismo, y en defensa de los derechos de las personas
migrantes; y *Le Fate Onlus* que trabaja en el campo social y educativo
en Verona (Italia), centrándose en la población más joven, infancia y
adolescencia, y en los procesos de inclusión de las mujeres migrantes.
Finalmente, también pudimos contar con el *Centro de Estudios e Investigación sobre Mujeres (CEIM)* de Málaga (España) que promueve
la investigación y la incidencia política en igualdad de género, cambio
social, paz, desarrollo y justicia.

En relación a la coordinación del proyecto, se mantuvo que la socia que inició el proceso de diseño y búsqueda de financiación del proyecto, en este caso CICODE-Universidad de Granada, continuara su papel de coordinación asegurando el cumplimiento de los objetivos y compromisos adquiridos con la entidad financiadora. Se acordó que desempeñara un rol de apoyo y acompañamiento, mientras que las organizaciones socias que representaban a las mujeres migrantes podían aprovechar el impulso del proyecto para potenciar el trabajo que ya venían desarrollando y/o para desarrollar líneas de interés conjuntas. La participación central en la coordinación de las organizaciones de mujeres migrantes se incluyó en lo que denominó Acción 0, la cual tenía por objetivo construir un espacio de colaboración y definición de líneas estratégicas para la construcción de alianzas basadas en el trabajo conjunto. Este trabajo se desarrolló fundamentalmente a nivel de territorio europeo, aunque a nivel del territorio de Granada también surgió un nivel de coordinación entre la Universidad de Granada y el *Colectivo Sirirí. Mujeres Migrantes Creando* estableciendo una relación de colaboración en aquellas líneas de trabajo e intereses que conectaban con los que se incluían en el proyecto.

Continuando con su implementación, FORUM se estructuró a partir de cuatro ejes de trabajo, denominados «acciones», definidas de la siguiente forma: Acción 1) Construyendo diálogos interculturales y debate entre la ciudadanía; Acción 2) Programa de formación y grupos de análisis sobre las políticas europeas con perspectiva intercultural; Acción 3) Voluntariado y activismo social; Acción 4) Incidencia política a través de una campaña contra el racismo. Cada una de estas acciones se fue implementando a modo de «cascada» en la que los resultados de cada acción alimentaban o servían de base para la realización de la siguiente, incorporando de manera enlazada los conocimientos adquiridos por las personas participantes y las diferentes fórmulas de participación, que iban desde aquellas más generales hasta fórmulas más activistas.

Aunque más adelante concretemos en qué consistió la implementación de estas acciones, en este apartado metodológico proponemos detenernos brevemente para mostrar precisamente cómo se fue involucrando a una variedad de agentes de la sociedad civil, estudiantes y profesorado del ámbito universitario, organizaciones de solidaridad con las personas migrantes, personas migrantes organizadas, personas migrantes recién llegadas, y proveedoras de servicios, entre otras. *Acción* 1) *Construyendo diálogos interculturales y debate entre la ciudadanía.* Este primer eje estaba dedicado a habilitar espacios para el diálogo entre la sociedad civil, asociaciones de personas migrantes y refugiadas y personas expertas en estudios de migraciones. Para ello se incluyó la organización de jornadas, conferencias y mesas redondas, en tanto que espacios abiertos donde poder exponer las áreas temáticas del proyecto que como hemos señalado son: el auge del extremismo; la estigmatización de personas migrantes y refugiadas; las políticas de migración y asilo de la UE y de los Estados miembros; la solidaridad y la participación de la ciudadanía de la UE para afrontar los retos de la UE.

Acción 2) *Programa de formación y grupos de análisis sobre las políticas europeas con perspectiva intercultural.* Este eje de trabajo supone un nivel más cercano hacia la construcción de momentos educativos basados en el diálogo y el análisis presentado a través de cursos, seminarios y grupos de discusión. En este nivel, la participación se concreta en no sólo asistir a escuchar los planteamientos y análisis presentados, como pudiera ser en el nivel anterior, sino que supone asistir a eventos en donde el número de asistentes es más reducido y los contenidos propuestos más específicos. El objetivo estratégico de este eje es facilitar espacios de participación en donde a partir del encuentro y el análisis colectivo, se pudieran ir identificando ideas y recomendaciones para promover el cambio social a través de la incidencia política.

Acción 3) *Voluntariado y activismo social.* Como resultado de las dos acciones anteriores, el proyecto FORUM incluye la activación de un sujeto político que apoye los esfuerzos de las organizaciones en lo que será la siguiente fase correspondiente a una campaña de incidencia política a nivel europeo. Para ello, como resultado de la fase anterior se han ido identificando personas voluntarias que además de haber participado en los espacios de formación y diálogo anteriores, se involucre en el diseño e implementación de una campaña política derivada de los cambios políticos identificados por las organizaciones y personas/colectivos aliados para el cambio social.

Acción 4) *Incidencia política a través de una campaña contra el racismo.* La propuesta de participación con la que cierra FORUM aterriza en la campaña de incidencia política *#Noborderstowomenrights*[34] en tanto que estrategia de activación de fórmulas de ciudadanía europea promovidas por las organizaciones de mujeres migrantes y aliadas. Como herramienta para la interlocución e incidencia se elaboró un informe de análisis o policy brief con 76 recomendaciones agrupadas en 6 cuestiones clave, dirigido a responsables políticos resultante del ejercicio sumatorio procedente del trabajo de base de los colectivos de mujeres migrantes involucrados, así como de los espacios de reflexión, diálogo y formación facilitados durante la implementación del proyecto. A la hora de consensuar dicho documento, que lleva como título *Por una Europa igualitaria: los derechos de las mujeres migrantes son derechos humanos*[35], se llevó a cabo un proceso de facilitación orientado hacia la toma de decisiones que, sin duda, enriqueció la apropiación del discurso y de las propuestas elaboradas por parte de las organizaciones de mujeres migrantes protagonistas de FORUM.

Fuente: Elaboración propia en base a memoria del proyecto financiado.

---

34. Se puede acceder a los productos elaborados para la Campaña #Noborderstowomenrigths en el siguiente enlace https://forumproject.eu/no-borders-to-women-rights/

35. El policy brief *Por una Europa igualitaria: los derechos de las mujeres migrantes son derechos humanos* está disponible en el siguiente enlace: https://forumproject.eu/no-borders-to-women-rights/policy-brief/

A través de este recorrido metodológico el proyecto FORUM se enmarca en aquellas propuestas que entienden que la educación activista en las universidades no sólo promueve la concienciación crítica a nivel individual, sino también la acción colectiva. Para ello es fundamental que oportunidades financiadas como esta sirvan para fortalecer el papel de las instituciones educativas en articular espacios para que estudiantes, docentes, personal de la universidad, sociedad civil y activistas se reúnan, compartan experiencias y elaboren estrategias para el cambio. A través de talleres, cursos de formación, seminarios o jornadas, entendidos como espacios abiertos a la ciudadanía para la reflexión colectiva crítica, las organizaciones activistas y la universidad facilitan la formación de redes y coaliciones que pueden trabajar colectivamente para hacer frente al racismo sistémico tanto en la sociedad civil como en el contexto universitario.

Implementación de Proyecto

Tal y como presentábamos en el apartado anterior, la ejecución del proyecto FORUM ha seguido dos fases principales (Fase I y II), divididas en 5 acciones (Acción 0, Acción 1, Acción 2, Acción 3 y Acción4), centradas en objetivos distintos pero interrelacionados, y que como objetivo general pretendían profundizar en el análisis de las situaciones de violencia, discriminación y estigmatización que sufren las personas migrantes, refugiadas y solicitantes de asilo en el contexto de la Unión Europea y en el territorio de cada una de las socias del Consorcio (Francia, Bélgica, Italia, Irlanda y España) para poder incidir activamente en su erradicación.

En este contexto, es importante destacar uno de los retos a los que ha tenido que enfrentarse el proyecto a lo largo de su ejecución, el cual ha tenido como protagonista la pandemia del Covid-19 que, además de retrasar los tiempos de ejecución y cambiar el formato de las actividades que se estaban planteando en su momento; ha exacerbado cualquier tipo de violencia sufrida por las personas migrantes y refugiadas, suponiendo pues, un trabajo más incisivo, tanto a nivel de contextualización y formación como a nivel de incidencia.

El proyecto comenzó con una Fase 0 (Acción 0) de impulso del proyecto, cuyo objetivo era conocer las formas de trabajo de las socias; establecer desde qué punto de partida comenzaba la ejecución del proyecto, teniendo en cuenta las vicisitudes y retrasos provocados por la pandemia del Covid19; y definir las estrategias de implementación, seguimiento, difusión y comunicación. En segundo lugar, se desarrolló la Fase I (Acción 1 y 2), con la que se pretendía crear diálogos y debates para contextualizar la disciminación y las violencias sufridas por las personas migrantes y refugiadas dentro de las fronteras de la Unión Europea, así como sensibilizar y formar a la población en general, comunidad universitaria, personal de organizaciones sociales y responsables políticos sobre ello. Finalmente, la Fase II Acción 3 y 4) tenía como objetivo principal promover la solidaridad y la participación activa de los actores citados anteriormente para responder a tales retos sociales, con formaciones más prácticas sobre voluntariado/activismo y la creación de campañas de transformación social. Esta fase concluyó con el lanzamiento de la campaña #NoBorderstoWomenRights.

De forma más pormenorizada, analizaremos las distintas acciones, así como los resultados alcanzados en el marco del proyecto.

En la denominada Acción 0 se llevaron a cabo tres actividades: una reunión interna de coordinación (preparatory meeting) y una reunión de impulso del proyecto (kick-off meeting) en las que se pretendió un primer acercamiento a los trabajos de las organizaciones pertenecientes al Consorcio, así como definir un punto de partida común para la ejecución del proyecto, compartiendo experiencias y las expectativas que se esperaban alcanzar. Además, se celebró una presentación pública del proyecto acompañada de la mesa redonda titulada *In the Frontline: Migrant women in the COVID19 context in Europe* (*En primera línea: mujeres migrantes en el contexto del COVID19 en Europa*), para dar a conocer el escenario en el que se iba a desarrollar el proyecto y las consecuencias de la pandemia en la exacerbación del racismo y las violencias contra las mujeres migrantes. Esta última actividad supuso el medio a través del cual el proyecto fue presentado a la comunidad universitaria y sociedad civil en general.

Posteriormente, en el segundo semestre del año 2021, se inició la Fase I, compuesta por la Acción 1 y Acción 2, en la que ya, bajo la coordinación de la Universidad de Granada, cada una de las socias del

Consorcio empezó a desarrollar sus propias actividades, manteniendo reuniones de monitoreo y de puesta en común de lo realizado, así como de definición de los siguientes pasos a seguir.

En la *Acción 1 Construyendo diálogos interculturales y debate entre la ciudadanía*, el foco se puso en los diálogos interculturales y los debates ciudadanos, a través de conferencias, debates y mesas redondas dirigidas a contextualizar la situación de las personas migrantes, refugiadas y solicitantes de asilo en la Unión Europea, con la participación de diferentes colectivos y organizaciones formadas por migrantes o que trabajan en este campo. Las principales cuestiones tratadas fueron la estigmatización y discriminación de las minorías, especialmente cuando se trata de mujeres y niñas; el empoderamiento de éstas y su autoorganización; los derechos fundamentales de las mujeres indocumentadas y la salud mental de las mujeres migrantes; la participación política; extremismos y populismos; políticas anti-derechos humanos y discurso de odio; y la universalidad de los derechos. En el contexto de la Universidad de Granada una de estas primeras actividades fueron las jornadas tituladas *Atravesando Fronteras. Mujeres Migrantes y Participación Política*[36], en donde se realizaron varias mesas redondas reuniendo a organizaciones de base de mujeres migrantes y ONG de toda España. Las presentaciones estuvieron protagonizadas por mujeres migrantes residiendo en España, quienes relataron sus experiencias organizativas y denuncias, así como las dificultades que todas y cada una de ellas han sufrido y afrontado[37].

Por su parte, la Acción *2 Programa de formación y grupos de análisis sobre las políticas europeas con perspectiva intercultural* estuvo dirigida a la impartición de formaciones y actividades educativas más específicas, con el objetivo de aumentar la base teórica necesaria para el desarrollo de actividades e intervenciones más convenientes y ajustadas a la realidad social. Cada socia realizó talleres, cursos, grupos focales y de

---

36. Para consultar vídeo resumen sobre los contenidos de estas jornadas ir a: https://youtu.be/VXXqIM-OZ0w

37. Para estas Jornadas se produjeron varios videos de las diferentes sesiones y entrevistas a las personas participantes que se pueden consultar en el canal CICODE UGR - YouTube

discusión en relación con las violencias sufridas en la frontera sur de Europa y la violencia sexual, doméstica y de género.

A continuación, y fruto de toda la información recopilada como resultado de las actividades organizadas hasta este momento, comenzó la elaboración de un documento de demandas y recomendaciones de los colectivos de mujeres migrantes, así como de distintas organizaciones, dirigido a los responsables políticos de la Unión Europea. El Informe sobre políticas (policy brief) *Por una*

Europa igualitaria: los derechos de las mujeres migrantes son derechos humanos[38] ha sido traducido a los cuatro idiomas del Consorcio, con el objetivo de llegar más lejos en su difusión e impacto e incluye 76 reivindicaciones divididas en 6 cuestiones clave: políticas migratorias, regularización y estatus legal; violencia contra las mujeres y niñas; aumento del discurso de odio y del racismo; empleo, formación académica y cualificaciones profesionales; participación política y ciudadanía; y derechos fundamentales y sociales.

También a nivel nacional, regional y local se ha trabajado activamente en estas reivindicaciones, dando como resultado varios productos, como el informe elaborado por la Universidad de Granada llamado *Fronteras: necropolítica, violencias, racismos y activismos feministas migrantes*[39], que plasma la situación que las mujeres migrantes sufren en el contexto andaluz. Este informe contiene los temas principales surgidos en dos grupos focales llevados a cabo por la Universidad de

---

38. Enlace al documento completo en español: Por una Europa igualitaria: los derechos de las mujeres migrantes son derechos humanos

39. Enlace al documento completo: Fronteras: Necropolítica, fronteras, racismos y activismos feministas migrantes

Granada, uno con personas proveedoras de servicios y otro con mujeres migrantes activistas en movimientos por los derechos en el ámbito
de las migraciones.

La Fase II, compuesta por la Acción 3 y Acción 4, supuso la parte
de fomento de la participación activa e incidencia política del proyecto, en la que, partiendo de los conocimientos adquiridos en las
acciones anteriores, se realizaron actividades de formación para la participación, de incidencia y activismo, con el doble objetivo de, por un
lado, activar procesos de participación y ciudadanía activa, y por otro,
fortalecer la sociedad civil, a los actores locales y las organizaciones
formadas por personas migrantes y refugiadas. Aunando los objetivos
de estas acciones, se realizó por parte de la Universidad de Granada el
curso *Activismo antirracista y por los derechos de las personas racializadas:
historia, estrategias y diseño de campañas contra el racismo*. Se comenzó
con una introducción, por parte de profesionales expertos, de conceptos básicos, historia y análisis de las dinámicas del racismo. Después, se
realizaron formaciones sobre estrategias, herramientas y metodología
para el diseño de campañas de sensibilización y movilización social,
para, en último lugar, pasar a la puesta en práctica de lo aprendido, y
diseñar, por parte de las personas participantes organizadas en grupos,
acciones de sensibilización o incidencia en el marco de la campaña
#Noborderstowomenrights. En este contexto, surgieron acciones dirigidas a profesorado; los cimientos para la elaboración de una propuesta
de protocolo antirracista en la Universidad; así como acciones que
ponían el foco en la vulneración de los derechos humanos sufrida por
las personas migrantes en la frontera sur española.

La Acción *3 Voluntariado y acción social* comenzó con un taller
con las socias del Consorcio en la que se trabajó y debatió sobre los
próximos pasos a seguir en el proyecto. También se trabajó en los puntos principales del diseño de la campaña *#Noborderstowomenrights* que
protagonizaría la Acción 4 y en la difusión y promoción del policy
brief. Después de esto, se implementaron las acciones formativas sobre
activismo, participación y diseño de campañas. El fin que se buscaba
era crear una red de personas activistas-voluntarias que trabajasen sobre las temáticas fundamentales del proyecto, todo ello enmarcado
en el documento de demandas y recomendaciones elaborado en la
Acción 2. En este punto es importante destacar que, debido a la di-

ferente naturaleza de las socias del proyecto, no todas participaron en esta acción, por dedicarse en su trabajo diario a cuestiones de incidencia y contar con un buen número de activistas antes del comienzo del mismo, diferencia fundamental dentro del Consorcio entre las organizaciones sociales y la Universidad de Granada.

En este punto es importante destacar uno de los retos a los que ha tenido que enfrentarse el proyecto FORUM, como es la heterogeneidad del Consorcio, reto en el que han influido varias variables. Por un lado, el Consorcio estaba conformado por actores de distinto tamaño, recursos económicos y recursos humanos, con las consecuencias a nivel de tiempo e inversiones realizadas. También, exceptuando la Universidad de Granada y el CEIM, las dos entidades españolas, cada una de las socias tiene su sede en un país distinto de la Unión Europea, por lo que las barreras idiomáticas estaban presentes. Esto también ha tenido como consecuencia, motivado por el Covid-19, que las reuniones de monitoreo y evaluación conjunta fueran online, sistema que no da pie a un acercamiento total entre las personas que conforman el grupo.

Tras estos eventos y varias formaciones sobre creación de campañas de transformación social, comenzó la última parte de este proyecto, la Acción *4 Incidencia política a través de una campaña contra el racismo*, cuyo objetivo principal era el desarrollo de una campaña de incidencia política contra la estigmatización de personas migrantes, refugiadas y solicitantes de asilo, basada en todo lo aprendido y desarrollado a lo largo del proyecto. Esta campaña se llevó a cabo bajo el lema #NoBorderstoWomenRights y se organizó a dos niveles:

A nivel local, cada socia organizó actividades, en total 21, adaptadas al contexto de su territorio. Además, derivado de las formaciones en activismo y campañas de la acción anterior, grupos de participantes organizaron acciones de sensibilización en relación con el antirracismo y las violencias sufridas por las personas migrantes y refugiadas, especialmente la sufrida por mujeres y niñas.

A nivel europeo, y con el objetivo de incidir en las instituciones europeas, se envió el policy brief elaborado en la Acción 2 a distintos actores clave en estas instituciones. Concretamente, a 8 comisiones del Parlamento Europeo, 20 miembros de esta misma institución, 7 miembros de la Comisión Europea, 2 del Consejo de Europa y 14 agencias e instituciones europeas, siendo destacable a nivel de impacto, la publicación por el Consejo de Europa de este documento de demandas y recomendaciones en su página web en la sección dedicada a la situación de las mujeres y niñas migrantes y refugiadas[40].

Por su parte, para la difusión de la campaña se elaboró un kit de herramientas con materiales para su su difusión en redes sociales y páginas web que se encuentra disponible en la web del proyecto[41]. Y a su vez, se consensuaron como días clave para su difusión y realización de actividades, con el objetivo de aumentar la visibilidad del contenido y conseguir mejores resultados, el día 25 de noviembre, Día Internacio-

40. https://www.coe.int/en/web/genderequality/migrant-and-refugee-women-and-girls#{%2263602265%22:[1]
41. https://forumproject.eu/no-borders-to-women-rights/toolkit/

nal de la Eliminación de la Violencia contra la Mujer, y el día 18 de diciembre, Día Internacional de las Personas Migrantes.

Como punto final de esta acción, cada entidad socia organizó un acto final de presentación de resultados del proyecto, acompañados de conferencias y exposiciones sobre los productos generados en el mismo, así como intervenciones de responsables políticos a nivel europeo, nacional y local.

Finalmente señalar que, en todo este proceso, ha tenido gran importancia la divulgación de las actividades y productos generados en el marco del proyecto a través de redes sociales, mailing, listas de distribución, así como la creación y mantenimiento de una página web propia (forumproject.eu), utilizada en todo momento para anunciar los eventos que se iban a realizar, un pequeño resumen de los ya realizados, publicación de informes y recursos para complementar la formación de las personas interesadas, etc.

RESULTADOS DEL PROYECTO

En cuanto a los resultados alcanzados, como se puede observar en la Tabla X1, ha habido un total de 2017 personas beneficiarias directas a lo largo de las 67 actividades llevadas a cabo en el marco del proyecto. Esto supone más del doble de las personas participantes inicialmente previstas y casi el doble de actividades, hecho que se valora de forma muy positiva por el consorcio que hemos ejecutado el proyecto.

Tabla X1: Número de actividades por acciones y participación total

Acciones	Número de actividades	Participantes totales
Acción 0	3	71
Acción 1	17	690
Acción 2	16	387
Acción 3	11	308
Acción 4	20	561
Total	67	2017

Todas las acciones alcanzaron cifras muy por encima de las inicialmente previstas pero, concretamente, cabe destacar la cifra de participantes alcanzada en la Acción 3 (308) la cual es muy notable, ya que se previeron muchas menos personas participantes por el hecho comentado anteriormente de que no todas las entidades socias organizaron actividades en el marco de esta acción. Además, también hay que tener en cuenta, en relación con la recogida de datos, que alguna de las socias lo ha hecho de manera global en esta acción, en términos de Volunteers training, no contabilizando eventos a nivel individual, lo que nos lleva a deducir que el número de actividades en esta acción es algo mayor. Por otro lado, cabe señalar que en algunas actividades de la Acción 4 no fue posible recoger información de las personas participantes por la naturaleza de estas actividades. Nos referimos, por ejemplo, a exposiciones, acciones de calle o de difusión de la campaña que no permitieron la recogida de datos, por lo que el número total de participantes fue realmente mayor del finalmente reportado.

En este sentido, cabe puntualizar que las personas beneficiarias totales reales pueden no coincidir con los datos recogidos (personas beneficiarias oficiales), debido a tres motivos. Por un lado, por la decisión de algunas personas asistentes de no compartir ciertos datos personales; porque, como señalamos anteriormente, hubo actividades en las que no se pudo recoger los datos de asistencias por la naturaleza de las mismas; y, finalmente, porque por requerimiento de la Comisión Europea sólo se pueden contabilizar como personas beneficiarias oficiales los asistentes de países elegibles en la convocatoria, principalmente ciudadanos de algún país de la UE.

Por su parte, en cuanto al perfil de las personas participantes, como se puede observar en la Tabla X2, de los 2017 participantes totales, la media de edad se encontraba entre los 30 a 65 años (1215), aunque también ha habido una cantidad significativa de participantes menores de 30 años (671). A destacar es también la cifra de mujeres asistentes a los eventos celebrados dentro de este proyecto (1747) en comparación con los hombres asistentes (270). Esto nos invita a reflexionar acerca de las personas que mayoritariamente participan y trabajan en el ámbito social y que han mostrado interés en asistir a las actividades como forma de reforzar sus conocimientos y poner en práctica herramientas para acabar con la estigmatización y las violencias sufridas por las personas migrantes y refugiadas. Además, asistieron 30 personas que refieren tener algún tipo de diversidad funcional.

Tabla X2: Registro de participantes por acción, edad y sexo

Acciones	Participantes totales	Edad			Sexo	
		<30	30-65	>65	Mujer	Hombre
Acción 0	71	21	50	0	62	9
Acción 1	690	196	440	54	627	63
Acción 2	387	151	224	12	334	53
Acción 3	308	110	174	24	243	65
Acción 4	561	193	327	41	481	80
Total	2017	671	1215	131	1747	270

En su dimensión cualitativa, el proyecto FORUM también ha obtenido un feedback bastante positivo por parte de participantes, socias, proveedoras de servicios, asociaciones y público en general, remarcando todas ellas la necesidad de crear e impulsar alianzas más sólidas, entre la Universidad, los colectivos sociales y la sociedad crítica activa, y valorando el esfuerzo que FORUM ha realizado en este sentido tanto a nivel europeo como local. Fruto de esto, por ejemplo, ha sido la creación de un grupo conformado por estudiantado y personal de la UGR, participantes en la Acción 3 del proyecto, que se encuentra en proceso de conformarse como asociación, denominado *Antitrracismo Granada* y que trabaja en la visibilización del racismo, dinamiza diferentes actividades y ofrece apoyo y acompañamiento a víctimas de incidentes racistas.

Todos los actores involucrados han destacado y aportado cuestiones claves que han servido para mejorar y guiar el proyecto, y que serán referente para futuros trabajos realizados desde el CICODE en relación con las migraciones, las políticas europeas y la participación ciudadana. Por parte de la Universidad de Granada se ha mantenido un contacto estrecho con organizaciones locales y nacionales, las cuales han tenido un papel clave en la elaboración de documentos como el policy brief y en la incidencia posteriormente realizada. En este punto, cabe especial mención al *Colectivo Siriri. Mujeres Migrantes Creando*, colectivo autogestionado de mujeres migrantes residentes en

Granada, cuyas aportaciones y participación en diferentes actividades del proyecto han sido claves, han supuesto un salto de calidad y han dado sentido a acciones de un proyecto que, entre otras muchas cosas, pretendía reforzar y visibilizar el trabajo de colectivos que luchan por los derechos de las personas migrantes y refugiadas.

En definitiva, los resultados del proyecto a nivel de participación e incidencia han superado las expectativas iniciales, tanto a nivel del Consorcio, como en el caso de la Universidad de Granada como coordinadora del mismo. Esto nos lleva a concluir que existe una gran necesidad e interés en seguir creando y desarrollando proyectos que, además de reflejar y mostrar la situación real que sufren las personas migrantes y refugiadas en el territorio de la Unión Europea, sirvan como instrumento de incidencia política para alcanzar una igualdad real y efectiva, y acabar con las discriminaciones, violencias y estigmatización sufridas por las mismas, especialmente, las vividas por las mujeres y niñas migrantes.

El contexto en el que se desarrolló el proyecto FORUM partía de la mirada interseccional como una herramienta con la que atender los diferentes ejes de opresión, género, clase, estatus migratorio, etc, que atraviesan los cuerpos marcados como no-blancos en las sociedades europeas actuales. Esto supone no sólo desarrollar una mirada analítica estructural que muestre la experiencia multidimensional de la exclusión social, sino también prestar particular atención a cómo dichas estructuras de desigualdad racial y de género se expresan y (re) producen, en parte, a través de prácticas cotidianas y de la vida diaria que otorgan significado basado en la vulnerabilidad a categorías sociales, como «negra» o «inmigrante». Así mismo, en la implementación del proyecto FORUM ha sido fundamental promover espacios de encuentro, expresión y activación política de organizaciones de mujeres migrantes que representan un sujeto político que enfrenta estas estructuras de opresión, insertando sus propios significados sobre quienes son hoy en día y en el contexto de Europa y Andalucía las mujeres migrantes. Más allá de su consideración como «víctimas» o «mediadoras culturales» (Cherubini y Tudela-Vázquez, 2016) las asociaciones protagonizadas por mujeres migrantes y aliadas promueven fórmulas de pertenencia política en la medida en que su activismo e incidencia supone una reformulación de los principios de igualdad, derechos políticos, sociales y económicos sobre los que se construyen los proyectos democráticos en Europa.

BIBLIOGRAFÍA

Arnoso, Maitane y Gastón, Alberto (coord.) (2022). *La universidad en un contexto de emergencias: (re)pensando la calidad universitaria desde las luchas sociales.* Donostia. https://sosracismogipuzkoa.org/wp-content/uploads/2023/03/La_universidad_antiracista_LIBRO_CALIDAD.pdf

Asamblea General de Naciones Unidas (2015). Transformar nuestro mundo: la Agenda 2030 para el Desarrollo Sostenible. Resolución aprobada por la Asamblea General el 25 de septiembre de 2015

Borrego, Carmela (2022). *Encarnado el territorio: feminismo(s) andaluz(es).* Madrid. Kaótica libros.

Castaño, Ángeles (2019). Fronteras a la humanidad: nuestro Mediterráneo común construído como confín de los derechos humanos en la UE. *En Santos, B.D.S y Sena, B (2019). El pluriverso de los derechos humanos: la diversidad de las luchas por la dignidad.* Madrid. Ediciones Akal.

Castaño, Ángeles (2016). Transformaciones de las culturas de frontera y construcción del Mediterráneo como Frontera Sur en el giro de la europeidad. En Bidaseca, K. (ed.), *Poéticas de los feminismos decoloniales desde el sur.* Buenos Aires. Red de Pensamiento Decolonial, pp. 129-135.

Castro-Gómez, Santiago; Grosfoguel, Ramón (eds.). (2007). *El giro decolonial: reflexiones para una diversidad epistémica más allá del capitalismo global.* Bogotá: Siglo del Hombre Editores.

Comisión Española de Ayuda al Refugiado (CEAR) (2022). *Las personas refugiadas en España y Europa.*

Cherubini, Daniela; Tudela-Vázquez, María Pilar (2016). Beyond victims and cultural mediators. An intersectional analysis of migrant women 's citizenship practices in Spain and the United States. *Rassegna Italiana Di Sociologia*, 57(3), 461-480.

Davis, Kathy (2008). Intersectionality as buzzword. A sociology of science perspective on what makes a feminist theory successful. *Feminist Theory*, 9 (67), pp. 67-85 https://doi.org/10.1177/1464700108086

Fanon, Franz (2009). *Piel negra, máscaras blancas*. Madrid. Ediciones Akal.

Fanon, Frantz (1999), *Los condenados de la Tierra*. Tafalla. Txalaparta.

Filigrana, Pastora (2020). *El pueblo gitano contra el sistema-mundo. Reflexiones desde una militancia feminista y anticapitalista.* Ciudad de México. Akal

Frías, María (2022). Informe La interseccionalidad de la discriminación por razones de raza, étnia y género. https://www.inclusion.gob.es/oberaxe/es/publicaciones/documentos/documento_0152.htm (consultado el 30 de junio de 2023)

Guerra Cáceres, Paula (2019). La vivencia de la opresión en las personas racializadas. Más allá de la clase y el género. En Maroto Blanco, Jose Manuel y López Fernández, Rosalía (coords.) *Migraciones y población africana en España. Historias, relatos y prácticas de resistencia.* Colección Periferias. Editorial Universidad de Granada.

Grosfoguel, Ramón (2011). La descolonización del conocimiento: diálogo crítico entre la visión descolonial de Frantz Fanon y la sociología descolonial de Boaventura de Sousa Santos. En VV.AA. *Formas-Otras: Saber, nombrar, narrar, hacer,* (pp. 97-108). Barcelona: CIDOB Ediciones

Hancock, Ange Marie (2007). Intersectionality as a normative and empirical paradigm. *Politics and Gender*, 3 (2) pp. 248-254 https://doi.org/10.1017/S1743923X07000062

Hill Collins, Patricia y Bilge, Sirma (2019). *Interseccionalidad*. Madrid. Ediciones Morata

Lander, Edgardo (ed) (2000). *La colonialidad del saber: eurocentrismo y ciencias sociales.* Perspectivas latinoamericanas Buenos Aires. Consejo Latinoamericano de Ciencias Sociales (CLACSO)

Sousa Santos, Boaventura (2010). *Descolonizar el saber, reinventar el poder.* Montevideo. Ediciones Trilce. Disponible en: https://www.boaventuradesousasantos.pt/media/Descolonizar%20el%20saber_final%20-%20C%C3%B3pia.pdf

Viveros Vigoya, Mara (2016, octubre 19). La interseccionalidad: una aproximación situada a la dominación. *Debate Feminista*, 52. https://doi.org/https://doi.org/10.1016/j.df.2016.09.005

CAPÍTULO 10
AGENDA 2030, PERSONAS REFUGIADAS Y UNIVERSIDAD

MARÍA VIRTUDES MARTÍN FERNÁNDEZ
(Centro de Iniciativas de Cooperación al Desarrollo –
CICODE -Universidad de Granada)

NACHO ÁLVAREZ LUCENA
(Centro de Iniciativas de Cooperación al Desarrollo –
CICODE - Universidad de Granada)

INTRODUCCIÓN

El número de personas que se han visto obligadas a desplazarse de sus lugares de origen debido a situaciones de persecución, conflictos bélicos, violencia o violaciones de Derechos Humanos en el mundo, no ha dejado de crecer en los últimos años, alcanzando cifras jamás antes vistas. Según datos de la Agencia de Naciones Unidas para los Refugiados (ACNUR), 103 millones de personas se encontraban desplazadas de forma forzada en el mundo a mediados de 2022[1]. Esta cifra es más del doble de los 42,7 millones de personas que se encontraban en esa situación en 2012 y supone un aumento de 13,7 millones de personas respecto al año 2021[2]. Este extraordinario aumento en un solo año se debe a los acontecimientos acaecidos durante el año 2022, principalmente la guerra en Ucrania, pero también a otros conflictos

1. ACNUR, 2022. Bases de datos sobre estadísticas de refugiados de ACNUR. [Online] Disponible en: https://www.unhcr.org/refugee-statistics/ [Consultado el 5 de mayo de 2023].
2. Informe anual de ACNUR -Tendencias Globales- analiza el desplazamiento forzado en todo el mundo. Disponible en http://www.acnur.org/recursos/estadisticas/

como los de Burkina Faso o Myanmar, y al resto de 32 conflictos bélicos que se encontraban activos durante ese año[3]. Es especialmente ilustrativo para dimensionar la magnitud de este problema, pensar que 1 de cada 78 personas en el mundo está en situación de desplazamiento forzado.

También cabe destacar el aumento de las personas desplazadas debido a la degradación ambiental y al cambio climático. Según el Centro de Monitoreo de Desplazamiento Interno (IDMC), que depende del Norwegian Refugee Council, en 2021 se produjeron 23,7 millones de nuevos desplazamientos internos por motivos medioambientales en 141 países[4], la mayoría de ellos en países del Sur Global. El propio Banco Mundial, ha dimensionado el problema, señalando que entorno a 216 millones de personas se podrían ver obligadas a desplazarse de manera forzada por motivos climáticos en 2050[5].

Nos encontramos, por tanto, ante un problema que no ha hecho más que aumentar a nivel global en los últimos años y cuya perspectiva es que lo siga haciendo.

En lo que respecta a España, 65 404 personas solicitaron protección internacional en 2021, lo que supone una reducción de más del 26% con respecto a 2020, debido, en parte, a las restricciones de movimiento adoptadas como consecuencia de la pandemia de COVID19 y a diversas dificultades respecto al acceso al procedimiento de solicitud, como la escasez de citas telemáticas para formalizar las solicitudes de protección internacional, los dilatados retrasos en las citas, así como prácticas restrictivas y aplicación de criterios dispares

---

3. En 2021 se registraron 32 conflictos bélicos en el mundo según el informe Alerta 2022! sobre conflictos, derechos humanos y construcción de paz de Escola de Cultura de Pau y la Universidad Autónoma de Barcelona. Disponible en: https:// reliefweb.int/report/world/alerta-2022-informe-sobre-conflictos-derechos-humanos-y-construccion-de-paz

4. https://www.internal-displacement.org/global-report/grid2022/ Consultado 11/04/2023

5. Informe Groundswell (parte II) del Banco Mundial. Disponible en: https:// openknowledge.worldbank.org/server/api/core/bitstreams/fc2c02ad-81fe-517e-86e3-13a851a682f5/content

por parte de las autoridades competentes[6]. Sin embargo, si analizamos los datos de solicitudes de protección internacional realizadas en el Estado español en los últimos 10 años, vemos que su crecimiento ha sido exponencial, en consonancia con el incremento en el número de personas desplazadas y refugiadas a nivel mundial.

Número de solicitudes de asilo en España									
2012	2013	2014	2015	2016	2017	2018	2019	2020	2021
2.588	4.502	5.947	14.881	15.755	31.120	54.065	118.264	88.762	65.404

Fuente: CEAR, www.masquecifras.org

OBJETIVOS DE DESARROLLO SOSTENIBLE, MIGRACIONES Y PERSONAS REFUGIADAS

La Agenda 2030, aprobada por la Asamblea General de las Naciones Unidas en septiembre de 2015 con la firma de 193 jefes de Estado, contempla algunos objetivos y metas[7] relacionadas directa e indirectamente con la lucha por los derechos de las personas migrantes y refugiadas y contra el racismo o la discriminación étnico-racial. Siendo este un documento no vinculante para los Estados firmantes, no es menos cierto que, como la propia Agenda 2030 señala, esta está fundamentada en la Declaración Universal de los Derechos Humanos y en los tratados internacionales de derechos humanos[8], reafirmando su importancia y poniendo de relieve que «*todos los Estados tienen la responsabilidad de respetar, proteger y promover los derechos humanos y las libertades fundamentales de todas las personas, sin hacer distinción alguna por motivos de raza, color, sexo, idioma, religión, opinión política o de cualquier otra índole, origen nacional o social, posición económica, nacimiento, discapacidad o cualquier otra condición*» (Naciones Unidas 2015: 7).

---

6. CEAR Informe 2022: Las personas refugiadas en España y Europa
7. La Agenda 2030, sus objetivos y metas se puede consultar en https://www.un.org/sustainabledevelopment/es/development-agenda/
8. Agenda 2030. Párrafos 10 y 19.

No siendo muchas las referencias explícitas a la población migrante y refugiada, la Agenda 2030 señala la necesidad de empoderar a las personas vulnerables, entre ellas las personas refugiadas, desplazadas internas y migrantes (Agenda 2030, par. 23); reconoce la positiva contribución de las personas migrantes al crecimiento inclusivo y al desarrollo sostenible (Agenda 2030, par. 29); y adquiere el compromiso de cooperar en el plano internacional para garantizar la seguridad, el orden y la regularidad de las migraciones, respetando plenamente los derechos humanos y dispensando un trato humanitario a las personas migrantes, sea cual sea su estatus migratorio, así como a las personas refugiadas y desplazadas (Agenda 2030, par. 29).

En lo que se refiere a los Objetivos de Desarrollo Sostenible (ODS) contemplados en la Agenda, en relación directa con las migraciones y el refugio, se encuentra el ODS 10. Reducción de las Desigualdades, que en su meta 10.2 Inclusión social, económica y política aboga por *potenciar y promover la inclusión social, económica y política de todas las personas, independientemente de su edad, sexo, discapacidad, raza, etnia, origen, religión o situación económica u otra condición.* Mientras que la meta 10.7 Migración y políticas migratorias señala la necesidad de *facilitar la migración y la movilidad ordenadas, seguras, regulares y responsables de las personas, incluso mediante la aplicación de políticas migratorias planificadas y bien gestionadas.*

Por su parte, el ODS 8. Trabajo Decente y Crecimiento Económico, en su meta 8.7 Esclavitud, trata y trabajo infantil insta a *adoptar medidas inmediatas y eficaces para erradicar el trabajo forzoso, poner fin a las formas contemporáneas de esclavitud y la trata de personas.* Y la meta 8.8 Derechos laborales y trabajo seguro hace mención explícita a proteger los derechos de los trabajadores migrantes, en particular las mujeres migrantes y las personas con empleos precarios.

Otros ODS, aunque no de manera tan directa y explícita, también tienen una evidente relación con la lucha por los derechos de las personas migrantes y refugiadas, como son el ODS 1 (Fin de la Pobreza), el ODS 5 (Igualdad de género), el ODS 13 (Acción por el clima), el ODS 16 (Paz, Justicia e Instituciones sólidas) o el ODS 17 (Alianzas para lograr los objetivos).

Sin embargo, las visiones más críticas señalan que la Agenda 2030 y los ODS no cuestionan elementos fundamentales del modelo socioeconómico y cultural imperante en las sociedades occidentales actuales, que hacen de este un modelo cada vez más desigual e insostenible, como son la modernidad, el capitalismo o el antropocentrismo, por lo que se sostiene que, incluso llegando a lograr alcanzar sus objetivos, esto no contribuiría necesariamente a la mejora del bienestar de toda la humanidad[9]. Desde este punto de vista, la Agenda 2030 y los ODS no representarían, por tanto, el cambio de paradigma necesario para transitar hacia sociedades más justas, igualitarias y sostenibles.

EL DERECHO AL ASILO COMO «PIEDRA DE BÓVEDA»[10] DEL SISTEMA DE DERECHOS HUMANOS.

En el esquema internacional de protección de los Derechos Humanos y el Derecho Internacional Humanitario, las personas en condición de refugio cuentan con garantías excepcionales para salvaguardar su vida e integridad.

Los Estados tienen el deber de adoptar medidas de protección frente a quienes

(…) debido a fundados temores de ser perseguidos por motivos de raza, religión, nacionalidad, pertenencia a un determinado grupo social u opiniones políticas, se encuentren fuera del país de su nacionalidad y no puedan o, a causa de dichos temores, no quieran acogerse a la protección de su país; o que careciendo de nacionalidad y hallándose, a consecuencia de tales acontecimientos fuera del país donde antes tuviera su residencia habitual, no pueda o, a causa de dichos temores no quiera regresar a él[11] (Naciones Unidas, 1951:2).

---

9. Hidalgo-Capitan, Antonio Luis, et al (2018)
10. Aparicio (2023)
11. Concepto de *refugiado* contenido en la Convención sobre el estatuto de los refugiados adoptada en Ginebra, Suiza, el 28 de julio de 1951 por la Conferencia de Plenipotenciarios sobre el Estatuto de los Refugiados y de los Apátridas (Naciones

Para ello, la Convención sobre el Estatuto de los Refugiados, aprobada por la Asamblea General de Naciones Unidas en su resolución 429, del 14 de diciembre de 1950, establece unos estándares mínimos que en todo caso deben ser respetados por los Estados. La No-devolución, la prohibición de expulsión [12] y la No-sanción por ingreso ilegal[13] son algunos de los principios incluidos en el tratado.

Es especialmente importante señalar, como hace el profesor Aparicio (2023: 949), que «la protección internacional a las personas solicitantes de asilo es la clave de bóveda del edificio de los derechos humanos», en tanto que asegura que de no respetarse y salvaguardarse los derechos básicos de las personas en sus países de origen, estas podrán encontrar protección más allá de sus fronteras. Se puede afirmar así que «la juridicidad misma de los derechos humanos se fundamenta en buena medida en dicho cierre» y que «toda mutación regresiva del derecho de asilo determina un drástico debilitamiento» (Ibid) del sistema de derechos humanos en su conjunto.

Unidas), convocada por la Asamblea General en su resolución 429, del 14 de diciembre de 1950. Artículo 1.

12. Convención sobre el Estatuto de los Refugiados de las Naciones Unidas de 1951 Artículo 33. -- Prohibición de expulsión y de devolución («refoulement»)1. Ningún Estado Contratante podrá, por expulsión o devolución, poner en modo alguno a un refugiado en las fronteras de los territorios donde su vida o su libertad peligre por causa de su raza, religión, nacionalidad, pertenencia a determinado grupo social, o de sus opiniones políticas.

13. Convención sobre el Estatuto de los Refugiados de las Naciones Unidas de 1951. Artículo 31 - Refugiados que se encuentren ilegalmente en el país de refugio 1. Los Estados Contratantes no impondrán sanciones penales, por causa de su entrada o presencia ilegales, a los refugiados que, llegando directamente del territorio donde su vida o su libertad estuviera amenazada en el sentido previsto por el artículo 1, hayan entrado o se encuentren en el territorio de tales Estados sin autorización, a condición de que se presenten sin demora a las autoridades y aleguen causa justificada de su entrada o presencia ilegales. 2. Los Estados Contratantes no aplicarán a tales refugiados otras restricciones de circulación que las necesarias; y tales restricciones se aplicarán únicamente hasta que se haya regularizado su situación en el país o hasta que el refugiado obtenga su admisión en otro país. Los Estados Contratantes concederán a tal refugiado un plazo razonable y todas las facilidades necesarias para obtener su admisión en otro país.

Por ello, se revelan como muy preocupantes las restricciones al derecho de asilo llevadas a cabo durante los últimos años por muchos países del Norte Global[14], especialmente en Europa y Estados Unidos. Las devoluciones en caliente practicadas por el Estado español en la frontera sur de Ceuta y Melilla; el acuerdo de la vergüenza entre la Unión Europea y Turquía[15]; los acuerdos para la externalización del control fronterizo; las cárceles para migrantes en Estados Unidos o el proyecto de ley de inmigración presentado por el Gobierno de Reino Unido en marzo de 2023, son sólo algunos ejemplos de políticas que persisten en la construcción de un modelo securitario, que no hace más que ahondar en una forma fracasada de gestionar las fronteras y la movilidad humana, mientras ponen en serio riesgo, tanto las vidas de las personas migrantes y refugiadas, como el acceso al derecho de asilo y, por tanto, al propio sistema internacional de derechos humanos.

Urge trabajar y caminar hacia un modelo que ponga el respeto a la vida y la protección de los derechos de las personas en el centro de las políticas migratorias y de protección internacional en todo el mundo. Para ello, es fundamental, entre otras cosas, establecer vías legales, seguras y estables para la migración; desarrollar políticas migratorias y de gestión de fronteras con enfoque basado en derechos humanos, feminista e interseccional; y reconocer a las personas migrantes y refugiadas como sujetos de derechos y como agentes activos que enriquecen a las comunidades en los países de acogida.

EDUCACIÓN SUPERIOR Y REFUGIO

El aumento del número de personas en situación de desplazamiento forzado y el auge de políticas que dificultan el acceso al derecho

14. Cuando hablamos de Norte Global no nos referimos a una región geográfica concreta, sino al espacio que los países principalmente occidentales ocupan en el Sistema-Mundo actual, desde el que ejercen su poder sobre los países del sur, afianzando unas relaciones Norte-Sur desiguales.
15. Acuerdo firmado por la UE y Turquía en marzo de 2016 con el objetivo de deportar a Turquía a todas las personas, principalmente sirias, llegadas de manera irregular a las costas griegas.

de asilo, requiere de vías, como la educativa, que favorezcan su inclusión efectiva en las sociedades de acogida. La educación es una herramienta a favor de la integración y la justicia social, que contribuye a construir sociedades más inclusivas que fomentan la convivencia. Además, impartiendo esta educación de manera inclusiva y equitativa se logra tender puentes entre las comunidades de acogida y las personas migrantes y refugiadas, a la vez que se contribuye a garantizar su autosuficiencia y el disfrute de una vida independiente (UNESCO, 2019).

Sin embargo, la tendencia general respecto a la educación de las personas refugiadas o demandantes de asilo en el mundo no es alentadora, siendo la matriculación de esta población, en todos los niveles educativos, muy inferior a la de población no refugiada. Según ACNUR (2022), en el curso 2020/2021 el 48% de niños y niñas refugiadas no fue a la escuela; la tasa de inscripción en preescolar, según datos de 40 países, fue del 42%; en primaria, la escolarización ascendió a un 68%; y en secundaria solo hubo un 37%, dato que revela las barreras adicionales existentes para el acceso a la educación no obligatoria. Sin embargo, el dato más desalentador se observa en la educación superior, a la que solo accedió un 6 % de la población refugiada y, aunque este porcentaje es superior al 1% alcanzado en años precedentes, está muy por debajo del 40% de inscripción en este nivel educativo que se observa en personas no refugiadas[16].

Entre las normas mínimas fundamentales sobre el trato a personas refugiadas, establecidas en la Convención de Ginebra, que deben ser respetadas por los Estados, se encuentra en el artículo 22, las relativas a la igualdad de trato en el acceso a la educación pública[17], por ello,

---

16. ACNUR, 2022. Bases de datos sobre estadísticas de refugiados de ACNUR. [Online] Disponible en: https://www.unrefugees.org/refugee-facts/statistics/ [Consultado el 5 de mayo de 2023]

17. Convención sobre el Estatuto de los Refugiados de las Naciones Unidas de 1951. Artículo 22

1. Los Estados Contratantes concederán a los refugiados el mismo trato que a los nacionales en lo que respecta a la enseñanza elemental. 2. Los Estados Contratantes concederán a los refugiados el trato más favorable posible y en ningún caso menos favorable que el concedido en las mismas circunstancias a los extranjeros en general respecto de la enseñanza distinta de la elemental y, en particular, respecto a acceso a

desde los gobiernos y las instituciones de enseñanza superior se deben ofrecer planes que permitan a las personas refugiadas que lo deseen, y que cumplan con los requisitos necesarios, asistir a la universidad en las mismas condiciones que las nacionales.

Por tanto, considerando el potencial de la educación para favorecer los procesos de inclusión, así como para impulsar los objetivos globales descritos en la Agenda 2030 para el Desarrollo Sostenible (ODS), es responsabilidad de los países de acogida generar un marco global de integración mediante la adopción de normativas y medidas, que consideren el papel de la educación, la dignidad de las personas y los derechos humanos de forma que se garantice el logro de una educación inclusiva, equitativa y de calidad, y promover oportunidades de aprendizaje durante toda la vida para todas las personas, como queda reflejado precisamente en el ODS 4 de la Agenda 2030. En este sentido, las instituciones de educación superior (IES), los gobiernos de los Estados miembros de la Unión Europea en que se integran y la propia Unión Europea, están llevando a cabo medidas y acciones diversas, tanto dentro de la Unión Europea como en países terceros afectados por conflictos, para la inclusión de las personas refugiadas y demandantes de asilo en la educación superior. Sin embargo, aún queda muy lejos el objetivo establecido por ACNUR de que el 15% de las personas refugiadas o demandantes de asilo con posibilidad de acceso a la universidad, cursen programas de enseñanza superior en los países de acogida y terceros países en 2030[18].

---

los estudios, reconocimiento de certificados de estudios en el extranjero, exención de derechos y cargas y concesión de becas

18. ACNUR (2022). Estrategia de Educación terciaria de ACNUR. Disponible en: https://www.acnur.org/educacion-terciaria

ACCIONES DE LA UE EN EL ÁMBITO DE LA EDUCACIÓN SUPERIOR PARA LA INCLUSIÓN DE PERSONAS REFUGIADAS Y SOLICITANTES DE ASILO

Las políticas y acciones de la UE en el ámbito de la enseñanza superior para estudiantado y personal universitario necesitado de protección se enmarcan en el consenso internacional sobre el derecho a acceder a una educación inclusiva y equitativa, en particular, en la Declaración de Nueva York para los Refugiados y Migrantes[19], la Convención de Lisboa [20], el Pacto Mundial para los Refugiados[21] y el Foro Mundial sobre los Refugiados[22].

En mayo de 2015, las ministras y ministros europeos reunidos en Ereván (Armenia) reconocían que entre los retos a los que se enfrentaba el Espacio Europeo de Educación Superior (EEES) se encontraban, los nuevos patrones migratorios, los conflictos entre países y dentro de ellos mismos, el extremismo y la radicalización[23]. Por ello, convinieron en hacer esfuerzos para lograr unos sistemas educativos más inclusivos, ya que las poblaciones eran más diversas, también debido a la migración y cambios demográficos. A su vez, la Asociación Europea

---

19. Resolución 70/1 de la Asamblea General de Naciones Unidas. Declaración de Nueva York para los Refugiados y los Migrantes A/RES/71/1 (19 de septiembre de 2016), disponible en: https://www.acnur.org/fileadmin/Documentos/BDL/2016/10793.pdf

20. Consejo de Europa. Convenio sobre Reconocimiento de Cualificaciones relativas a la Educación Superior en la Región Europea, ETS No.165. Disponible en: http://www.coe.int/en/web/conventions/full-list/-/conventions/treaty/165

21. Resolución 73/151 de la Asamblea General de Naciones Unidas. El texto del Pacto mundial sobre los refugiados forma parte del informe anual del ACNUR a la Asamblea General, véase Documentos Oficiales, septuagésimo tercer período de sesiones, Suplemento núm. 12, A/73/12 (Parte II). Resolución de 17 de diciembre de 2018, A/RES/73/151 (10 de enero de 2019), disponible en esta dirección: https://www.refworld.org.es/docid/5c64462c4.html

22. ACNUR (2019). Foro mundial sobre los Refugiados. Disponible en: https://www.acnur.org/publicaciones/participacion-y-compromisos-asumidos-en-el-foro-mundial-sobre-los-refugiados

23. Yerevan communiqué (2015). European High Education Area. Ministerial Conference 2015. Disponible en: https://www.ehea.info/media.ehea.info/file/2015_Yerevan/70/7/YerevanCommuniqueFinal_613707.pdf

de Universidades (EUA) en la reunión del Consejo del 23 de octubre
de 2015, solicitó a los responsables políticos, tanto a nivel de la UE
como de los Estados miembros, así como a las instituciones de educación superior de Europa, que permitieran al estudiantado refugiado
acceder a la educación superior eliminando todos los obstáculos que
pudieran impedirlo[24].

Los países europeos están comprometidos con la promoción de
la integración y cohesión social de personas necesitadas de protección
internacional que lleguen a su territorio. A su vez, reconocen el derecho universal a la educación equitativa y de calidad, ofreciendo oportunidades de educación igualitarias. Sin embargo, en casi la mitad de
los mismos no se menciona a las personas solicitantes de asilo y/o
refugiadas en los documentos oficiales sobre educación superior del
más alto nivel[25]. Y en algunos sistemas donde se les mencionan, pocos
documentos oficiales definen estrategias significativas o políticas de
rango superior. Es más, en algunos casos se menciona a esta población
para indicar que la responsabilidad de estas políticas están asignadas
a otros niveles de toma de decisiones, tales como las instituciones de
educación superior (Eurydice, 2019).

La variedad de estrategias y enfoques políticos implementados en
los diferentes países es muy diversa y de distinta intensidad. Están vinculadas al impacto social que la realidad de este fenómeno migratorio
ejerce en las políticas y los compromisos asumidos por las autoridades
de los países, en función de la permanencia de la población refugiada o

---

24. European University Association (2015). European Universities ´response to
the refugees crisis. Disponible en: https://eua.eu/resources/publications/437:eua-sta-
tement-on%C2%A0the-refugee-crisis.html

25. En 2019, Eurydice elabora el informe *La integración de los solicitantes de
asilo y los refugiados en la educación superior en Europa: Medidas y políticas de ámbito
nacional* sobre la integración de los solicitantes de asilo y refugiados en la educación
superior en Europa, donde recoge información sobre las iniciativas de más alto nivel
(políticas, planes, programas) de las que disponían las administraciones educativas
superiores de 35 países (integrantes de la UE y 9 países candidatos), tomando como
referencia el año 2017/2018. En el informe se indica que tan solo 22 sistemas hacían
mención en documentos oficiales sobre educación superior a las personas demandantes de asilo y refugiadas y en el resto no se hacía referencia alguna.

demandante de asilo en sus territorios. Según datos de Eurydice (Ibid), Alemania destaca con el enfoque político más completo, incluyendo una estrategia nacional centrada en facilitar una vía de integración en la educación superior a personas solicitantes de asilo y refugiadas que, o bien estaban integradas en este nivel previamente a su llegada al país, o bien tenían motivación y aptitud para el estudio. Entre las acciones implementadas se encuentran los programas puente, el reconocimiento de las cualificaciones y el aprendizaje anterior, así como los servicios de apoyo financiero, de orientación y asesoramiento. Otros países como Francia, Chipre, Croacia, Malta, Montenegro, Polonia y Reino Unido (Gales) cuentan con enfoques más restrictivos, incluyendo en las acciones generales sobre inmigración las acciones de educación superior dirigidas a la población refugiada. En Noruega, Suecia y Dinamarca las acciones se dirigen a facilitar el acceso al sistema educativo a través del procedimiento de cualificaciones previas y apoyo al aprendizaje del idioma del país de acogida. Bélgica e Italia se centran en el reconocimiento de cualificaciones extranjeras y en Portugal se recoge el derecho de las personas refugiadas a la educación superior con el objetivo de otorgarles el mismo trato que a las portuguesas, en cuanto a oportunidades de acceso a apoyo social público. En otros Estados como el serbio, la estrategia consiste en aplicar criterios más laxos en comparación con el estudiantado nacional a la hora de acceder a apoyo financiero público. Por contra en Bulgaria, su estrategia nacional sobre migración, asilo e integración, basada en la autonomía universitaria , traslada a las instituciones de educación superior la responsabilidad de aplicar o no medidas específicas (Eurydice, 2019).

Sin embargo, no todos los sistemas educativos que cuentan con documentos políticos en los que se mencionan a las personas refugiadas o demandantes de asilo establecen medidas a gran escala para estas personas. Las medidas a gran escala son las que se elaboran con un fin concreto, en este caso con el fin específico de dar respuesta a las necesidades de la población refugiada o demandante de asilo en la educación superior, que reciben financiación pública o que están financiadas por el presupuesto de las Instituciones de Educación Superior (IES) y, que se aplican en todo el sistema educativo de un país, o en áreas geográficas significativas de los mismos dentro de un sector concreto (Eurydice, 2022). Entre las medidas a gran escala que se aplican en Europa hay una gran variedad. De hecho, la mayoría de los países cuentan con más de cinco medidas diferentes a gran escala, siendo las más comunes: el apoyo lingüístico, la orientación personalizada, las becas o ayudas económicas y el apoyo psicológico. Son menos frecuentes, los cursos o programas de educación superior en línea, la formación del personal académico que trabaja con las personas solicitantes y demandantes de asilo y el apoyo a las organizaciones estudiantiles para la creación de programas de tutoría. La financiación de estas medidas suele tener un patrón fijo, aunque varía en función de los países o de las medidas. En unos sistemas la financiación proviene íntegramente de fuentes públicas, mostrando el compromiso de autoridades superiores educativas con las mismas, en otros se financian exclusivamente con los presupuestos propios de las IES o bien, en algunos casos, hay una combinación de ambos, en función de la medida de apoyo de que se trate (Eurydice,2019).

Tras la invasión de Ucrania por parte de Rusia, la población refugiada ucraniana ha sido acogida principalmente por países europeos de renta alta ofreciéndoles el Estatuto Temporal de Protección y brindado apoyo en todos los ámbitos de la vida (ACNUR, 2022). En lo relativo al acceso a la educación superior, se ha observado un cambio en las medidas a gran escala adoptadas en los sistemas educativos; por un lado, se ha producido un aumento en el número de sistemas las han adoptado y, por otro, en aquellos sistemas que ya estaban implementando medidas se han introducido otras nuevas con objeto de ayudar al alumnado refugiado ucraniano a acceder a la educación superior en los Estados miembros, o para ayudarle a continuar sus estudios. Entre las nuevas medidas integradas destaca, en general, la reserva de plazas escolares para alumnado refugiado. Específicamente, en algunos países como Francia, se ha iniciado la cobertura del estudiantado refugiado de Ucrania por el seguro médico universal o el derecho a solicitar alojamiento para estudiantes; en Rumanía se organizan los exámenes de acceso a la educación superior de Ucrania en su territorio o en Polonia las personas refugiadas ucranianas, sean o no refugiadas, puede acceder a los alojamientos para estudiantes y se ha desarrollado un servicio de contratación para que personal universitario ucraniano pueda trabajar o ser voluntarios en IES e institutos de investigación polacos (Eurydice,2022).

Mientras en el curso 2017/2018, 16 países contaron con medidas a gran escala en la educación superior para personas refugiadas o demandantes de asilo, en el curso 2021/2022 fueron 29 países los que indicaron contar con estas medidas tras la invasión rusa a Ucrania. Esto muestra cómo tras la invasión rusa, los países europeos de acogida de la población ucraniana refugiada, han facilitado la integración rápida y adecuada de esta población estableciendo medidas de apoyo diversas a nivel de educación superior. A esto ha contribuido la Recomendación de 5 de abril de 2022 de la Comisión Europea[26], que invita a los Estados miembros, entre otras medidas, a reconocer automáticamente las cualificaciones de educación superior ucranianas. La mayoría de los países mantuvieron las mismas medidas que tenían en vigor previamente al conflicto, aunque esto no implica que llevarán a cabo las mismas acciones, ni que el alcance o la intensidad de estas permaneciera inmutable tras la invasión (Eurydice, 2022).

Para avanzar en el diseño e implementación de políticas y medidas de inclusión efectiva, que tengan en cuenta las necesidades específicas de las personas refugiadas y solicitantes de asilo, es esencial que los países cuenten con sistemas de supervisión sobre las políticas y medidas adoptadas, es decir, un sistema de recogida, análisis y uso de datos para la elaboración de políticas. A pesar de la importancia de esta cuestión, no todos los países que tienen políticas claras de apoyo a la inclusión cuentan con los mismos, lo cual es una manifestación del nivel de prioridad que se otorga a estas políticas. Los últimos datos recogidos por Eurydice en 2022 indican que tan solo siete sistemas de educación superior (Portugal, Francia, Italia, República Checa, Polonia, Rumanía y la comunidad flamenca de Bélgica) hacen ese seguimiento.

---

26. Recomendación (UE) 2022/554 de la Comisión de 5 de abril de 2022 sobre el reconocimiento de las cualificaciones de las personas que huyen de la invasión de Ucrania por parte de Rusia. Disponible en: https://eur-lex.europa.eu/legal-content/ES/TXT/?uri=CELEX:32022H0554

BUENAS PRÁCTICAS DE ACCESO E INTEGRACIÓN IMPLE-MENTADAS POR LAS INSTITUCIONES DE EDUCACIÓN SUPERIOR

Desde el estallido de la llamada crisis de los refugiados en 2015, las instituciones de educación superior (IES) europeas han realizado esfuerzos considerables para facilitar el acceso de las personas refugiadas o demandantes de asilo, a través de diferentes herramientas políticas y medidas institucionales en diferentes ámbitos, independientemente de que estas medidas se implementaran o no a gran escala o estuvieran o no incluidas en documentos políticos de gran nivel. Estas políticas y medidas, son ejemplos de buenas prácticas, con las que desde las IES se pretende construir una educación superior inclusiva, basada en el reconocimiento del derecho a la educación de todas las personas y que promueva la equidad participativa y la igualdad de oportunidades. De esta forma las IES y sus comunidades universitarias, a la vez que reflejan la diversidad social existente, contribuyen al logro de los objetivos establecidos en la Agenda 2030, garantizando el acceso a la educación superior de la población refugiada o demandante de asilo.

A continuación, se detallan las herramientas más habituales que las IES europeas han indicado utilizar para promover el acceso e integración de esta población en sus comunidades educativas. Esta información se ha extraído principalmente de las buenas prácticas identificadas en 2018 por el proyecto europeo inHERE[27] y de los informes elaborados por Eurydice en 2019 y 2022 sobre integración de personas refugiadas y demandantes de asilo en los sistemas europeos de educación superior. Las medidas destacadas son las siguientes:

---

27. El proyecto europeo inHERE analizó las iniciativas de IES de 32 países, recogidas en el Refugees Welcome Map de la EUA. Disponible en: https://www.inhereproject.eu/es/ [Consultado el 9 de mayo de 2023].

MEDIDAS DE ACCESO

Dirigidas a personas refugiadas o demandantes de asilo

Acceso a la información. El acceso a la información sobre las oportunidades de aprendizaje que ofrecen las IES es uno de los principales retos a los que se enfrenta cualquier persona que desea acceder a la educación superior. Este reto es especialmente importante para la población refugiada o demandante de asilo que se encuentra en una situación especialmente vulnerable y que además requiere de una información adaptada a sus circunstancias. Algunas universidades en colaboración con Organizaciones No Gubernamentales, conscientes de estas necesidades específicas, ofrecen información sobre trámites de la propia institución y sobre otras organizaciones a las que dirigirse para solventar necesidades como, por ejemplo, el acceso a alojamiento o a servicios de salud. Otra forma de ofrecer información que utilizan algunas IES es facilitar, a través de una ventanilla específica, asesoramiento sobre enseñanza superior y profesional a personas migrantes interesadas, o bien, organizar directamente, en los centros de acogida de personas refugiadas en su territorio, jornadas informativas sobre las oportunidades de educación superior para las personas solicitantes de asilo.

Reconocimiento de estudios previos. Cuando las personas huyen de sus países de origen, por cualquier causa que ponga en peligro sus vidas, se ven obligadas a interrumpir sus actividades profesionales o estudios y, en muchas ocasiones, no consiguen llevar consigo la documentación que puede demostrar las cualificaciones o competencias adquiridas en origen. Los países e IES europeas cuentan con instrumentos jurídicos y herramientas diversas para el reconocimiento de las cualificaciones de las personas refugiadas, las desplazadas y las que se encuentran en situación similar a la de refugio. En concreto cuentan con el Artículo VII del Convenio de Reconocimiento de Lisboa[28],

---

28. Convenio sobre reconocimiento de cualificaciones relativas a la educación superior en la Región Europea (número 165 del Consejo de Europa), hecho en Lisboa el 11 de abril de 1997. Artículo VII. Reconocimiento de estudios parciales y de cualificaciones de refugiados y desplazados: «Cada Parte adoptará todas las medidas

como marco jurídico para abordar este reconocimiento, que es de obligado cumplimiento para todas las partes que lo firman. Sin embargo, no todos los países han realizado cambios en la legislación para el reconocimiento de cualificaciones según los requisitos establecidos en el Convenio y esto provoca que, en ocasiones, estas personas se encuentren con dificultades en el reconocimiento de sus cualificaciones previas, o de los títulos obtenidos en los países de los que huyen, provocadas por la ausencia de políticas o procedimientos de reconocimiento de las mismas.

Las IES europeas, a pesar de estas dificultades, aplican algunos de los siguientes recursos para, en ausencia de pruebas documentales, facilitar el reconocimiento de las cualificaciones de esta población: *Pasaporte Europeo de Cualificaciones* para personas Refugiadas del Consejo de Europa (EQPR)[29]. Elaborado a partir del Artículo VII del Convenio de Reconocimiento de Lisboa previamente indicado y de una Recomendación específica adoptada en 2017 por el comité del Convenio y constituido por una sección de evaluación y otra de explicación. Previamente a la entrevista se cumplimenta un cuestionario y, posteriormente, las personas se reúnen con un equipo de evaluadores de credenciales para evaluar sus cualificaciones. La entrevista se realiza bien en el idioma de instrucción o en el nativo de la persona. Aunque no constituye un acta de reconocimiento formal, presenta la información disponible sobre el nivel educativo, la experiencia laboral y el dominio del idioma de la persona solicitante que puede ser relevante en relación con solicitudes de empleo, prácticas, cursos de cualificación y admisión a estudios. Solo Italia, Rumanía y Países Bajos lo usaban sistemáticamente en el curso académico 2020/2021 (Eurydice, 2022).

---

posibles y razonables, en el marco de su sistema de educación y de conformidad con sus disposiciones constitucionales, legales y reglamentarias, para desarrollar procedimientos que permitan evaluar con equidad y prontitud si las personas refugiadas, las personas desplazadas y las personas en situación similar a las refugiadas reúnen los requisitos pertinentes de acceso a la educación superior, a programas complementarios de educación superior o a actividades laborales, aun cuando no se puedan presentar pruebas documentales de las cualificaciones obtenidas en una de las Partes»

29. European Qualifications Passport for Refugees. Disponible en: https://www.coe.int/en/web/education/recognition-of-refugees-qualifications

Las herramientas desarrolladas por los centros de información *ENIC-NARIC*[30] de varios países son utilizadas sistemáticamente por las personas encargadas de evaluar las credenciales en 13 sistemas de educación superior y ocasionalmente en otros 6. Constan de tres partes: principios, herramientas y enfoques. Noruega cuenta con el Procedimiento de Reconocimiento para Personas sin Documentación Verificable «procedimiento UVD»[31], donde participan empleados de la Agencia Noruega de Garantía de Calidad en la Educación (NOKUT) que tienen conocimientos sobre el sistema educativo del país de origen de la persona solicitante y expertos externos con experiencia en asignaturas específicas. Se realiza un cuestionario con el que se verifica la formación académica y después se lleva a cabo una entrevista vinculada con las áreas de especialidad. También se utiliza el «'NOKUT's kvalifikasjonsvurdering», que sigue la metodología del Pasaporte Europeo de Cualificaciones para Refugiados. Ambos son gestionados por el centro ENIC/NARIC noruego, de la NOKUT . En Alemania, en caso de que se carezca de documentación, se utilizan pruebas de aptitud y, en caso de que puedan aportar documentación, se analiza la equivalencia de los certificados extranjeros de acceso a la educación superior, al igual que sucede con el resto de los estudiantes internacionales (Eurydice, 2022).

Medidas alternativas de acceso aplicadas a estudiantado no tradicional. En ocasiones, para facilitar el acceso de las personas solicitantes de asilo y refugiadas a la educación superior, se aplican algunas de las siguientes medidas utilizadas con estudiantado no tradicional:

- Se ofrecen programas puente que permiten obtener la cualificación de acceso o bien ofrecen cualificaciones alternativas con vistas a la obtención del título de educación secundaria superior. Esta medida usualmente se utiliza para quienes han realizado formaciones que no dan acceso a la educación su-

---

30. ENIC-NARIC Gateway to recognition of qualifications. Disponible en: https://www.enic-naric.net/page-recognise-qualifications-refugees

31. Para mas información consultar en https://www.nokut.no/en/foreign-education/Recognition-Procedure-for-Persons-without-Verifiable-Documentation la

perior o para quienes abandonaron la educación secundaria superior.

- Se puede ofrecer la realización de cursos de preparación para las pruebas de acceso, o bien la posibilidad de acceder a la educación superior sin cualificaciones formales de acceso a partir del reconocimiento de estudios no formales o informales anteriores, que pueden complementarse con un examen adicional de acceso.

- Se realiza el reconocimiento del aprendizaje no formal e informal anterior para la progresión en los estudios superiores. Esta medida puede ayudar a los estudiantes a finalizar sus estudios de educación terciaria. En la mayor parte de los casos existe una ley, reglamento, etc. que obliga a las IES a establecer estos procedimientos y, en otros casos, en ausencia de estos marcos, estas establecen sus procedimientos de reconocimiento (Eurydice,2019).

Cursos de idiomas. Dominar el idioma del país de acogida es esencial para la vida diaria y dominar el idioma de instrucción es condición previa al acceso a los estudios elegidos. Por eso, esta medida es la herramienta más aplicada por las IES y se lleva a cabo bien a través del aprendizaje gratuito de idiomas en línea, (como el programa OLS de Erasmus+) o bien a través de clases presenciales ya sea como oyentes o como participantes.

Cursos de transición y aprendizaje en línea. Por otra parte, en ocasiones los y las estudiantes necesitan créditos adicionales para acceder a determinados estudios o bien deben cumplir con otros requisitos formales. En ese caso, se ofrecen cursos de transición o aprendizaje en línea para ayudar a que se familiaricen con las tradiciones académicas, enfoques de investigación, etc. El público al que se ofrecen estas medidas varía en función de la IES, algunas sólo las ofrecen al estudiantado refugiado que haya iniciado sus trámites de matriculación y, en otros casos, se permite que accedan incluso aquellas personas que no se van a matricular. Las IES certifican estas formaciones a través de certificados de asistencia y, en ocasiones, la culminación de estos cursos de transición les permite acceder a la carrera deseada u obtener créditos para finalizar un grado.

Además, se ofrecen cursos de grado completos a través de los MOOC (cursos masivos abiertos en línea), como han hecho IES de Alemania, Países Bajos o de Rumanía, a raíz de la invasión de Ucrania por parte de Rusia. El objetivo de estos cursos es, por un lado, integrar al alumnado refugiado en el sistema de educación superior del país de acogida y, por otro, ayudar a quienes ya están matriculados en una IES ucraniana a continuar sus estudios.

Apoyo financiero directo y exención de tasas. Esta medida la ofrecen prácticamente IES de toda Europa. El apoyo se realiza bien de forma indirecta a través de la exención del pago de matrículas o tasas académicas o de forma directa otorgando subvenciones o becas que cubren los gastos de matrícula, tasas académicas y seguros obligatorios y, en ocasiones, se ofrecen ayudas más completas que cubren otros gastos de subsistencia como, por ejemplo, la comida o el alojamiento. Algunas IES cuentan con fondos anuales reservados para implementar estas medidas.

Reserva de plazas. En respuesta a la crisis de refugiados ucranianos se ha introducido esta medida en IES de 18 países.

Dirigidas a personal de las instituciones de educación superior

El personal de las IES tiene que ofrecer información específica a la población refugiada y solicitante de asilo, explicando las oportunidades de educación que existen en su institución y cómo pueden aprovecharse. Para ello, es primordial que el personal se forme en cuestiones tales como los distintos estatutos de protección y cómo estos pueden influir en los accesos a sus servicios de formación y a los sistemas nacionales de protección social de forma que se pueda ofrecer la mayor calidad en la información ofertada.

MEDIDAS PARA LA INCLUSIÓN Y PERMANENCIA

Dirigidas a personas refugiadas y/o demandantes de asilo

Con objeto de facilitar la inclusión y evitar el abandono de los estudios de las personas refugiadas o demandantes de asilo que llegan a sus comunidades académicas, las IES apoyan a esta población brindándoles asesoramiento y apoyo a través de medidas como las siguientes:

- Sistemas de tutorías personalizadas que ofrecen apoyo profesional y de compañeros/as entre estudiantes nacionales y refugiados o demandantes de asilo.

- Programas de acompañamiento («buddy») en los que se apoya en cuestiones tales como asuntos administrativos y burocráticos universitarios, a veces acompañados con ventanillas de información específicas.

- Actividades de intercambios y actividades culturales, llevadas a cabo por sí mismas o en colaboración con otros actores sociales, para promover la integración en la comunidad universitaria y sociedad.

- Clases de cultura local, derechos humanos y defensa para personas refugiadas y/o demandantes de asilo.

- Ofertas de alojamientos de estudiantes para población refugiada sea esta o no estudiante.

- Apoyo/asesoramiento psicológico gratuito ofrecido por estudiantes de las clínicas de Psicología de las Facultades correspondientes. En ocasiones se colabora con organizaciones externas.

- Organización y difusión de información sobre aspectos administrativos/jurídicos de la vida diaria. A veces existe una ventanilla específica para estas cuestiones.

- Proyectos y publicaciones de investigación conjuntos, así como oportunidades de empleo para investigadores y miembros del personal académico. EURAXESS[32] mantiene una plataforma con oportunidades de períodos de prácticas, tutorías y empleo con el objetivo de ayudar a investigadores europeos y refugiados a intercambiar prácticas de investigación, colaborar en proyectos y construir una red local.

---

32. Para más información se puede consultar en: https://euraxess.ec.europa.eu/jobs/science4refugees

- Acceso al empleo mediante la orientación profesional llevada a cabo por las oficinas de empleo y prácticas universitarias; ofertas para realizar prácticas en los campus.

Dirigidas al personal que trabaja con personas refugiadas (personal administrativo, voluntarios, abogados, trabajadores sociales, psicólogos, etc.) y a las comunidades universitarias.

Para mejorar la atención a las personas refugiadas y solicitantes de asilo, así como para aumentar el conocimiento general y la sensibilización de las comunidades universitarias de las IES sobre las realidades de este colectivo, se llevan a cabo:

- Acciones de sensibilización: cursos, seminarios, conferencias, conciertos, obras de teatro, etc. donde se da voz a las personas refugiadas o demandantes de asilo para que difundan sus experiencias e historias bien en las comunidades universitarias o a la sociedad en general.
- Inclusión de temáticas vinculadas con la migración y el refugio en la enseñanza y la investigación.
- Formación del personal administrativo para que se adopte un enfoque intercultural en la administración académica.
- Formaciones dirigidas a personal voluntario, abogados, etc. que trabajan con esta población.

Estas y otras actuaciones llevadas a cabo por la IES han contribuido a dar respuesta a las necesidades de este colectivo a la vez que a crear instituciones más integradoras y conectadas con otras instituciones y agentes de la sociedad civil. Sin embargo, y a pesar de la importancia de las mismas y del esfuerzo realizado y prolongado en el tiempo, pocas de ellas se basan en un planteamiento y una planificación estratégicas centrales que allanen el camino para una respuesta institucional integral, sostenible y que asegure un compromiso institucional a largo plazo.

EL REFUGIO EN LAS UNIVERSIDADES ESPAÑOLAS

La crisis de los refugiados en Europa y, por supuesto, en España, representa un desafío tanto para las personas refugiadas como para las sociedades a las que llegan. Las universidades españolas, al igual que sus homólogas europeas, son agentes de refugio que pueden contribuir a resolver algunos de estos desafíos. El personal de las universidades tiene conocimientos y experiencia que pueden ayudar a comprender los antecedentes de la crisis, ayudar al gobierno y apoyar a los refugiados en la creación de una nueva vida en nuestra sociedad. El objetivo es trabajar junto con otros actores sociales y con las personas refugiadas para eliminar barreras, asegurar el acceso a derechos y lograr su inclusión plena en nuestras instituciones educativas y en la sociedad de acogida.

España es un país que lleva a cabo buenas prácticas en el campo de la educación para la población refugiada, principalmente, en los niveles de educación obligatoria de la población comprendida entre 6 y 16 años. Otras etapas, como la preescolar, necesitan reforzarse con un incremento de plazas, de forma que se apoye a la vez la conciliación laboral y familiar. Para mejorar la integración en el sistema educativo, es esencial trabajar cuestiones como el apoyo psicosocial y lingüístico de esta población, y abordar aspectos socioculturales en las aulas. Respecto a los niveles educativos no obligatorios, como la educación secundaria y la educación terciaria, se debe trabajar en lograr la integración de esta población en los mismos evitando la pérdida de oportunidades de acceso y logrando niveles educativos accesibles e integradores.

Las instituciones educativas que conforman el sistema universitario español desarrollan, desde hace más de 9 años, actuaciones para facilitar el acceso a la educación superior de la población refugiada o demandante de asilo de entre 18 y 34 años, que desea comenzar o continuar con su etapa formativa en este nivel educativo o con su labor investigadora y de docencia que estaba realizando en sus países de origen.

En 2015, Europa vivió la llamada «crisis de los refugiados» como consecuencia del intento de llegar a los Estados miembros de la Unión Europea, de personas refugiadas o solicitantes de asilo, procedentes de África, Oriente Medio, los Balcanes Occidentales y de Asia del sur a través del mar Mediterráneo y el sudeste de Europa. Ante esta realidad, las universidades españolas se posicionaron como agentes de acogida y en este sentido, la Conferencia de Rectores de Universidades Españolas (CRUE) se manifestó, en septiembre de 2015[33], y acordó, independientemente de las actuaciones que cada universidad llevara a cabo, dirigir sus actuaciones hacia la facilitación del acceso a estudiantes refugiados universitarios que ya lo fueran en sus países de origen; la facilitación de la colaboración con personas refugiadas que fueran profesores universitarios en sus países de origen y, por último, la promoción de acciones de voluntariado junto con otras administraciones y agentes.

A su vez, el Comité Ejecutivo de la Comisión de Internacionalización y Cooperación de la CRUE, emitió un comunicado en el que recomendaba una serie de actuaciones[34] que, dentro de la legalidad vigente, se podrían llevar a cabo desde las Universidades, a corto, medio y largo plazo, prioritariamente en colaboración con otros actores como las administraciones y las ONG.

Estos comunicados y recomendaciones de CRUE y la Comisión de Internacionalización y Cooperación lograron incrementar el número de universidades implicadas en implementar acciones para la atención e inclusión de la población refugiada y solicitante de asilo.

Dentro de CRUE, para trabajar específicamente las cuestiones relacionadas con la educación superior de personas refugiadas o demandantes de asilo, se crea el Subgrupo de Trabajo de Acciones CUD (Cooperación Universitaria al Desarrollo) con población refugiada (SubGt refugio), que forma parte del Grupo de Trabajo de Cooperación de la Comisión Sectorial CRUE-Internacionalización y Cooperación. Desde este subgrupo se han llevado a cabo algunas iniciativas para dar visibilidad al compromiso de las universidades españolas con esta población a la vez que se comparte información sobre buenas

---

33. Para más información https://secretariageneral.ugr.es/sites/webugr/secreta-riageneral/public/inline-files/Comunicado%20Refugiados.pdf
34. CRUE (2015). Universidades Españolas aprueban una serie de medidas de ayuda a los refugiados. Se puede consultar en: https://www.crue.org/wp-content/uploads/2020/02/Comunicado_Refugiados.pdf

prácticas implementadas. En concreto, en 2019, miembros desde este SubGrupo llevaron a cabo un estudio que recogía datos sobre las actuaciones implementadas por 32 universidades españolas, 24 públicas y 8 privadas, de las comunidades autónomas de Andalucía, a finales del curso académico 2018/2019, y de Cataluña, Madrid, Región de Murcia y el País Vasco, a inicios del curso académico 2019/2020. Según este estudio, el 60 % de universidades que implementan medidas las recogen en un plan de actuación aprobado o no por Consejo de Gobierno (Trigo Sánchez, et al., 2019). En 2021, el subgrupo lleva a cabo la iniciativa de creación de un mapa virtual[35] que se encuentra en constante actualización y que, a fecha de este artículo, recoge acciones de refugio de 31 universidades públicas de las comunidades autónomas de Andalucía, Castilla la Mancha, Cataluña, Galicia, La Rioja, Madrid, Navarra, Valencia, País Vasco y Región de Murcia.

Estas actuaciones se representan en el gráfico 1, donde se observa que las medidas implantadas por nuestras universidades están en línea con las implantadas por otros países de nuestro entorno. En concreto, las implantadas mayoritariamente son las ayudas económicas al estudio y la atención o asistencia psicológica, seguidas de las clases de idiomas y el apoyo administrativo y logístico, siendo la de menor implantación la ayuda al alojamiento. En la categoría de «otros» se recogen las actuaciones dirigidas al resto de la comunidad universitaria y a la población en general y son fundamentalmente actuaciones de sensibilización entre la comunidad universitaria, formaciones relacionadas con Derechos Humanos, migraciones forzosas, etc., voluntariado universitario, mentorías, intercambios lingüísticos, así como convenios con organizaciones que trabajan con esta población.

35. Se puede consultar en la siguiente dirección: https://emapic.es/custom/ocv-acciones-refugio/results

Gráfico 1. Actuaciones de refugio en las universidades españolas

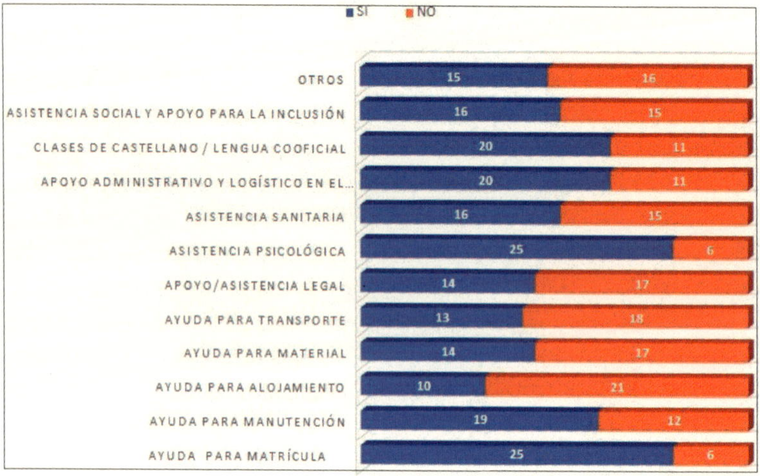

Fuente: elaboración propia

En 2022, las universidades españolas implementaron como nueva medida la reserva de plazas para población refugiada de Ucrania (Eurydice,2022). Las medidas implementadas por las Universidades españolas, que se pueden considerar a gran escala puesto que se aplican en áreas geográficas significativas del país, hasta enero de 2023, fueron financiadas exclusivamente con cargo al presupuesto de las universidades.

A pesar del esfuerzo ingente de las universidades españolas, hasta el estallido del conflicto ucraniano con Rusia, no se hacía referencia a las personas refugiadas o demandantes de asilo en los documentos oficiales de más alto nivel relacionados con la educación superior, ni existía presupuesto destinado a las mismas desde los distintos ministerios con competencias en educación o investigación. Esto pudo deberse a que esta realidad social tuvo un débil impacto en las políticas educativas a más alto nivel y se dejó a las universidades que, en base a la autonomía universitaria, definieran sus propias políticas sobre la gestión del acceso e inclusión de esta población en sus instituciones. Sin embargo, a raíz de la crisis humanitaria que está experimentando el pueblo ucraniano por la invasión rusa y, del enorme número de personas desplazadas por la guerra y acogidas en países de la UE, incluido España, la situación ha cambiado, contribuyendo a situar la inclusión de las personas refugiadas o demandantes de asilo en la agenda educativa en España.

En España, hasta septiembre de 2022, recibieron protección temporal cuarenta y dos mil personas procedentes de Ucrania. A través del Acuerdo del Consejo de Ministros de 8 de marzo, se extendió la protección temporal a nacionales ucranianos que se encontrasen en situación de estancia o en situación irregular antes del 24 de febrero de 2022, así como a nacionales de terceros países o apátridas que residieran legalmente en Ucrania y no pudieran regresar a su país. Además, el Gobierno aprobó, el 29 de marzo, la adopción de una serie de medidas normativas y no normativas urgentes en el marco del Plan Nacional de respuesta a las consecuencias económicas y sociales de la guerra en Ucrania. Dentro de las medidas normativas no urgentes, se encontraba el Plan de Acción Universidad-Refugio. El Ministerio de Universidades junto con las universidades españolas, impulsó su puesta en marcha, participando a su vez el Ministerio de Inclusión, Seguridad Social y Migraciones y las comunidades autónomas dentro del ámbito de sus competencias.

Para llevar a cabo el Plan, el Ministerio de Universidades publicó el 13 de diciembre de 2022 la Orden UNI/1271/2022 por la que se concedieron subvenciones a 27 universidades públicas de las comunidades autónomas de Andalucía, Cataluña, Madrid, Comunitat Valenciana y a la CRUE. Según se indica en la Orden, el Plan de Acción Universidad-Refugio se basa en las necesidades de estudiantes, investigadores y personal de administración y servicios comprendidos en el ámbito subjetivo de protección temporal contemplado en la Orden PCM/170/2022, de 9 de marzo.

El Plan de Acción Universidad-Refugio, contempló en el apartado segundo, condición segunda[36], el tipo de actuaciones que podrían llevar a cabo las universidades que recibieron la subvención directa, teniendo en cuenta al personal investigador y de administración y servicios.

---

36. Las actuaciones previstas en la orden se pueden consultar en: https://www.boe.es/buscar/doc.php?id=BOE-A-2022-21731

Además, en el Plan de Acción Universidad-Refugio,se establecen dos líneas de trabajo a realizar por CRUE, por un lado, el seguimiento y evaluación de las acciones llevadas a cabo por las universidades que reciben subvención y, por otro, el estudio sobre la viabilidad de la incorporación del European Qualification Passport for Refugees (EQPR) como herramienta de reconocimiento de estudios previos y válidos para el acceso a la universidad, cuando no existe documentación completa que los pueda acreditar. Esta última cuestión es de gran trascendencia puesto que, hasta el momento, la mayor parte de las actuaciones que se realizan desde las universidades se dirigen a estudiantado, docentes e investigadores formalmente reconocidos como refugiados o solicitantes de asilo, cuando forman parte de las comunidades universitarias. Sin embargo, muchas personas refugiadas no pueden acceder a universidades españolas y, por consiguiente, a estas medidas porque no pueden documentar estudios previos necesarios para el acceso. Aunque España ha ratificado el Convenio de Lisboa cuyo artículo VII establece el marco jurídico para el reconocimiento de cualificaciones de personas refugiadas, que es de obligado cumplimiento para las partes firmantes, aún no se han realizado cambios en la legislación para aplicarlo. Parece que en este momento se pretende avanzar en el camino del reconocimiento de estas cualificaciones previas.

Sin embargo, tenemos que señalar que, al igual que muchas de las iniciativas puestas en marcha por universidades españolas a raíz de la invasión rusa de Ucrania se aplican de manera general a toda la población refugiada, las acciones del Ministerio de Universidades, hasta el momento, han ido dirigidas exclusivamente al colectivo de personas afectadas por el conflicto de Ucrania. Esto supone una clara exclusión y discriminación de las personas afectadas por otros conflictos, persecuciones o situaciones que hayan puesto en riesgo sus vidas y que también requieren de la protección del Estado español, lo que evidencia una visión restrictiva y regresiva del derecho a la protección internacional.

Por otro lado, desde algunas universidades de nuestro país se están llevando a cabo iniciativas innovadoras para facilitar el acceso a la educación superior a la población refugiada. En primer lugar, se está trabajando en la construcción de itinerarios educativos complementarios e integrales, que tengan en cuenta las necesidades específicas de estudiantes que, encontrándose en un primer país en que han buscado protección, son admitidos en una universidad de nuestro territorio, como tercer país, para continuar su educación. Esta iniciativa está logrando reforzar las alianzas con organizaciones de la sociedad civil y otras universidades. Y por otro, se están esbozando estrategias que hagan homogéneos los trámites de acceso en varias universidades de forma que se facilite el procedimiento.

Finalmente, cabría señalar que, aunque son muchas las actuaciones llevadas a cabo por las universidades para intentar lograr la plena inclusión en el sistema educativo formal de las personas refugiadas o demandantes de asilo, los cambios institucionales y políticos son demasiado lentos para dar una respuesta eficaz a las necesidades de esta población. Por ello, creemos que las universidades deberían apostar por incrementar sus esfuerzos y seguir trabajando para lograr esos cambios, a la vez que elaboran enfoques estratégicos o vinculan las medidas que están llevando a cabo con su misión institucional. De esta forma se lograría que fueran sostenibles en el tiempo y no meramente acciones puntuales de reacción ante la llegada de personas que huyen por conflictos diversos o catástrofes humanitarias. Además, se debe apostar por compartir más información sobre las actuaciones que se desarrollan, así como por implementar más trabajo en red para el mejor desempeño de esta misión.

BIBLIOGRAFÍA

Agencia de Naciones Unidas para los Refugiados (ACNUR) (2022). *Informe Tendencias Globales*. Desplazamiento forzado en 2021. https://www. acnur.org/media/tendencias-globales-de-acnur-2021

Aparicio Wilhelmi, Marco (2023). Las devoluciones en caliente y la fría razón de Estado: una mirada a la política de fronteras de la Unión Europea, *Oñati Socio-Legal Series*, 13(3), pp. 936-953. doi: 10.35295/osls.iisl/0000-0000-0000-1387.

Aparicio Wilhelmi, Marco (2022). El derecho a la movilidad humana ante la «razón fronteriza» la política securitaria de la Unión Europea en tiempo de éxodos. En González, D. (2022). *Cambio constitucional y orden jurídico internacional*, págs. 221-245, Editorial Tirant lo Blanch.

Asamblea General de Naciones Unidas (1951), *Convención sobre el Estatuto de los Refugiados*, 28 Julio 1951, United Nations, Treaty Series, vol. 189, p. 137. https://www.acnur.org/5b0766944.pdf

Asamblea General de Naciones Unidas (2015). *Transformar nuestro mundo: la Agenda 2030 para el Desarrollo Sostenible*. Resolución aprobada por la Asamblea General el 25 de septiembre de 2015. https://unctad.org/system/files/official-document/ares70d1_es.pdf

Comisión Europea/EACEA/Eurydice (2019). *La integración de los solicitantes de asilo y los refugiados en la educación superior en Europa: Medidas y políticas de ámbito nacional*. Informe de Eurydice. Luxemburgo: Oficina de Publicaciones de la Unión Europea. https://op.europa.eu/en/publication-detail/-/publication/f1bfa322-38cd-11e9-8d04-01aa75ed71a1/language-es/format-PDF

Comisión Europea / EACEA / Eurydice (2022). *Apoyo al alumnado refugiado de Ucrania en la educación superior en Europa*. Informe de Eurydice. Luxemburgo: Oficina de Publicaciones de la Unión Europea. https://op.europa.eu/en/publication-detail/-/publication/3a49a873-0bc2-11ed-b11c-01aa75ed71a1/language-en/format-PDF/source-262591754

Comisión Española de Ayuda al Refugiado (CEAR) (2022). *Informe 2022: Las personas refugiadas en España y Europa*. https://www.cear.es/informe-cear-2022/

Hidalgo-Capitán, Antonio Luis, García-Álvarez, Santiago, Cubillo-Guevara, Ana Patricia y Medina-Carranco, Nancy (2018). *Los objetivos del buen vivir a escala global. Una crítica de los objetivos de desarrollo sostenible y una propuesta alternativa transmoderna*. Huelva: Ediciones Bonanza.

Trigo Sánchez, M. Eva, Fullana Pasto, Guida, Gamba Romero, Ana; Morillas Álvarez, María Jesús, Pérez Alcántara, Francisca y Sáez de Cámara Oleaga, Estíbaliz (2019). *Universidades españolas y refugio*. Spanish universities and refugee. https://ods.uam.es/uploads/2021/08/Articulo-Universidades-espannolas-y-refugio.pdf

Organización de Naciones Unidas para la Educación, la Ciencia y la Cultura (UNESCO) (2019). *Informe de seguimiento de la educación en el mundo, 2019: Migración, desplazamientos y educación: construyendo puentes, no muros*. https://unesdoc.unesco.org/ark:/48223/pf0000367436

Organización de Naciones Unidas para la Educación, la Ciencia y la Cultura (UNESCO) (2016). *Education for people and planet: creating sustainable futures for all, Global education monitoring report, 2016.* [Online] https://unesdoc.unesco.org/ark:/48223/pf0000245752

BIOGRAFÍAS

ROSER MANZANERA RUIZ es profesora titular del Departamento de Sociología y miembro investigador del Instituto Universitario de Estudios de las Mujeres y de Género, ambos de la Universidad de Granada. Es doctora en Antropología Social por la Universidad de Granada (2009), tras licenciarse en Antropología Social por la Universidad de Barcelona (2002). La Dra. Manzanera Ruiz lidera el Grupo de Investigación AFRICAiNEs: Estudios e Investigación Aplicada al Desarrollo (SEJ-491). Sus intereses de investigación son el cambio social, el género, el desarrollo, la globalización y el África subsahariana. Ha publicado multitud de trabajos de alto impacto como Soledad Vieitez-Cerdeño, Roser Manzanera-Ruiz & Olga Margret M. M. Namasembe 2023. Ugandan women's approaches to doing business and becoming entrepreneurs, Third World Quarterly, 44:7, 1435-1454; Roser Manzanera-Ruiz, Olga Margret M. M Namasembe, Vanesa Barrales Molina. 2022. Female gender interests and education in women entrepreneurs' definition of success in Uganda. Entrepreneurship & Regional Development Journal, Roser Manzanera-Ruiz & Isabel Marín-Sánchez 2018. Professional competencies in social work education for the third sector in southern Spain, Social Work Education, 37:1, 92-107, y actualmente dirige el proyecto de investigación «Digital transition, social cohesion and gender equality: mobile banking and digital female empowerment in Africa» (DIGITALFEM), reference: TED2021-130586B-I00, funded by MCIN/AEI/10.13039/501100011033 and by «European Union NextGenerationEU/PRTR». Ha realizado estancias de investigación postdoctorales en centros de prestigio como el Departamento de Sociología y Antropología de la University of Dar es Salaam (Tanzania) (2009), la School of Applied Social Sciences de la University of Brighton (2012), la School of Oriental and African Studies de la University of London (2012-2013), Center of Globalization Studies, University of Groningen (2019), Le Laboratoire d'Étude et de Recherche sur l'Économie, les Politiques et les Systèmes sociaux (LEREPS) de la Universidad de Tolouse con el Programa Salvador de Madariaga (2021). Participa en la red europea del Grupo Coimbra Universities a través de la que ha colaborado como ponente en Programas internacionales de posgrado como la Escuela de Invierno de Sudán (2014), y key speaker en la conferencia inaugural del Máster de Desarrollo Local de la Universidad de Padova (2020). Secretaria del Programa de Doctorado en Estudios de las Mujeres de la UGR.

MARÍA PILAR TUDELA-VÁZQUEZ es Doctora en Antropología Social y Diplomada en Trabajo Social por la Universidad de Granada. Actualmente es docente en el Departamento de Trabajo Social y Servicios Sociales de la Universidad de Granada y forma parte del grupo de investigación OTRAS. Perspectivas Feministas en Investigación Social, adscrito al Instituto de Estudios de las Mujeres y el Género. Su tesis doctoral surge del trabajo social comunitario y activismo desarrollado en el Área de la Bahía de San Francisco (California-EEUU) durante ocho años. Su tesis titulada: «La organización de Nosotras: procesos de ciudadanía a partir de experiencias de «Ilegalidad» en Estados Unidos: aprendizajes con Mujeres unidas y Activas, recoge las experiencias de este colectivo en la construcción de un sujeto político que se construye en el ámbito del trabajo del hogar y de los cuidados. A partir de aquí las líneas de investigación en las que ha participado entretejen los esfuerzos de organizaciones de mujeres migrantes por incorporar sus experiencias y recomendaciones en las políticas públicas, como es el proyecto europeo «Project FORUM: breaking myths through intercultural. Europe for citizens. Democratic engagement and civil». Así mismo, investiga las condiciones de vulnerabilidad y esfuerzos desarrollados por las trabajadoras formales e informales en el ámbito de los cuidados, como es en el proyecto «CUMADE. El cuidado importa. Impacto de género en los y las cuidadoras de mayores y dependientes en tiempos de la Covid-19», financiado por el Fondo Supera Covid-19 Santander-CSIC-CRUE Universidades Españolas y cuya IP ha sido Dolors Comas d'Argemir. Entre sus últimas publicaciones están: (en coautoría con Jesús Martínez Sevilla y Ana Lucía Hernández Cordero) «'Este tiempo me cambió la vida': discursos y vivencias del tiempo de las empleadas de hogar durante la pandemia en Granada y Zaragoza, España». Antípoda. Revista de Antropología y Arqueología 51: 77-101 (Universidad de los Andes, Colombia, 2023); (en coautoría con Kathleen Coll) «El trabajo que hace posible todos los demás trabajos: mujeres migrantes en los EE. UU. Promoviendo una ciudadanía de los cuidados a través de la economía social y solidaria», en La economía social y solidaria en un contexto de crisis de la civilización occidental: alternativas ante la migración y la desigualdad de género en México, San Francisco y Granada, coord. de Lila Oulhaj. (Ciudad de México: Universidad Iberoamericana, 2019), 417-583.

GEMA CELORIO DÍAZ es licenciada en Geografía e Historia (Universidad de Cantabria), realizó el programa de doctorado en psicodidáctica (Universidad del País Vasco). Desde 1989 hasta la actualidad forma parte del Equipo de Educación de Hegoa -Instituto de Estudios sobre Desarrollo y Cooperación Internacional (UPV/EHU). Como parte de su actividad profesional ha desarrollado investigaciones, elaborado dictámenes y realizado diversos estudios relacionados con la educación para la transformación social, campo este en el que también ha llevado a cabo labores de asesoría a diversas instituciones sobre planes directores y programas de carácter pedagógico. Participa como docente en diversos másteres: Máster Universitario en Desarrollo y Cooperación Internacional y Máster Propio en Cooperación internacional y Educación emancipadora, ambos de la UPV/EHU; y Máster Propio en Cooperación para el Desarrollo, de la Universidad de Zaragoza. Con el equipo de Educación, ha organizado los cinco Congresos de Educación para el Desarrollo (1990. 1996, 2006, 2014 y 2021) que se han celebrado en el Estado hasta el momento. Gracias a su amplia experiencia en educación crítica y emancipadora, y en colaboración con otras compañeras y organizaciones, ha impulsado diversas iniciativas para acercar este enfoque al trabajo cotidiano de docentes, educadoras y educadores en ámbitos formales y no formales, desde primaria hasta universidad. Siempre en articulación con colectivos y movimientos sociales, cuyas experiencias de lucha y resistencia representan un aprendizaje imprescindible para la creación de alternativas que construyan justicia social y ambiental. Autora y coautora de diferentes artículos y publicaciones sobre Educación. Entre las más recientes destacamos: Gizarte Eraldaketarako Hezkuntza edo itxaropenari aurre egiteko erronka [Educación para la Transformación Social o el desafío de disputar la esperanza] (2022); Una educación emancipadora. La propuesta de Hegoa (2020); La Universidad como espacio para la educación y la transformación social (2018); Hacia una Universidad socialmente comprometida. Vías estratégicas para su integración en la Universidad del País Vasco (UPV/EHU) (2018); Educación crítica y transformadora. Marco pedagógico para integrar la soberanía alimentaria con enfoque de género en los centros de secundaria (2017).

MONTSERRAT VARGAS VERGARA es docente en el dto. de Historia. Geografía y Filosofía de la Universidad de Cádiz. Ha participado en numerosos proyectos de investigación en base a las líneas Teoría e Historia de la Educación. Los Objetivos de Desarrollo Sostenible y su incorporación en el currículo académico en la formación de educadores. Responsabilidad Social Universitaria. Las tecnologías de la información y comunicación en la formación de los estudiantes universitarios y asesoramiento a docentes Diseño y evaluación de espacios para el aprendizaje presencial y virtual Desarrollo social y comunitario. Análisis institucional y evaluación de programas. Entre sus publicaciones científicas más recientes están: Vargas Vergara, M., Casanova Correa, J. y Pérez de Guzmán, V. (2021). Inclusión de los objetivos de desarrollo sostenible en trabajos fin de título de la universidad de Cádiz: análisis y propuestas. En Ortega Navas, M.C., Goig Martínez, R.M. y Díaz Santiago, M.J. (Coord.). Elaboración y evaluación de los trabajos fin de título universitarios: análisis, retos e innovaciones. Pamplona, Thomson Reuters, Aranzadi.

FRANCISCO JAVIER CASTELLANO PULIDO es Doctor Arquitecto (Universidad de Granada, 2015) y Profesor en la E.T.S. de Arquitectura de Málaga desde 2010. Actualmente es Profesor Titular de Proyectos Arquitectónicos en la Universidad de Málaga, donde ha desempeñado el cargo de Subdirector de Proyección Internacional (2017-2022). Doctor Arquitecto (Universidad de Granada, 2015) y Profesor en la E.T.S. de Arquitectura de Málaga desde 2010. Actualmente es Profesor Titular de Proyectos Arquitectónicos en la Universidad de Málaga, donde ha desempeñado el cargo de Subdirector de Proyección Internacional (2017-2022). Tiene 2 sexenios de investigación reconocidos por la CNEAI. Sus investigaciones versan sobre el paisaje, las transferencias agro-urbanas, las estrategias de anticipación frente a las dinámicas de cambio del siglo XXI y sobre las relaciones entre el patrimonio y la arquitectura contemporánea. Su tesis doctoral «El patrimonio fértil: transferencias entre el paisaje agrario y la arquitectura en los crecimientos urbanos», ganó el Premio de la X BIAU (Sao Paulo, 2016) y fue finalista del Primer Premio Europeo Manuel de Solà-Morales (Barcelona, 2017). Sus trabajos sobre la agricultura y la arquitectura han sido publicados en revistas de impacto y sus investigaciones sobre la arquitectura frente al cambio climático y la subida del nivel del mar han sido reconocidas en selecciones como el comité español de la VIII BIAU (2012) y publicadas en libros de editoriales de prestigio como Tirant Lo Blanch. En 2017, su actividad fue reconocida con el Premio «Universitario del Año». También ha sido invitado a participar como tribunal o impartir conferencias y clases magistrales en centros como la Technische Universität Berlin, la Universidad Nacional de San Martín, Rosario (Argentina), la Architectural Association of London

(Reino Unido), la Academia de Mendrisio (Suiza), o Yale University School of Architecture (Nueva York). Ha sido invitado en el Instituto del Patrimonio Turístico de la Universidad Central de Chile (2011-2012) y ha dictado conferencias en ciudades como Cesena, Madrid, Barcelona, Lisboa, Berlín, Rotterdam, San Salvador o Shanghái. En 2007 cofundó el estudio CUAC Arquitectura. Ha realizado más de 30 obras y proyectos con indicios de calidad, avalados con 25 premios nacionales e internacionales, 26 exposiciones y más de 41 publicaciones en revistas de prestigio internacional, así como una exposición monográfica. Su obra construida ha sido reconocida por certámenes como el premio FAD en 2005 (primer premio del jurado) y tres veces finalista (2010, 2016, 2018); seleccionado en ARQUIA PRÓXIMA (2008, 2010, 2012, 2014); en la BEAU (seleccionado y finalista en 2016); finalista de PREMIOS ENOR en 2017; ha obtenido cuatro premios del C.O.A. de Granada (2002, 2014, 2017, 2019), y BEST ARCHITECTS AWARDS, en Alemania (2018), entre otros. Ha sido premiado en concursos nacionales como J5 (2002 Y 2004) e internacionales como Europan (San Bartolomé, 2011; Leeuwarden, Holanda, 2011; Couvet Suiza, 2013 y Feldafing, Alemania 2015); Rethinking (Arrecife, Lanzarote, 2018) y ha sido mostrado en exposiciones como «Liquid Landscapes» (Barcelona, 2010), «Global Design New York» (Londres, 2012); «ABOVEMM» (México, 2013-2015); «Arquitecturas Dispuestas» (CAAC Sevilla, Évora, Madrid y Shanghái) y en el Pabellón Español de la Mostra Internazionnale di Architettura di Venezia en tres ocasiones (2008, 2016 y 2021). En 2016, su estudio fue seleccionado por Rafael Moneo y Eduardo Souto de Moura para el IV Encuentro Luso-Español de Arquitectura y su trayectoria fue reconocida en el certamen DESIGN VANGUARD 2016 (Nueva York).

SILVINA RIBOTTA es profesora Titular de Filosofía del Derecho, Vicerrectora Adjunta de Cooperación, Directora del Master en Derechos Fundamentales,Co-Directora del Seminario de Teoría Crítica, miembro del Grupo de Cooperación del Instituto de Derechos Humanos Gregorio Peces Barba y del Grupo de Investigación Derechos Humanos, Estado de Derecho y Democracia, UC3M. Autora de numerosas publicaciones de impacto nacional e internacional desde la Filosofía del Derecho, Filosofía Política y Sociología del Derecho en temas vinculados a Derechos Humanos, Teorías de la Justicia y pensamiento político contemporáneo, igualdad y libertad, pobreza y desigualdades económicas, injusticia económica, derechos sociales y necesidades básicas, vulnerabilidad socio-estructural, feminismo y derecho, educación en derechos humanos y paz, tortura y prevención de la tortura, formación y selección de jueces, entre otros. Ha sido visiting professor en Università degli Studi di Brescia (Italia), American University, New York University, Columbia University (USA), Oxford University (UK) y Université Catholique de Louvain la Neuve (Bélgica), y colabora con diversas Universidades latinoamericanas, europeas y americanas. Licenciada en Derecho, Licenciada en Trabajo Social, Especialista en Salud Pública, Especialista en Derecho Constitucional y Ciencias Políticas y Doctora en Derecho-Derechos Humanos.

JORGE GUARDIOLA es Catedrático del Departamento de Economía Aplicada de la Universidad de Granada, España. Es doctor en Economía por la Universidad de Córdoba, España, y máster en Economía por la Université Catholique de Louvain-la-Neuve, Bélgica. Sus intereses de investigación son el bienestar subjetivo, la economía ecológica y las necesidades humanas. El interés investigador de Jorge se centra principalmente en cómo conseguir sociedades felices. Para ello, se enfoca directamente en el estudio de las condiciones que hacen que las personas sean felices, y cómo crear condiciones para que todas las personas puedan tener una vida digna de ser vivida. Ha escrito más de 40 artículos científicos y ha participado en más de 10 libros. Los artículos que ha escrito se han publicado en revistas como World Development, Ecological Economics, Journal of Cleaner Production, Journal of Happiness Studies, Public Choice, Public Administration, Social Indicators Research, International Journal of Water Resources Development, o Sustainable Production and Consumption. Ha realizado estancias en países de América Latina, especialmente en Guatemala, México, Ecuador y Honduras. Cabe destacar que estuvo siete meses en Guatemala, colaborando con Naciones Unidas y desarrollando su tesis doctoral sobre el impacto del tratado de libre comercio CAFTA en la seguridad alimentaria de Guatemala. Durante este tiempo en Guatemala, pudo cultivar algunas de las inquietudes de investigación, que ocuparon sus años posteriores hasta la actualidad. También ha sido docente invitado en distintas Universidades europeas. Imparte clases de Economía política a estudiantes de Política, Derecho, y Sociología de la Universidad de Granada, usando un enfoque multidisciplinar e interdisciplinar, aunque obviamente el protagonismo central lo tiene la disciplina Económica. Anteriormente, impartió clase en las carreras de Economía, Administración de Empresas, Antropología, Trabajo Social, Estadística, Ciencias Ambientales y Pedagogía. El hecho de impartir clases a tantos tipos de alumnado le ha permitido aprender mucho de distintos enfoques.

NAZARET IBÁÑEZ es graduada en Administración y Dirección de Empresas y Máster Universitario en Técnicas Cuantitativas en Gestión Empresarial por la Universidad de Granada. En la actualidad, es investigadora predoctoral en formación en el Departamento de Economía Aplicada y doctoranda del Programa de Doctorado en Ciencias Económicas y Empresariales de la Universidad de Granada.

Sus intereses de investigación integran dos grandes retos de la actualidad, la calidad de vida de las personas y la sostenibilidad ambiental. Fundamentalmente, su investigación gira en torno al estudio de los actuales patrones de consumo y la adopción de comportamientos pro-ambientales, analizando la compatibilidad entre estilos de vida sostenibles y altos niveles de bienestar subjetivo. Entre las diferentes conductas pro-ambientales, tienen un papel protagonista en su investigación los comportamientos relacionados con el uso de agua, dado el carácter esencial que tiene este recurso para la vida. Otro de los ejes centrales de su investigación consiste en el estudio de la relación entre los seres humanos y la naturaleza. De forma más precisa, se propone el contacto y la afinidad con la naturaleza como un factor clave en la consecución de sociedades felices y sostenibles. Sobre estas temáticas ha publicado algunos artículos científicos en revistas indexadas en Journal Citation Reports, como Local Environment y Water and Environment Journal, así como un capítulo de libro de la editorial Springer. Además, ha realizado diversas aportaciones a congresos internacionales y eventos de difusión científica. A través de su investigación, se pretende dar respuesta a preguntas como: ¿qué determina la adopción de conductas individuales sostenibles?, ¿un mayor compromiso pro-ambiental conduce a una erosión del bienestar subjetivo?, ¿qué factores y contextos posibilitan un alto nivel de comportamiento pro-ambiental y de bienestar subjetivo?, ¿reconectar a las personas con la naturaleza facilita el cambio de comportamiento hacia prácticas más responsables en términos medioambientales?

CHLOÉ MEULEWAETER es una académica y activista comprometida con la promoción de la paz. Es profesora colaboradora en la Facultad de Ciencias Sociales y Jurídicas de la Universidad Internacional de Valencia,

España. Cuenta con un doctorado en Ciencias Sociales por la Universidad de Granada, España, así como con un máster en Estudios de Paz, Conflictos y Desarrollo por la Universitat Jaume I, España, y en Ciencias Psicológicas por la Université catholique de Louvain, Bélgica. Su investigación se centra en áreas como la seguridad y el militarismo, así como los vínculos entre el gasto militar, los conflictos armados y la crisis climática, y ha publicado diversos capítulos de libro e informes en el Centro Delàs de Estudios por la Paz. Además de su labor académica, Chloé Meulewaeter también es activista en el campo de la paz y la justicia global. Actualmente, es miembro de la Junta e investigadora del Centro Delàs de Estudios por la Paz, ocupa la presidencia del International Peace Bureau Barcelona, es voluntaria de la Campaña Global sobre Gastos Militares, y es miembro del Consejo del International Peace Bureau, una de las organizaciones más antiguas y destacadas en el campo de la paz a nivel mundial. Su participación en foros internacionales sobre paz y seguridad refleja su compromiso con el activismo y la promoción de la paz. Chloé Meulewaeter, ocupa también cargos como profesora colaboradora en la UOC (Universitat Oberta de Catalunya) en el programa de Máster en Derechos Humanos, Democracia y Globalización, y como profesora invitada en la UJI (Universitat Jaume I) en el programa de Máster en Estudios de Paz, Conflictos y Desarrollo. Además, como docente, imparte clases sobre Cooperación al Desarrollo y Diplomacia a estudiantes de Relaciones Internacionales y Política en la Universidad Internacional de Valencia (VIU).

XÈNIA DOMÍNGUEZ FONT es investigadora predoctoral en Estudios Africanos del Instituto Universitario de Lisboa ISCTE-IUL, investigadora del Centro de Estudios Internacionales de la Universidad de Lisboa (CEI-ISCTE) y colaboradora del grupo de investigación AfricaInes de la Universidad de Granada. En los años 2012-2014, realizó trabajo de campo sobre desarrollo, economía e identidad étnica entre los bijagós de las Islas Bijagós en Guinea Bissau y, actualmente, sus líneas principales de investigación son los impactos de la globalización, los desafíos sociales y las epistemologías del sur. Licenciada en Psicología por la Universidad Ramon Llull en Barcelona (2006), cursó el posgrado en Desarrollo y Cooperación Internacional de la Universidad de Granada (2010) y el Máster Euroafricano en Ciencias Sociales: Desarrollo y Cultura en África Subsahariana de la Universidad Rovira y Virgili (2014). En 2008 inicia su trayectoria en el ámbito de la cooperación, trabajando como técnica en un programa de intervención comunitaria para la reducción del impacto y la transmisión del VIH en Mozambique. Esta experiencia le lleva a profesionalizarse en el mundo de la cooperación al desarrollo y, posteriormente, a trabajar en varias ONGDs (2008-2019). Primero, como responsable de proyectos de cooperación internacional y, después, como responsable de proyectos de educación para la justicia global, especializándose en los impactos de la globalización, derechos laborales, género, economías transformadoras y en el impulso y uso de procesos y metodologías participativas. En 2016-2018 es responsable, a nivel territorial, de la Campaña Internacional Ropa Limpia (CCC) en Setem Catalunya y participa en varios grupos de trabajo de incidencia institucional, política y empresarial sobre derechos laborales, empresas transnacionales y compra pública, publicando varios artículos e informes. Desde 2012 participa como docente en la Universidad de Granada en cursos vinculados con las temáticas propias de la cooperación y la educación para la justicia global y ha trabajado como docente y consultora para diferentes agentes de cooperación. Desde 2019 es técnica de proyectos del Centro de Iniciativas de Cooperación al Desarrollo (CICODE) de la Universidad de Granada.

JOSEFA SÁNCHEZ CONTRERAS (1991, pertenece al pueblo zoque de San Miguel Chimalapa, Oaxaca, México) Es investigadora, activista y ensayista. Maestra en Estudios Latinoamericanos por la Universidad Nacional Autónoma de México. Licenciada en Sociología por la Universidad Autónoma Metropolitana. Coautora del libro Colonialismo energético (Icaira, 2023), Coordinadora del libro Cada vez más Mökayas, pensares y sentires de zoques contemporáneos (Ce-Acatl, 2022), sus ensayos y artículos se pueden leer en The Washington Post en español, La Ojarasca, La Jornada, la Revista de la Universidad de México y EstePaís. Escribe sobre las defensas territoriales, los derechos indígenas, historia de rebeliones y colonialismos. En su trabajo académico es miembro del Laboratorio Investigación Acción Territorial en la Universidad de Granada, España.

GEMMA M. GONZÁLEZ GARCÍA Graduada en Ciencias Políticas y Máster en Problemas Sociales por la Universidad de Granada. Actualmente es doctoranda del Programa de Estudios de las Mujeres, Discursos y Prácticas de Género y profesora del Departamento de Ciencia Política y de la Administración de la misma universidad. Es miembro del grupo de investigación AFRICAInES: Investigación y Estudios Aplicados al Desarrollo

(SEJ491). Ha trabajado principalmente con mujeres universitarias africanas y con infancia y juventud migrante. Ha participado en el proyecto de I+-D+i MOMIGEN (Análisis multimetodológico de la movilidad peatonal y la percepción del miedo en el espacio público con perspectiva de género). Cuenta con publicaciones como «Aportaciones de la metodología cualitativa al análisis de la movilidad urbana peatonal» (González García, von Maravić y Manzanera Ruiz 2022), «Género, racialización y orientación sexual en las percepciones de seguridad e inseguridad en la ciudad de Granada» (González García, von Maravić y Manzanera Ruiz 2022), «Resources for a practice of Anti-discriminatory and Indigenous social work in the South of Spain from a biographical experience» (Manzanera Ruiz, Medina Rodríguez, y González García 2022), «Mujeres racializadas universitarias de Granada: procesos de empoderamiento desde la interseccionalidad» (González García 2021). Ha sido coordinadora técnica de las VII Jornadas Internacionales sobre Género y Desarrollo «Mujeres y Ciudades», organizadas por la Universidad de Granada y la Universidad de Lleida. Desarrolla su carrera profesional como técnica de proyectos sociales en Fundación SAMU, organización referente en atención a menores y a jóvenes migrantes en España. Diseña programas específicos destinados a poblaciones vulnerables, concretamente menores de edad provenientes del continente africano, entre ellos, niñas y adolescentes, así como de «extutelados» del Sistema de Protección de Menores. Colabora con otras entidades de intervención social y desarrollo, como Alianza por la Solidaridad, a través de los proyectos «Mujeres migrantes rurales y urbanas: fortaleciendo conocimientos, capacidades y alianzas que promuevan la sensibilización y la movilización de la sociedad civil andaluza en la defensa de sus derechos» y en la actualidad, de «Mujeres y Derecho a la Ciudad: generando procesos locales educativos y de incidencia social y política desde una perspectiva feminista e interseccional». Ha colaborado con la Asociación de Mujeres Psicología Feminista, destacando la investigación «Violencia Vicaria: un golpe irreversible contra las madres» y como ponente invitada en el curso «La violencia de género desde un enfoque feminista interdisciplinar».

NACHO ÁLVAREZ LUCENA. Licenciado en Psicología, Máster en Psicología de la Intervención Social y Máster en Desarrollo y Cooperación por la Universidad de Granada. Estudió también un posgrado superior en Violencia de Género: prevención, detección y atención (Fundación ASPA-CIA) y un experto universitario en Español como Segunda Lengua: enseñanza y aprendizaje (UNED). Técnico del Centro de Iniciativas de Cooperación al Desarrollo (CICODE) de la Universidad de Granada desde 2005, ha trabajado también durante varios años en la Comisión Española de Ayuda al Refugiado (CEAR) y ha participado y colaborado como activista en diferentes organizaciones y movimientos sociales como la red estatal ¿Quién debe a quién?, la cooperativa agroecológica Hortigas o la Asamblea Popular del 15M en Granada. Profesor en el Máster de Psicología de la Intervención Social de la Universidad de Granada, ha impartido docencia en diferentes másteres, cursos y actividades formativas sobre desarrollo, cooperación, migraciones y refugio, educación crítica para la justicia global o formulación de proyectos. Ha coordinado el libro Deuda Externa y Ecológica en el marco de la Globalización: de la ilegitimidad a las resistencias (2008) y, junto a Cristina Villalba Augusto, el libro Cuerpos Políticos y Agencia. Reflexiones feministas sobre cuerpo, trabajo y colonialidad (2011). Es autor de varios artículos como Psicología Social, Cooperación al Desarrollo y Justicia Global (2022), Que viene el hombre…o de la instrumentalización del miedo como estrategia política de sumisión de las mujeres y las minorías sexuales y de género (2016), Decálogo feminista para hombres cis o decálogo para hombres que realmente quieren la igualdad (2016) o Concepciones implícitas del desarrollo y percepción social de estrategias para la lucha contra la pobreza (2011). Ha colaborado en la elaboración del informe anual Las personas refugiadas en España y Europa de CEAR entre los años 2017 y 2020.

ISABEL MIRANDA FERNÁNDEZ es extremeña nacida en Villanueva de la Serena desde enero de 1996. Graduada en Criminología por la Universidad de Salamanca en 2018, sus inquietudes sobre las desigualdades y violencias que nos rodeaban se fueron reforzando, realizando su Trabajo de Fin de Grado sobre la criminalización de la pobreza. Estudió el Máster Interuniversitario en Cooperación Internacional para el Desarrollo (Universidad de León), consiguiendo el Premio Extraordinario de Fin de Máster. Además, desde 2020, es experta en Igualdad y Violencia de Género por el Consejo de la Juventud de Extremadura. Actualmente se encuentra complementando su formación académica realizando el Grado en Derecho por la Universidad Nacional de Educación a Distancia (UNED), a la vez que perfecciona sus conocimientos e intereses con otras formaciones. Ha publicado artículos en el Observatorio de Política Internacional de la Universidad Católica de Santa Fe (Argentina), en el periódico local Salamancartv al día, y en el I Congreso Internacional de Cooperación Andaluza Universitaria, sobre la vulneración de los derechos humanos en distintos contextos, poniendo el foco en la violencia sufrida por mujeres y niñas. A lo largo de su corta carrera, ha vivido en Salamanca, Dublín y Granada, lugar en donde cuenta con experiencia en gestión de proyectos de educación para la ciudadanía global e incidencia política en el Centro de Iniciativas de Cooperación al Desarrollo (CICODE) de la Universidad de Granada, habiendo formado parte del equipo coordinador del Proyecto FORUM «International dialogue and civic participation against the stigmatization of migrants and refugees» financiado por la Unión Europea.

MARÍA VIRTUDES MARTÍN FERNÁNDEZ es licenciada en Psicología y diplomada en Trabajo Social y en Biblioteconomía y Documentación por la Universidad de Granada. Ha cursado un Máster en Cooperación Internacional al Desarrollo por la UNED, así como los Expertos Universitarios en Criminología y en Gerontología y Trabajo Social, ambos por la Universidad de Granada. Ha trabajado como psicóloga para la Confederación Andaluza de Minusválidos Físicos (CAMF) y como documentalista para la Diputación de Granada. Cuenta con más de 25 años de experiencia profesional en la Administración Pública, 24 de ellos en la Universidad de Granada, desempeñando distintos puestos. Durante 14 años ha sido técnica especialista en el servicio de Bibliotecas de la Universidad de Granada, llevando a cabo su trabajo en las bibliotecas de las Facultades de Ciencias Económicas y Empresariales, de Filosofía y Letras y de la Escuela Técnica Superior de Ingeniería Informática. Desde hace 10 años desempeña labores de técnica superior en cooperación en el Centro de Iniciativas de Cooperación al Desarrollo (CICODE), siendo su coordinadora y llevando a cabo acciones de apoyo a la dirección en lo que respecta a la colaboración con otros actores del ámbito del desarrollo y promocionando el establecimiento de sinergias. Sus responsabilidades incluyen la gestión de los distintos Planes Propios de Cooperación al Desarrollo (PPCD) de la Universidad de Granada, de carácter anual, que integran entre otros los programas de voluntariado internacional, de TFG/TFM en cooperación internacional y de apoyo a personas refugiadas o demandantes de asilo o procedentes de países en situación de emergencia. Es responsable de la tutorización del alumnado de prácticas de distintos másteres de la Universidad de Granada, interuniversitarios o europeos, entre ellos el Máster de cooperación al Desarrollo, gestión Pública y de la ONGDs; el Máster de

Problemas Sociales y el Master Expert en Projets Européens. Es autora de diversos artículos y capítulos de libros sobre voluntariado internacional en cooperación al desarrollo y sobre ayuda a domicilio y trabajo social. Forma parte del subgrupo de Trabajo de Refugio que está integrado en el Grupo de Trabajo de Cooperación de la Comisión Sectorial CRUE-Internacionalización y Cooperación de la Conferencia de Rectores de Universidades Españolas. Forma parte, como representante de universidades, del Consejo Andaluz de Cooperación Internacional para el Desarrollo, así como de los grupos de Trabajo de Coherencia de Políticas para el Desarrollo Sostenible (CPDS) y de Educación para el Desarrollo (EpD) del Consejo. Pertenece al panel de evaluadores del Servicio Español para la Internacionalización de la Educación (SEPIE) y colabora con la Universidad de Jaén en la evaluación de proyectos presentados a sus convocatorias de proyectos en el ámbito de la Cooperación Internacional y de Sensibilización y Educación para el Desarrollo.